Claus Vogt | Roland Leuschel

DIE WOHLSTANDSVERNICHTER

Claus Vogt | Roland Leuschel

DIE WOHLSTANDS VERNICHTER

Wie Sie trotz Nullzins, Geldentwertung und Staatspleiten Ihr Vermögen erhalten

FBV

Bibliografische Information der Deutschen Nationalbibliothek
Die Deutsche Nationalbibliothek verzeichnet diese Publikation in der Deutschen Nationalbibliografie.
Detaillierte bibliografische Daten sind im Internet über http://d-nb.de abrufbar.

Für Fragen und Anregungen:
info@finanzbuchverlag.de

1. Auflage 2020

Nymphenburger Straße 86
D-80636 München
Tel.: 089 651285-0
Fax: 089 652096

Redaktion: Judith Engst
Korrektorat: Bärbel Knill
Umschlaggestaltung: Laura Osswald
Umschlagabbildung: IStock.com/instamatics
Satz: Helmut Schaffer, Hofheim a. Ts.
Druck: GGP Media GmbH, Pößneck
Printed in Germany

ISBN Print 978-3-89879-896-9
ISBN E-Book (PDF) 978-3-86248-699-1
ISBN E-Book (EPUB, Mobi) 978-3-86248-700-4

Weitere Informationen zum Verlag finden Sie unter

www.finanzbuchverlag.de

Beachten Sie auch unsere weiteren Verlage unter www.m-vg.de

INHALT

EINLEITUNG

Die Lage in der Weltwirtschaft und an den Finanzmärkten ist ernst. Wir befinden uns heute an einem ähnlich bedeutenden Wendepunkt wie zuletzt im Jahr 2007. Die ökonomischen Ungleichgewichte und Fehlentwicklungen und die damit einhergehenden Gefahren und Risiken sind heute sogar noch erheblich größer als damals. Deshalb sollten Sie sich die Zeit nehmen, sich mit der aktuellen Situation zu befassen. Es gilt, Vorbereitungen zu treffen, um die kommende Krise möglichst unbeschadet zu überstehen oder sogar als Gewinner daraus hervorzugehen.

Damals, im Sommer 2007, warnten wir unsere Leser vor der weltweiten Rezession und Finanzkrise, die sich in unseren Prognosemodellen immer deutlicher abzeichneten. Wir erkannten die Immobilienblase in den USA und einigen europäischen Ländern, deren Vorhandensein von den Zentralbanken vehement geleugnet wurde. Wir schrieben über die verheerenden Folgen, die das Platzen dieser Spekulationsblase für das Finanzsystem und die Realwirtschaft haben würde. So prognostizierten wir nicht nur fallende Immobilienpreise und eine Wirtschaftskrise, sondern auch eine Aktienbaisse und Bankenpleiten in den USA und Europa. Unseren Lesern empfahlen wir damals sogar, den Banken vorsichtshalber das Vertrauen zu entziehen und liquide Mittel in Staatsanleihen oder die Tagesanleihen des Bundes umzuschichten.

Den Rest der Geschichte kennen Sie: Die Rezession begann im Dezember 2007, und Ende 2008 bzw. Anfang 2009 stand das Finanzsystem unmittelbar vor dem Zusammenbruch. Die Aktienkurse fielen weltweit um mehr als 60 Prozent und die Immobilienpreise in den USA sowie einigen europäischen Ländern, darunter Spanien, Portugal und Irland, waren ebenfalls im freien Fall. Der dadurch entstandene Abschreibungsbedarf auf faule Hypothekenkredite sorgte dafür, dass die meisten Großbanken Europas und der USA de facto pleite waren.

Es folgten groß angelegte Bankenrettungen, und in den USA wurden im März 2009 die Bilanzierungsvorschriften der Banken (»mark-to-market accounting rule FAS 157«) aufgeweicht, damit diese ihre Verluste nicht mehr ausweisen mussten. Seither sind Banken zu unberechenbaren Blackboxes verkommen, deren Risiken von externen Beobachtern nicht mehr analysiert oder eingeschätzt werden können.

Wie in jedem Abschwung hatten die Zentralbanken schon im Vorfeld dieser dramatischen Zuspitzung mit drastischen Zinssenkungen reagiert. Darüber hinaus begannen sie unter der Führung des damaligen Fed-Präsidenten Ben Bernanke damit, in gigantischem Umfang Staatsanleihen und Hypothekenkredite, später auch Unternehmensanleihen, mit speziell zu diesem Zweck geschaffenem Geld zu kaufen. Diese von Anfang an höchst umstrittenen unkonventionellen geldpolitischen Maßnahmen (»unconventional monetary policy measures«), wie Bernanke sie nannte, wurden der Öffentlichkeit ausdrücklich als kurzfristige Notfallmaßnahmen verkauft.

Die erhofften realwirtschaftlichen Ergebnisse wurden damit jedoch nicht erzielt. Der anschließende Aufschwung war extrem schwach und so fragil, dass die Zentralbanken immer wieder neues geldpolitisches Öl ins Feuer gossen, um es wenigstens am Glimmen zu halten. Dennoch wurde diese Politik nicht als gescheiterter Versuch ad acta gelegt, sondern sie wurde zu einem jahrelangen Dauerzustand. Inzwischen werden diese Notfallmaßnahmen von den Zentralbankern sogar als normales geldpolitisches Instrument bezeichnet. Sie gelten weltweit als geldpolitischer Standard.

Im Frühjahr 2009, auf dem Höhepunkt der Krise, wurde es für kurze Zeit salonfähig, die weltweite Überschuldung und die ihr zugrunde liegende laxe Geldpolitik der Zentralbanken als die eigentliche Ursache der verheerenden Entwicklungen beim Namen zu nennen, sogar in den Massenmedien. Diese für den hochverschuldeten Staat und seine Notenbanken sehr unbequeme Wahrheit wurde aber schnell wieder unter den Teppich gekehrt. Anstatt die Schuldenlast zu reduzieren und die Zentralbanken zu einer Rückkehr zu einer wenigstens halbwegs seriösen Geldpolitik zu zwingen, ist seither das genaue Gegenteil geschehen: Weltweit hat die Gesamtverschuldung von Staat, Wirtschaft und privaten Haushalten um gut 40 Prozent zugenommen. Ermöglicht wurde dies durch eine ultralaxe Geldpolitik der Zentralbanken.

Jetzt deutet alles darauf hin, dass die nächste Krise bevorsteht. Sie wird wahrscheinlich noch heftiger ausfallen als in den Jahren 2007 bis 2009, weil die Ungleichgewichte und Fehlentwicklungen noch größer sind als damals.

Die treibende Kraft hinter diesen Entwicklungen sind die Zentralbanken. Mit ihrer Nullzinspolitik haben sie den Zins abgeschafft, das heißt den Preis des Kapitals, und damit den wichtigsten Steuerungsmechanismus einer Marktwirtschaft. Diese Geldpolitik zerstört nicht nur die Marktwirtschaft, sie untergräbt auch die Demokratie und gefährdet die Freiheit.

In der Eurozone gerät die Nullzinspolitik der Europäischen Zentralbank zunehmend unter Beschuss – doch prallt jede Kritik wirkungslos an den Verantwortlichen ab. So veröffentlichte etwa die Bild-Zeitung am 13. August 2019 unter dem Titel »Sparkassen-Chef rechnet mit Nullzins-Draghi ab« einen Brief des Präsidenten des Deutschen Sparkassen- und Giroverbands an EZB-Präsident Draghi. Hier die wichtigsten Passagen aus diesem Schreiben:

Lieber Mario Draghi,
wir haben viel Respekt vor Ihrer schwierigen Aufgabe, den Euro stabil und Europa zusammenzuhalten. Das vorweg. Was Sie aber machen, ist falsch. [...] Sie ändern damit schrittweise Europa, Deutschland und das Leben von Millionen Menschen – nicht zum Guten, sondern langfristig zum Schlechten. [...] Die Altersvorsorge für Millionen Menschen schmilzt wie Schnee in der Sonne. [...] Wenn man in der Sackgasse ist, sollte man nicht noch das Tempo erhöhen. Es ist Zeit umzukehren – Schritt für Schritt. Jetzt!

Diese Zeilen sprechen für sich. Aus unserer Sicht hat es zwar unerträglich lange gedauert, bis die Erkenntnisse über die fatalen Wirkungen der EZB-Politik zu öffentlich geäußerter Kritik in dieser unmissverständlichen Form geführt haben. Sie wird bei der EZB und deren Chefin in spe Christine Lagarde allerdings keine nachhaltigen Effekte erzeugen. Das zeigt die Reaktion der Zentralbanker auf diesen Brief.

Laut Bild-Zeitung wollte Draghi nicht selbst auf die Vorwürfe antworten, er ließ sich von einer Sprecherin vertreten. Die EZB habe »die Voraussetzungen für eine wirtschaftliche Erholung geschaffen«, die Deutschland die niedrigste Arbeitslosigkeit seit der Wiedervereinigung beschert habe. Die EZB-Politik habe »den Bürgern eindeutige Vorteile gebracht«.

Diese Behauptungen lassen sich natürlich nicht belegen. Genauso gut kann man das exakte Gegenteil behaupten, also dass die EZB eine stärkere und tragfähige Erholung der Wirtschaft verhindert habe und die niedrige Arbeitslosigkeit auch ohne Nullzinspolitik und Anleihenkäufe eingetreten wäre, und das womöglich früher. Auch die letzte Behauptung der EZB-Sprecherin ist reine Propaganda. Denn die Geldpolitik der EZB erzeugt Gewinner und Verlierer. Einigen wenigen hat sie tatsächlich eindeutige Vorteile gebracht, während die große Mehrheit unter den Nachteilen und Nebenwirkungen leidet. Das belegt die Schere zwischen Arm und Reich, die in den vergangenen Jahren erheblich größer geworden ist, wie zahlreiche Statistiken zeigen.

Dies alles beweist aber, dass selbst ernstzunehmende Warnungen wie die vom Sparkassen-Präsidenten Schleweis bei den Zentralbankern auf taube Ohren stoßen. Trotzdem zeigt die Veröffentlichung in der auflagenstarken Bild-Zeitung, die ja nur Themen aufgreift, die ihre große Leserschaft interessieren, dass die Nullzinspolitik der EZB den Deutschen Sorgen bereitet. Möge das in Berlin genug Druck aufbauen, damit sich die Politik endlich wieder um die Interessen der deutschen Bevölkerung kümmert und dem Nullzins-Wahnsinn Einhalt gebietet.

Momentan allerdings sieht es nicht danach aus. Im Gegenteil: Tatsächlich hat in den vergangenen Jahren eine heimliche Machtübernahme der Zentralbanken stattgefunden. Diese Machtübernahme und ihre Folgen sind das Thema dieser Publikation.

Im ersten Teil des Buches beschäftigen wir uns mit dem Zentralbankwesen und der Geldpolitik der vergangenen Jahre. Der Grund dafür ist einfach: Unter der Führung der US-amerikanischen Notenbank Fed wurde weltweit als Antwort auf die Finanz- und Wirtschaftskrise des Jahres 2008 ein einmaliges und hochriskantes geldpolitisches Experiment begonnen. Die zahlreichen unangenehmen Nebenwirkungen dieser Politik werden immer deutlicher spürbar, sowohl innerhalb Europas als auch global. Sie spalten Europa und bereiten protektionistischen Strömungen auf der ganzen Welt den Weg. Dabei folgt diese Geldpolitik der inneren Logik einer Interventionsspirale, in der ein bürokratischer Eingriff aufgrund seiner zahlreichen Nebenwirkungen eine ganze Reihe weiterer Eingriffe nach sich zieht. Es ist für jeden Anleger wichtig zu wissen, wohin diese Entwicklung wahrscheinlich führen wird.

Im zweiten Teil dieses Buches geht es um Spekulationsblasen. Sie sind eine wichtige Nebenwirkung einer solchen Geldpolitik. Sie haben weitreichende negative Folgen für die Realwirtschaft. Ihr ganzes zerstörerisches Ausmaß wird allerdings erst in der Krise sichtbar, die durch das unvermeidliche Platzen der Blase unweigerlich ausgelöst wird. In den vergangenen Jahren sind Spekulationsblasen entstanden, die umfassender und größer sind als jemals zuvor. Was das bedeutet, wird hier näher analysiert und erläutert.

Im dritten Teil nehmen wir eine fundamentale Bewertung der aktuellen Situation vor. Anhand von ausgewählten, aussagekräftigen Kennzahlen lässt sich der Nachweis erbringen, dass sich längst wieder eine enorme Spekulationsblase aufgebläht hat, die sowohl die Anleihen- als auch die Aktien- und Immobilienmärkte erfasst hat und in vielen Ländern der Welt grassiert. Wie groß das Ausmaß ist und wie bald diese Blase wahrscheinlich platzen wird, müssen Sie wissen, um die richtigen Vorkehrungen treffen zu können.

In Teil vier werfen wir einen Blick zurück in die Finanzgeschichte, mit deren Hilfe Sie das aktuelle Geschehen einordnen und besser verstehen können. Dazu müssen wir kurz die Entstehung des gegenwärtigen Weltwährungssystems ungedeckter, das heißt beliebig vermehrbarer Gelder beleuchten. Denn diese Geldordnung ist die Voraussetzung für die hohe Verschuldung von Staat, privaten Haushalten und Unternehmen, die seit 2008 wider besseres Wissen nicht etwa beendet oder wenigstens gebremst wurde, sondern ganz im Gegenteil erheblich zugenommen hat.

In Teil fünf analysieren wir die Europäische Union, in der die Europäische Zentralbank eine maßgebliche und selten thematisierte Machtposition übernommen hat. Die gesellschaftlich entscheidende Frage lautet: »Freiheit oder staatlich gelenkte Wirtschaft?« bzw. »Freiheit oder Knechtschaft?« Diesen Begriff verwendete schon der große Ökonom Friedrich August von Hayek. Die Antwort tendiert durch die europapolitischen Entwicklungen und Bestrebungen in EU-Brüssel immer mehr in Richtung Knechtschaft. Der Stabilitätspakt, ohne den Deutschland der Abschaffung der D-Mark niemals zugestimmt hätte, hat sich endgültig als wertlos erwiesen, und die Europäische Währungsunion ist und bleibt ein Debakel. Ohne die massiven Eingriffe der Zentralbank wäre sie längst auseinandergefallen.

In Teil sechs geht es um das Thema Umverteilung als Folge der Geldpolitik. Die Politik der Europäischen Zentralbank, deren Ziel es ist, die Währungsunion zu erhalten, was auch immer es koste, hat tatsächlich diesen sehr hohen Preis. Die skandalöse geldpolitisch in Gang gebrachte Umverteilung von unten nach oben, von Jung zu Alt oder von Nordeuropa nach Südeuropa mit all ihren Folgen ist die eigentliche Ursache der weitverbreiteten Unzufriedenheit, die in großen Teilen der Bevölkerung Europas vorhanden ist.

Schließlich machen wir uns im siebten Teil des Buches Gedanken darüber, wie die (Geld)-Politik auf die nächste Krise reagieren wird. Da alle Weichen längst auf Inflation gestellt sind, rechnen wir mit der Einführung von Helikopter-Geld und in dessen Gefolge mit einer großen Geldentwertung. Schließlich ist der Staat der mit Abstand größte Schuldner und somit auch der größte Profiteur der Inflation. Darüber hinaus ist diese Lösung des Überschuldungsproblems aus Sicht der Regierenden vergleichsweise einfach, da sie ihnen im Unterschied zu einem offenen Staatsbankrott oder einer Rückkehr zu einem seriösen Staatshaushalt keine harten Entscheidungen abverlangt.

Abschließend zeigen wir Ihnen in einem kurzen Schlussteil, wie Sie Ihr Vermögen vor den Gefahren der kommenden Jahre schützen und vermehren können. Wir wünschen Ihnen dabei viel Erfolg.

TEIL I:
DER ZENTRALBANKKULT

DREI FRAGWÜRDIGE GLAUBENSGRUNDSÄTZE BESTIMMEN DIE GELDPOLITIK

Nach welcher Maxime handeln aktuell die Zentralbanken der wichtigsten Industriestaaten? Der US-Analyst James Grant hat die Zentralbankpolitik der vergangenen Jahre in Form dreier Glaubensgrundsätze hervorragend auf den Punkt gebracht. Diese lauten folgendermaßen:

1. Wir glauben an Preiskontrollen.
2. Wir glauben an Marktmanipulationen.
3. Wir glauben an die Phillips-Kurve.

Nur wer diese Glaubensgrundsätze moderner Zentralbank-Bürokraten teilt und für richtig hält, kann die Geldpolitik der vergangenen Jahre gutheißen. Denn das geldpolitische Tagesgeschäft der vergangenen Jahre basiert auf Preiskontrollen und Marktmanipulationen und schließlich auf der Hoffnung, dass höhere Inflationsraten auf wundersame Weise Arbeitsplätze schaffen könnten. Dieser vermeintliche Zusammenhang zwischen Inflation und Arbeitsplätzen ist unter Ökonomen als Phillips-Kurve bekannt.

All das zu glauben, sei jedem unbenommen – auch wenn diese Glaubensgrundsätze im Widerspruch zur ökonomischen Realität stehen, wie wir gleich näher ausführen werden. Allerdings sollte sich der solchermaßen Gläubige nicht gleichzeitig zur Marktwirtschaft bekennen. Denn mit marktwirtschaftlichen Prinzipien ist jeder einzelne dieser Glaubenssätze schlicht und einfach nicht vereinbar.

Tatsächlich widerspricht das gesamte Zentralbankwesen der Systematik einer Marktwirtschaft. Denn wie der Name schon andeutet, handelt es sich bei Zentralbanken um zentrale staatliche Planungsbehörden. Zentralbanken sind also nach planwirtschaftlichen Prinzipien arbeitende Fremdkörper in einer Marktwirtschaft. Sie sind Teil des staatlichen Papiergeld-Monopols, das wie alle Staatsmonopole natürlich ebenfalls nicht zu einer Marktwirtschaft gehört. Die Kenntnis dieser Tatsachen ist aus drei Gründen überaus wichtig:

Erstens ist sie zum Verständnis der Fehlentwicklungen unerlässlich, die das Weltwährungssystem und die Verschuldung von Staaten, Unternehmen und privaten Haushalten in den vergangenen Jahrzehnten genommen haben.

Zweitens lässt sich die Dynamik der Krisenspirale, in der sich die Welt befindet, ohne diese Kenntnis ebenso wenig verstehen wie die Rolle, die Spekulationsblasen dabei spielen.

Drittens ist die Kenntnis dieser Tatsachen von herausragender Bedeutung im Hinblick auf die Weichenstellungen, die in Zukunft vorgenommen werden müssen. Spätestens wenn das gegenwärtige Währungssystem endgültig zusammengebrochen sein wird, muss schließlich ein Nachfolgesystem gefunden werden.

Bei dessen Gestaltung können die planwirtschaftlichen Fehler der Vergangenheit natürlich wiederholt werden, und trotz des erzwungenen Neuanfangs bleibt dann letztlich doch wieder alles beim Alten. Es kann stattdessen aber auch ein echter Neuanfang gemacht werden, indem ein Währungssystem zugelassen wird, das marktwirtschaftlichen Prinzipien folgt.

Im Moment deutet zwar noch nichts auf ein solches marktwirtschaftliches Szenario hin. Aber das Ausmaß der Wirtschafts- und Finanzkrise, die das Ergebnis des monumentalen geldpolitischen

Experiments der vergangenen Jahre sein wird, kann durchaus zu einem starken Stimmungsumschwung in der Bevölkerung führen. Auf diese Weise bereitet sie womöglich den Boden für die Einführung marktwirtschaftlicher Lösungen. Als unerschütterliche Optimisten und radikale Freiheitsfreunde geben wir die Hoffnung nicht auf, dass die Menschheit an diesem zentralen volkswirtschaftlichen Punkt ihre vielgepriesene Lernfähigkeit doch noch unter Beweis stellen wird.

1. PREISKONTROLLEN

Frei verhandelbare Preise, auch Marktpreise genannt, spiegeln die Wertschätzung wider, die Menschen den verschiedenen Gütern und Dienstleistungen entgegenbringen. Deshalb sind Marktpreise ein unerlässlicher Steuerungsmechanismus, um die Konsumwünsche der Verbraucher in höchstmögliche Übereinstimmung mit den Produktions- und Leistungskapazitäten zu bringen. Auf diese Weise werden die stets begrenzt vorhandenen Ressourcen einer effizienten und optimalen Nutzung zugeführt.

Da die Konsumwünsche einem permanenten Wandel unterliegen, der nicht vorhersehbar ist, muss der an Märkten stattfindende Preisfindungsprozess immer wieder aufs Neue durchgeführt werden. Auf diese Weise verarbeiten Märkte das Wissen und die Informationen von Millionen von Individuen und verdichten diesen Input zu einem Marktpreis.

Planungsbehörden verfügen nicht über das Marktwissen

Eine zentrale Planungsbehörde kann niemals über die Gesamtheit dieses weit verstreut vorliegenden Wissens verfügen. Deshalb kann eine Planwirtschaft die für ein effizientes Wirtschaften entscheidende Frage, was wann für wen mit welchen Mitteln produziert werden soll, nicht sinnvoll beantworten. Aufgrund dieses Wissens- und Informationsmangels wird die Planungsbehörde zwangsläufig eine Fehlentscheidung nach der anderen fällen. Das gilt auch für den Fall, dass die Angestellten der betreffenden Behörde die besten Absichten und Ziele haben.

Diesen Zusammenhang hat als Erster der große Ökonom und Freiheitsdenker Ludwig von Mises in seinem 1920 erschienenen Artikel »Die Wirtschaftsrechnung im sozialistischen Gemeinwesen« dargestellt und in seinem 1922 erschienenen Buch »Die Gemeinwirtschaft – Untersuchungen über den Sozialismus« vertieft. Trotz der bestechenden Logik dieses Arguments weigern sich Sozialisten aller Schattierungen bis zum heutigen Tag zu akzeptieren, dass eine funktionierende Planwirtschaft unmöglich ist.

Die Fed kennt die marktwirtschaftlichen Mechanismen eigentlich genau

Der marktwirtschaftliche Preisfindungsprozess ist für ein effizientes Wirtschaften unerlässlich. Staatlich festgelegte Preise, auch Preiskontrollen genannt, stören diesen Prozess und führen zwingend zu Fehlentscheidungen und ökonomischen Fehlentwicklungen. Das formulierte der damalige Fed-Präsident Ben Bernanke im Rahmen einer Vorlesung an der George-Washington-Universität im März 2012 folgendermaßen:

> *Wie Sie wissen, sind Marktpreise das Thermostat einer Volkswirtschaft. Sie sind der Mechanismus, auf dem das Funktionieren einer Wirtschaft basiert. Deshalb führten Lohn- und Preiskontrollen zu Mangelwirtschaft und zahlreichen weiteren Problemen quer durch die Wirtschaft. [...] Wie Milton Friedman es ausgedrückt hat, war es, als wollte man einen*

> *überhitzten Hochofen reparieren, indem man dessen Thermostat zerstörte.*

Bernanke bezog sich in seiner hier zitierten Rede auf die Preiskontrollen, die US-Präsident Richard Nixon in den 1970er-Jahren eingeführt hatte. Nun war Bernanke, als er diese klaren Worte sprach, Präsident der US-Notenbank Fed. Als solcher war er zuständig für die Preiskontrolle des mit Abstand wichtigsten Preises einer Volkswirtschaft: des Preises von Geld und Kapital, auch Zins genannt. Was für ein Widerspruch!

Wenn Sie mit uns, mit Ben Bernanke in seinen Sonntagsreden, mit Milton Friedman und zahlreichen anderen namhaften Denkern und Ökonomen die Überzeugung teilen, dass Preiskontrollen zu ökonomischen Problemen führen, dann müssen Sie logisch zwingend zu dem Schluss kommen, dass Zentralbanker keine Problemlöser sind, sondern ganz im Gegenteil die Verursacher der Probleme, für deren Lösung sie sich angeblich einsetzen.

Wie das Beispiel Ben Bernanke zeigt, wissen moderne Zentralbank-Bürokraten ganz genau, was sie tun und wie schädlich und kontraproduktiv ihr Treiben ist. Dennoch werden sie nicht müde, der gutgläubigen Bevölkerung vorzugaukeln, sie würden Wichtiges, ja sogar Großartiges leisten.

In den Massenmedien wird diese eigentlich offensichtliche Irreführung gebetsmühlenartig und unkritisch wiederholt. Das Wirken der Zentralbanken wird sogar noch zusätzlich überhöht, indem prominente Zentralbank-Bürokraten zu Helden ernannt, gar zu Weltenrettern verklärt oder zum »Mann des Jahres« gekürt werden. Dieser Titel, der vom US-Magazin Time seit 1927 verliehen wird, wurde 2009 Ben Bernanke zugedacht.

Wie Sie gesehen haben, hat diese Darstellung des Zentralbankwesens nichts, aber auch gar nichts mit der Realität zu tun. Vielmehr handelt es sich hierbei um einen modernen Aberglauben. Ein Aberglaube, dem eine herausragende Rolle zukommt bei der Entstehung der Spekulationsblase, die in den vergangenen Jahren fast alle Anlageklassen erfasst hat.

»Bullshitter« auf dem Vormarsch

Viel zu reden, ohne etwas Vernünftiges zu sagen beziehungsweise zu tun, das kommt in der Politik ebenso vor wie bei den Zentralbanken. Presseberichten zufolge hat kein Geringerer als Ex-US-Präsident Barack Obama seinen Amtsnachfolger Donald Trump als »Bullshitter« bezeichnet. Nun sollte, wer im Glashaus sitzt, bekanntlich nicht mit Steinen werfen, fällt uns in Erinnerung an Obamas nicht eingehaltene Wahlversprechen dazu ein. Denn Bullshit bleibt Bullshit, auch wenn er mit rhetorischer Exzellenz vorgetragen wird, über die Obama im Unterschied zu seinem Nachfolger zweifelsfrei verfügt.

Doch lesen Sie, was der US-Philosoph Harry G. Frankfurter, der sowohl in Yale als auch in Princeton gelehrt hat und mit zahlreichen Auszeichnungen geehrt wurde, in seinem 2005 erschienenen Traktat »Bullshit« zu diesem interessanten Thema zu sagen hat:

> *Zu den auffälligsten Merkmalen unserer Kultur gehört die Tatsache, dass es so viel Bullshit gibt. Jeder trägt sein Scherflein dazu bei. Die meisten Menschen meinen, sie seien in der Lage, Bullshit zu erkennen und sich davor zu schützen, weshalb dieses Phänomen bislang wenig ernsthafte Aufmerksamkeit gefunden hat und nur unzureichend erforscht worden ist. Das hat zur Folge, dass wir nicht sonderlich genau wissen, was Bullshit ist, warum es so viel davon gibt und*

welchen Zwecken er dient. Mit anderen Worten: Wir besitzen keine Theorie.

Frankfurters Traktat stellt den ersten ernsthaften Versuch dar, diese unerträgliche Lücke zu schließen. Die folgende Grafik zeigt Ihnen, warum diese Lücke unbedingt geschlossen werden sollte. Sie zeigt beispielhaft für die Entwicklung der verbalen Bemühungen des weltweiten Zentralbankwesens für den Zeitraum 1920 bis 2016 die Anzahl von Reden, die allein von Angehörigen der Bank of England pro Jahr gehalten wurden.

Bullshit auf dem Vormarsch, 1920 bis 2016

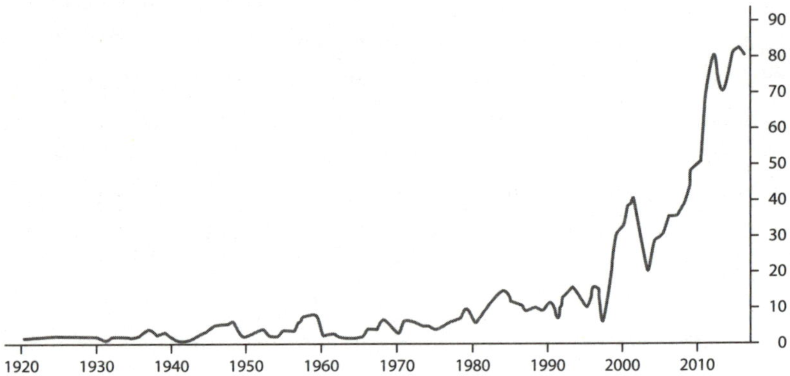

Anzahl der von Mitarbeitern der Bank of England pro Jahr gehaltenen Reden im Zeitraum 1920 bis 2016. Fazit: Je ernster die Lage, desto mehr offizieller Bullshit wird geredet.

Quelle: Bank of England

Die Hohepriester des Gelddruckmaschinenkults beschwören die Schar ihrer Gläubigen

Wie Sie in der Grafik sehen, schwappt seit der Jahrtausendwende, als die Dotcom-Blase platzte, ein geldpolitischer Redeschwall über die Welt. Je deutlicher die Wohlstand vernichtenden Folgen der zuvor begangenen geldpolitischen Fehler und Sünden spür- und sichtbar werden, desto häufiger beschwören die Hohepriester des Gelddruckmaschinenkults die Schar ihrer Gläubigen.

Dabei haben die Zentralbanker bei Licht besehen kaum etwas zu sagen, denn genau genommen steht nur ein einziges Arbeitswerkzeug zur Verfügung: die Gelddruckmaschine. Mit ach so vielen Worten und in bewusst unverständlich gehaltenem Kauderwelsch verlesen sie die stets gleiche Liturgie: Wir drucken Geld, wir drucken Geld, wir drucken Geld.

> *Die US-Regierung verfügt über eine Technologie, genannt Druckerpresse (oder heutzutage ihr elektronisches Äquivalent), die es ihr gestattet, ohne Kosten so viele US-Dollar zu produzieren, wie sie will.*
>
> *(Ben Bernanke, am 21. November 2002)*

Sehr klar und präzise entzaubert der US-Analyst Michael J. Panzner in seinem 2012 erschienenen Buch, »Modern Central Banking Simplified«, das moderne Zentralbankwesen. Auf jedem Blatt dieses 200-Seiten-Werks steht nur ein einziger Satz: »Print Money«, zu Deutsch: »Druckt Geld«.

2. MARKTMANIPULATIONEN

Eine besondere Form von Preiskontrollen sind direkte und indirekte Marktmanipulationen. Darunter verstehen wir sämtliche Markteingriffe, deren Ziel darin besteht, den Preisfindungsprozess in eine gewünschte Richtung zu lenken und ihn damit zu verfälschen. Den Zentralbank-Bürokraten steht für diese Manipulationen ein ganzes Arsenal zur Verfügung. Es reicht von verbalen Eingriffen wie der bloßen Erwähnung möglicher manipulativer Maßnahmen über deren konkrete Ankündigung oder die Androhung von Verboten bis hin zu tatsächlich durchgeführten Käufen von Wertpapieren, um die Kurse nach oben zu treiben. Auch ein Verbot von Leerverkäufen (Short Sales), um fallende Aktienkurse zu verhindern, gehört dazu. Es wurde beispielsweise im Jahr 2008 praktiziert.

Da solche Marktmanipulationen nur eine Sonderform von Preiskontrollen sind, führen auch sie »zu Mangelwirtschaft und zahlreichen weiteren Problemen quer durch die Wirtschaft«, um mit den Worten Bernankes zu reden. In seiner Funktion als Präsident der mächtigsten Zentralbank der Welt hat ihn seine eigene Erkenntnis aber nicht davon abgehalten, die Finanzmärkte im großen Stil zu manipulieren. Damit hat er das Zentralbankwesen handstreichartig revolutioniert, indem er mit dem »Kauf« von Anleihen in Billionenhöhe begann (warum wir hier Anführungszeichen verwenden, werden wir weiter unten erläutern) und diese Vorgehensweise weltweit salonfähig machte.

Je umfangreicher solche Marktmanipulationen sind, desto schwerwiegender sind die Probleme, die quer durch die Wirtschaft entstehen. Deshalb haben wir die bewusst unverständlich als »quantitative easing« (quantitative Lockerung) bezeichneten »Käufe« von Anleihen durch die Zentralbanken von Anfang an als falsch gebrandmarkt. Wir haben sie als höchst gefährliche Weichenstellung in eine Zukunft bezeichnet, die von den Folgen dieser planwirtschaftlichen Politik geprägt sein wird. Dazu gehören unter anderem eine massive Umverteilung von unten nach oben und schließlich die maßlose Vernichtung von Wohlstand.

Wir sind die Versuchskaninchen

Seit Jahren bezeichnen wir diese Marktmanipulationen als das größte geldpolitische Experiment aller Zeiten und prophezeien ihm aufgrund der oben dargestellten Zusammenhänge ausdrücklich kein Happy End.

Die Dimensionen dieses Experiments haben inzwischen monströse Ausmaße erreicht. Laut Bank of America haben die Zentralbanken weltweit Anleihen im Wert von mehr als 20 Billionen US-Dollar »gekauft«.

Die folgende Grafik zeigt Ihnen die Entwicklung der von den Zentralbanken der USA, Europas, Japans, Großbritanniens und der Schweiz gehaltenen Wertpapiere in Billionen US-Dollar seit 2006. Mitte 2017 wurde die gigantische Summe von 14,6 Billionen US-Dollar erreicht. Unter Einbeziehung der chinesischen Zentralbank steigt diese Summe um weitere 5,1 Billionen US-Dollar auf insgesamt 19,7 Billionen Dollar. Inzwischen wurde die 20-Billionen-Dollar-Marke überschritten.

Bilanzsummen der wichtigsten Zentralbanken in Billionen $, 2006 bis 2019

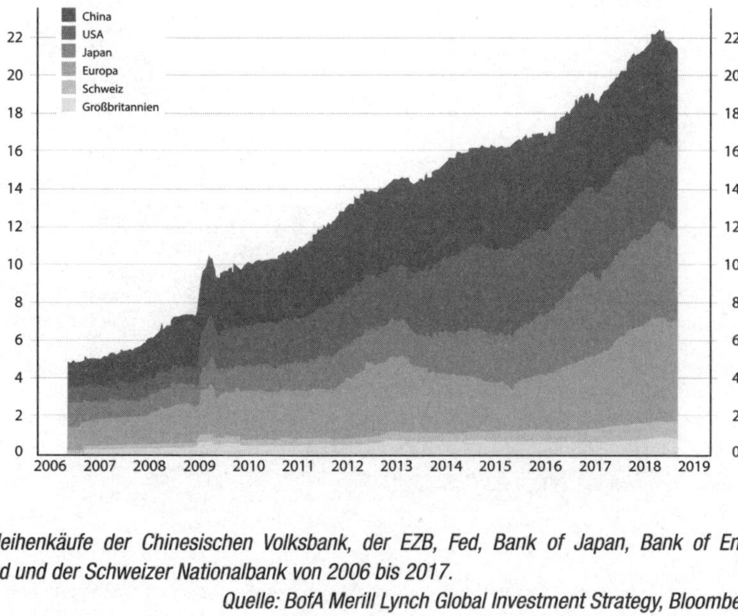

Anleihenkäufe der Chinesischen Volksbank, der EZB, Fed, Bank of Japan, Bank of England und der Schweizer Nationalbank von 2006 bis 2017.

Quelle: BofA Merill Lynch Global Investment Strategy, Bloomberg

Eine geldpolitische Revolution ohne demokratische Legitimation

Auf dem nächsten Chart sehen Sie, wie sich die gigantische Summe, bei der es sich vor allem um Staatsanleihen handelt, auf die sechs genannten Zentralbanken verteilt. Die schwarze Linie stellt den Gesamtbetrag in Prozent des globalen Bruttoinlandsprodukts dar. Diese Grafik verdeutlicht Ihnen, warum wir hier vom größten geldpolitischen Experiment aller Zeiten sprechen. Die ganze Welt ist daran beteiligt und davon betroffen – auch von den Folgen seines Scheiterns.

Bilanzsummen der 6 großen Zentralbanken in Billionen $ und in % des BIP, 2000 bis 2018

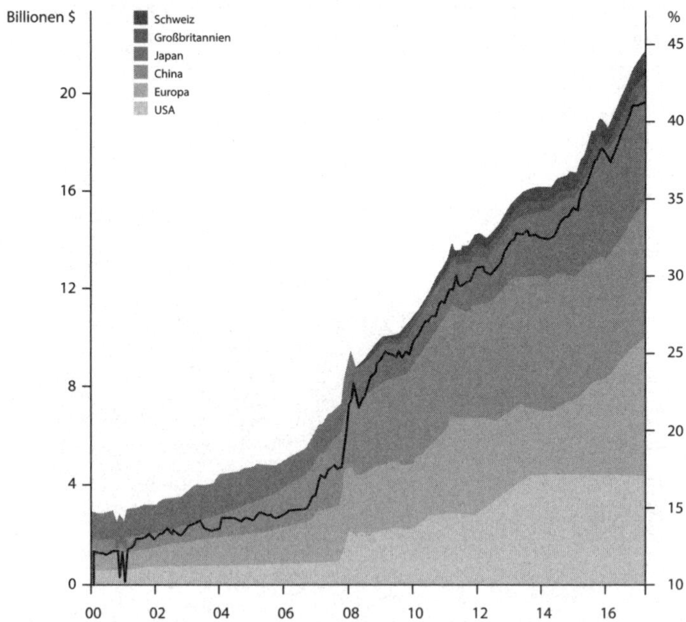

Nicht nur Kleinigkeiten: Die wichtigsten Zentralbanken halten über ein Drittel der weltweit emittierten Anleihen. *Quelle: Citi Research, Haver*

Dieses Experiment wurde von einer kleinen Clique von Ökonomie-Professoren erdacht, die für die Zentralbanken tätig sind. Die Risiken, die seine Durchführung birgt, wurden niemals öffentlich diskutiert. Auch wurde die Frage, ob es überhaupt zur Durchführung kommen soll, keinem Parlament zur Abstimmung vorgelegt. Ihm fehlt also jegliche demokratische Legitimation und Kontrolle.

Dabei handelt es sich bei dieser geldpolitischen Revolution um eine folgenschwere, um nicht zu sagen extremistische Weichenstellung, da sie die Preisfindung an den Kapitalmärkten außer Kraft setzt. Damit zerstört sie das Herzstück der Marktwirtschaft, da der Preis von Geld und Kapital der mit Abstand wichtigste Einflussfaktor und Steuerungsmechanismus einer Volkswirtschaft ist.

Ein geldpolitischer Angriff auf Demokratie und Freiheit

Etwas zugespitzt ausgedrückt haben die Zentralbank-Bürokraten damit begonnen, die Marktwirtschaft zu zerstören und durch eine von Zentralbanken gelenkte Kommandowirtschaft zu ersetzen. Wer die Marktwirtschaft zerstört, vernichtet nicht nur den Wohlstand der Bevölkerung, sondern gefährdet auch Freiheit und Demokratie. Denn ohne freie Märkte kann es keine Freiheit des Individuums geben, sondern nur ein immer enger gezogenes Netz aus planwirtschaftlichen Interventionen, Regulierungen, Vorschriften und Verboten. Das hat der große Freiheitsdenker und Ökonom Friedrich August von Hayek beispielsweise in seinem 1944 erschienenen Buch »Der Weg zur Knechtschaft« gezeigt.

Mit neu gedrucktem Geld »kaufen« sie die Welt

Wir haben das Wort »kaufen« häufig in Anführungszeichen gesetzt, wenn wir von Käufen sprechen, die von Zentralbanken vorgenommen werden. Dafür gibt es einen einfachen, aber sehr wichtigen Grund: Zentralbanken müssen das Geld, mit dem sie einen Kauf bezahlen, nicht wie Sie oder wir verdienen, sie schaffen es einfach per Knopfdruck aus dem Nichts. Deshalb handelt es sich bei diesen Transaktionen nicht um Käufe im herkömmlichen Sinne, sondern um einen einzigartigen Tausch von nichts gegen etwas.

Normalerweise ist Geld lediglich ein Wertaufbewahrungsmittel und ein Hilfsmittel, um den Tausch von Waren und Dienstleistungen zu erleichtern. Getauscht wird immer etwas gegen etwas. Sie müssen also zunächst etwas besitzen, das Sie gegen etwas eintauschen können, das ein anderer sein Eigen nennt. Dieses Etwas muss zuvor natürlich produziert worden sein, sonst würde es nicht existieren. Leistung gegen Leistung lautet die Grundidee einer arbeitsteiligen Wirtschaft. Geld ist eigentlich nur die haltbar gemachte Leistung, die ein Mensch erbracht, aber nicht konsumiert, sondern gespart hat. Die Herstellung von Falschgeld ist verboten, weil dem Falschgeld keine solche Leistung entspricht. Der Geldfälscher betrügt also, indem er nichts – dem er allerdings den Schein von etwas gegeben hat – gegen ein echtes Etwas tauscht. Also nicht Leistung gegen Leistung, sondern nichts gegen etwas.

In dem hier beschriebenen, rein ökonomischen Sinn gibt es keinen Unterschied zwischen einem Geldfälscher und einer Zentralbank, denn beide tauschen nichts gegen etwas. Die beiden Akteure unterscheiden sich nur im juristischen Sinne: Der Geldfälscher ist ein Verbrecher, der Zentralbanker hingegen ein ehrenwertes Mitglied der politischen Elite.

Die Interventionsspirale dreht sich weiter

Die Entwicklung, welche die Anleihen-Kaufprogramme der Zentralbanken in den vergangenen Jahren genommen haben, weist eine Dynamik auf, die für alle staatlichen Interventionen charakteristisch ist und die zuerst von Hayek beschrieben wurde. Ganz allgemein sind »Interventionen wirtschaftspolitische Eingriffe, die dazu dienen, die Struktur, den Ablauf und die Ergebnisse des Marktgeschehens im Hinblick auf Sonderinteressen punktuell zu korrigieren«, heißt es im Lexikon der Sozialen Marktwirtschaft der Konrad-Adenauer-Stiftung. Aufgrund der ungewollten Nebenwirkungen, die derlei Eingriffe in ein so komplexes System wie eine Volkwirtschaft stets nach sich ziehen, entsteht eine Interventionsspirale, da fast jede Intervention einen ganzen Rattenschwanz weiterer Interventionen nach sich zieht.

Auf diesen abgründigen Weg in die Planwirtschaft haben sich die Zentralbanker begeben, wobei ihre Absichten sicherlich nobel sind. Inzwischen sind sie zu Gefangenen oder Getriebenen der von ihnen in Gang gesetzten Interventionsspirale geworden.

Erinnern Sie sich: Ursprünglich wurde die Notwendigkeit des ersten von der Fed durchgeführten Anleihen-Kaufprogramms im Jahr 2008 damit begründet, dass sich die Wirtschaft in einer schweren und die Großbanken sogar in einer existenziellen Krise befunden hätten. Es handele sich um einen außergewöhnlichen Notfall, der nur mit ebenso außergewöhnlichen Mitteln behandelt werden könne. Der Patient sei so angeschlagen, dass er auf die Intensivstation gebracht werden müsse, um optimal versorgt werden zu können.

Die Intensivstation wird zum Daueraufenthaltsort

Die »Käufe« von Anleihen waren also ausdrücklich als außergewöhnliche und vorübergehende Hilfsmaßnahme konzipiert. In diesem Sinne müssen sie als gescheitert bewertet werden, da sich der Patient noch immer auf der Intensivstation befindet und immer höhere Dosen des verabreichten Medikaments benötigt.

Aus den vorübergehenden Maßnahmen ist also ein Dauerzustand geworden, der immer neue und immer umfangreichere »Käufe« hervorgebracht hat. Doch damit nicht genug. Die Verfechter des geldpolitischen Interventionismus planen bereits die nächsten Umdrehungen der Spirale in Form deutlich negativer Zinsen. Diese wiederum sind nur umsetzbar, wenn ein Bargeldverbot verhängt wird, das deshalb auch schon gefordert wird.

Welche weiteren Interventionen die unvorhersehbaren Nebenwirkungen deutlich negativer Zinsen oder ein Bargeldverbot nach sich ziehen würden, kann kein Mensch wissen. Hayek prägte für die hier skizzierte Dynamik des Interventionismus die treffende und einprägsame Überschrift »Der Weg zur Knechtschaft«, da am Ende der Spirale der Übergang zu einem totalitären, planwirtschaftlichen System der Unfreiheit steht.

Staatsfinanzierung und Verstaatlichung

Bisher »kaufen« die Zentralbanken vor allem Staatsanleihen. Sie betreiben also Staatsfinanzierung mit der Gelddruckmaschine, was der EZB eigentlich von Anfang an ausdrücklich verboten war. Der Trick bei der Umgehung dieses Verbots ist einfach: Weil die Zentralbank dem Staat das neu geschaffene Geld nicht direkt überweist, sondern Großbanken dazwischengeschaltet sind, handelt es sich nicht um verbotene Staatsfinanzierung, so das häufig gehörte Argument.

Ökonomisch gesehen ist das natürlich Humbug, aber wo kein Kläger, da kein Richter. Und wenn dann doch einmal ein Kläger auftaucht, dann sprechen die Richter der angerufenen Verfassungsgerichte eben staatstragendes Recht und winken jeden Rechtsverstoß durch, wenn er ihrer Meinung nach dem übergeordneten großen Ganzen dient, zum Beispiel dem Erhalt des Euro.

Die Zentralbanken der Schweiz und Japans beschränken sich inzwischen schon nicht mehr auf den »Kauf« von Anleihen. Sie drucken bereits Geld, um damit Aktien zu »kaufen«. Sie haben also damit begonnen, nichts gegen eine werthaltige Beteiligung am Produktivvermögen einzutauschen. Ganz ohne Gewaltanwendung, sondern nur mit der Gelddruckmaschine wird auf diese Weise eine ganz neue Form der Verstaatlichung praktiziert. Die Spirale dreht sich eben weiter.

3. DIE PHILLIPS-KURVE: EIN MISSVERSTÄNDNIS

Abschließend kommen wir in diesem Kapitel noch kurz auf den dritten Glaubenssatz des modernen Zentralbankkults zu sprechen, auf die Phillips-Kurve. Sie ist nach ihrem Entdecker, dem neuseeländisch-britischen Ökonomen Alban William Phillips benannt. Sie zeige – so kann man allenthalben hören und lesen – den ganz unbestrittenen Zusammenhang zwischen der Höhe der Inflation (Geldentwertung) und der Arbeitslosigkeit. Je höher die Inflationsrate sei, desto niedriger falle die Arbeitslosigkeit aus, so die landläufige Argumentation. Geldentwertung schaffe also Arbeitsplätze und damit Wohlstand.

Mit diesem angeblichen Zusammenhang wird das offen ausgesprochene Ziel unserer Zentralbanken begründet, das in der Schaffung einer permanenten, wenngleich moderaten Geldentwertung von 2

Prozent per annum besteht. In gutem Orwell'schen Neusprech wird dieser angestrebte Kaufkraftverlust Ihres Geldes als Geldwertstabilität bezeichnet.

Ob sich ein Zentralbanker wohl darauf einlassen würde, wenn eine gute Fee mit dem Zauberstab und der Beschwörung einer solchen Größenstabilität seine eigene Körpergröße verringern würde? »Herr Draghi, Herr Bernanke, Frau Yellen, Herr Powell: In Anwendung Ihres Stabilitätsbegriffs schrumpfe ich Sie ab sofort jedes Jahr um 2 Prozent. Wenn Sie heute 1,75 m groß sind, werden Sie in zehn Jahren immer noch 1,43 m messen, und 1,17 m in 20 Jahren. Was ist schon dabei?«

Schon Helmut Schmidt glaubte an die Phillips-Kurve

Schon der nicht nur in SPD-Kreisen gerne als Weltökonom bezeichnete Ex-Bundeskanzler Helmut Schmidt fiel auf die oben genannte Interpretation der Phillips-Kurve herein. Diese allerdings beruht – wie Sie gleich sehen werden – entweder auf einem Missverständnis oder auf einer bewussten Verfälschung. In seiner Funktion als Bundeskanzler sagte Schmidt die schönen und durchaus nachvollziehbaren Worte: »Lieber 5 Prozent Inflation als 5 Prozent Arbeitslosigkeit.« Wie wir heute wissen, führte seine Politik am Ende des Tages zu deutlich mehr von beidem.

Wir möchten Helmut Schmidt dieses bittere wirtschaftspolitische Ergebnis hier nicht zum Vorwurf machen. Denn nicht er selbst, sondern seine ökonomischen Berater hätten prüfen müssen, ob sich der vermeintliche Zusammenhang zwischen Inflation und Arbeitslosigkeit tatsächlich aus der Arbeit von A.W. Phillips und der von ihm veröffentlichten Kurve ergibt.

Phillips untersuchte in Wirklichkeit einen ganz anderen Zusammenhang, nämlich den zwischen Arbeitslosigkeit und Lohnsteigerungen. Darüber hinaus stammen die von ihm verwendeten Daten aus einer Zeit, als Großbritannien noch den Goldstandard als Währungssystem hatte, weshalb es in dem untersuchten Zeitraum fast gar keine Inflation gab. Die Original-Phillips-Kurve zeigt also einen ganz anderen Zusammenhang als den oben genannten. Sie besagt, dass die Löhne relativ zu anderen Preisen – es herrschte aufgrund des Goldstandards ja Preisstabilität – steigen, wenn die Arbeitslosigkeit gering und Arbeit ein begrenztes Gut ist. Mehr nicht.

Die heutige Realität passt nicht zur Phillips-Kurve

Mit der Phillips-Kurve lässt sich die von Zentralbankern zur Begründung ihrer Politik vorgetragene Behauptung also nicht belegen, durch die Herbeiführung einer höheren Geldentwertung für weniger Arbeitslosigkeit zu sorgen. Mit den Statistiken der vergangenen Jahrzehnte gelingt dieser Beleg ebenfalls nicht, wie Sie in der folgenden Grafik sehen. Diese stellt die Monat für Monat tatsächlich gemessene US-Arbeitslosenquote auf der x-Achse dar und die in dem jeweiligen Monat veröffentlichte Inflationsrate des Konsumentenpreisindex auf der y-Achse.

US-Inflationsrate und Arbeitslosenquote in %, 1970 bis 2013

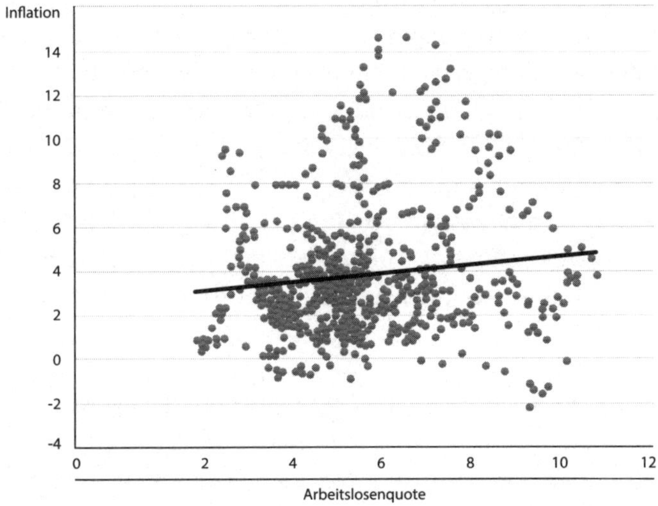

In der Realität gibt es den postulierten Zusammenhang zwischen Inflation und Arbeitslosigkeit offensichtlich nicht. *Quelle: hussmanfunds.com*

Wenn es den postulierten Zusammenhang zwischen Inflation und Arbeitslosigkeit gäbe, dann müssten die Daten ein Muster zeigen, das von links oben nach rechts unten verläuft. Tatsächlich haben wir es aber mit einem Datenhaufen zu tun, der fast gar kein Muster zeigt. Eine statistische Regressionsanalyse der Daten führt zu der im Chart eingezeichneten Trendlinie, bei der noch nicht einmal die Richtung ihrer Neigung zu der von Zentralbankern behaupteten Aussage passt. Ganz gleich, wie man diese Daten statistisch anordnet: Der gewünschte Zusammenhang lässt sich in der Realität nicht belegen.

Die Verlierer dieser Politik werden gezielt irregeführt

Dieses Ergebnis ist so offensichtlich, dass es den blitzgescheiten Notenbankern, unter denen sich zahlreiche Ökonomie-Professoren befinden, unmöglich entgangen sein kann. Das lässt nur eine Schlussfolgerung zu: Die Phillips-Kurve wird zur Rechtfertigung einer Geldpolitik missbraucht, die eben nicht dem Gemeinwohl dient, sondern ganz anderen Interessen und Interessengruppen, die sich auf Kosten der Allgemeinheit bereichern dürfen.

Das ist das schmutzige kleine Geheimnis der Geldpolitik der vergangenen Jahre: Sie hat einen mächtigen Umverteilungsmechanismus von unten nach oben in Gang gesetzt. Sparer, Rentner, Stiftungen und der sprichwörtliche kleine Mann sind die Verlierer dieser ungerechten Politik. Sie führt dazu, dass die Schere zwischen Arm und Reich immer größer wird, und sie bürdet kommenden Generationen untragbare Schuldenlasten auf. Sie erzeugt Interventionsspiralen und Spekulationsblasen, deren Platzen das gesamte Finanzsystem und den Wohlstand breiter Bevölkerungsschichten zu zerstören droht.

Soviel zunächst zur Kritik des modernen Zentralbankkults und zu den Glaubensgrundsätzen, auf denen er basiert. Wir werden später noch einmal ausführlich auf die Zentralbanken zu sprechen kommen und die wichtige Frage behandeln, was sie in der nächsten Krise unternehmen werden. Zunächst befassen wir uns jetzt aber mit der riesigen Spekulationsblase, die durch die ultralaxe Geldpolitik der vergangenen Jahre entstanden ist, und mit der Frage, was diese Entwicklung für Sie als Anleger bedeutet.

TEIL II:
SPEKULATIONSBLASEN

IMMER WIEDER KOMMT ES ZU EPOCHALEN SPEKULATIONSBLASEN, SO AUCH JETZT

»Aktien befinden sich auf einem dauerhaft hohen Plateau«, sprach der US-amerikanische Ökonom Irving Fisher (1867–1947) unmittelbar vor dem großen Börsenkrach des Jahres 1929. Fisher gehört zweifelsohne zu den ganz Großen seiner Zunft. Er lieferte gleich mehrere bahnbrechende Beiträge zur Entwicklung der Volkswirtschaftslehre, darunter die berühmte Quantitätsgleichung des Geldes, die sich in jedem Lehrbuch der Volkswirtschaft befindet. Bereits mit 31 Jahren wurde er zum Professor in Yale berufen.

Darüber hinaus war Fisher ein sehr erfolgreicher Erfinder. Der Verkauf des von ihm entwickelten Archivierungssystems für Visitenkarten, das bis heute unter dem Markennamen Rodolex bekannt ist, machte ihn 1925 zum Multimillionär.

Doch damit nicht genug. In den 1920er-Jahren wurde Fisher als Aktienmarkt-Experte nicht zuletzt durch öffentliche Auftritte im damals noch jungen Medium Radio zum ersten Publikumsstar unter den Ökonomen. Er wurde zu einem wichtigen Antreiber der maßlosen Euphorie, die damals an den Aktienmärkten ausgebrochen war. Solange die Kurse stiegen, war seine Stellung als Liebling der Massen unangefochten.

DER GROSSE IRVING FISHER ERLAG DER EUPHORIE AM AKTIENMARKT

Trotz seines offensichtlich brillanten Intellekts gelang es Irving Fisher jedoch nicht, die riesige Spekulationsblase an den Aktienmärkten und die von ihr ausgehenden Gefahren für das Finanzsystem und für die Weltwirtschaft zu erkennen. So ließ er sich am 21. Oktober 1929 zu einem Kommentar hinreißen, der sein erfolgsverwöhntes Leben verändern sollte und ihn unter Börsianern unsterblich machte:

> *Stock prices have reached what looks like a permanently high plateau.*
> *(Die Aktienkurse haben, wie es aussieht, ein dauerhaft hohes Niveau erreicht.)*

Das Timing dieser Fehleinschätzung hätte im Nachhinein betrachtet kaum unglücklicher gewählt sein können. Obwohl der Dow Jones Industrial Average von seinem am 1. September 1929 erreichten Hoch von 386 Punkten bereits um 12 Prozent gefallen war, befand er sich am 21. Oktober erst am Beginn des spektakulärsten Aktiencrashs aller Zeiten. In den folgenden sieben Börsentagen stürzte der Index von 340 auf 212 Punkte ab, ein Kursrückgang um weitere 38 Prozent. Von seinem Hoch aus gerechnet, hatte der Dow Jones Industrial Average statt eines dauerhaft hohen Niveaus also einen Kursrückgang von 45 Prozent erlitten.

Wie wir heute wissen, war dieser heftige Kurseinbruch sogar nur der Auftakt zu weiteren herben Verlusten. Er markierte zugleich den Beginn der Weltwirtschaftskrise. Am Tiefpunkt dieser Baisse, der im Juli 1932 erreicht wurde, notierte der Index bei 41 Punkten. Der gesamte Kursrückgang belief sich somit auf 89 Prozent.

Bezogen auf den Höchstkurs von rund 13.600 Punkten, den der DAX im Jahr 2018 erreicht hat, entspräche das einem Kursrückgang auf rund 1500 Punkte. Unwahrscheinlich? Ja. Ausgeschlossen? Natürlich nicht. Das gilt umso mehr, als die fundamentale Überbewertung der US-amerikanischen Weltleitbörse aktuell ähnlich groß ist wie 1929. Darauf werden wir später noch zu sprechen kommen.

FISHER IM SOG DER WELTWIRTSCHAFTSKRISE

Auch nach dem Crash von 1929 blieb Irving Fisher ausgesprochen bullish. Er prognostizierte eine schnelle Erholung der Kurse und der Konjunktur. Interessanterweise verlor er auf diese Weise nicht nur einen großen Teil seines Vermögens und seines Rufs als Aktienmarkt-Experte, sondern völlig zu Unrecht auch seine Reputation als brillanter Ökonom. Seine Zeitgenossen waren offenbar nicht in der Lage, zwischen den hervorragenden ökonomischen Beiträgen Fishers und seiner desaströsen Fehleinschätzung der Aktienmärkte und der Wirtschaftslage zu unterscheiden.

Das sollte sich erst nach seinem Tod im Jahr 1947 langsam wieder ändern. So bezeichnete ihn Josef Schumpeter in seinem 1951 erschienenen Buch »Ten Great Economists from Marx to Keynes« als den größten Ökonomen, den die USA jemals hervorgebracht hätten. Dieser Einschätzung schlossen sich später auch andere Größen der Zunft an, darunter Milton Friedman. In dem ansonsten sehr empfehlenswerten Buch »Große Ökonomen und ihre Theorien«, das 2007 erschien, war für Irving Fisher zu unserem Bedauern noch immer kein Platz.

AUCH ANDERE GROSSE DENKER TAPPTEN IN DIE FALLE

Für Sie als Börsianer sind die Erfahrungen und Fehleinschätzungen Fishers nicht nur deshalb so interessant und lehrreich, weil sie typisch sind für alle weiteren Spekulationsblasen. Darüber hinaus zeigt dieses Beispiel auch, dass selbst große Denker und Koryphäen vom Format eines Irving Fisher nicht vor massenpsychologischen Verblendungen gefeit sind.

So tappte auch der weltberühmte englische Physiker, Mathematiker, Astronom, und Philosoph Isaac Newton in die gleiche Falle. Auch dieser geniale Denker, der mit seinen bahnbrechenden Lehren das moderne Zeitalter der Physik und der klassischen Mechanik begründete, wurde Opfer einer massenpsychologischen Verblendung, die als Südseeblase in die Finanzgeschichte eingegangen ist. Im Zentrum dieser Spekulationsblase stand die englische South Sea Company, die von der Regierung das Monopol für den gesamten Südseehandel erhalten hatte und im Gegenzug in mehreren Schritten die englischen Kriegsschulden übernahm.

Das Unternehmen versuchte sich zunächst in der Verschiffung von Sklaven von Afrika nach Lateinamerika, erwirtschaftete damit aber kaum Gewinne. Auch war es jahrelang nicht in der Lage, einen profitablen Südseehandel zu etablieren, obwohl der Welthandel florierte. Genau genommen handelte es sich bei der South Sea Company nur um eine leere Hülle. Das Unternehmen erhielt Zinsen vom englischen Staat und schüttete diese als Dividenden aus.

Doch dann schmiedete John Blunt, der Direktor des Unternehmens, einen perfiden Plan: Er beschloss, die Gunst der Stunde zu nutzen, da in London ein gewisses Spekulationsfieber ausgebrochen war, und den Kurs der Aktie nach oben zu treiben. Er versprach das Blaue vom Himmel herunter, schwärmte von sagenhaften Geschäftsmöglichkeiten in Südamerika und von Gold- und Silberschätzen, die angeblich nur darauf warteten, von seiner Gesellschaft gehoben zu werden. Tatsächlich gelang es ihm mit diesen Lügen, die Gier der Anleger zu wecken. Sie begannen damit, den Aktienkurs durch ihre verstärkte Nachfrage anzufeuern.

ISAAC NEWTON UND DIE SÜDSEEBLASE VON 1720

Wie Sie in der Darstellung auf Seite 43 sehen, stieg der Aktienkurs der South Sea Company zunächst nur sehr langsam an. Das änderte sich Anfang 1720, als die Aktie durch die auf reinen Hirngespinsten basierende PR-Kampagne Blunts eine bis dahin ungekannte Popularität erlangte. Schnell stieg der Kurs von 128 auf 180 Britische Pfund, und Sir Newton wagte eine kleine Spekulation. Nachdem sich der Kurs verdoppelt hatte, realisierte er den Gewinn. Die Aktie setzte ihren Höhenflug fort, und die South Sea Company war inzwischen in aller Munde. Gerüchte über fantastische Gewinnaussichten machten die Runde und feuerten die Spekulation weiter an. Staunend erlebte Newton mit, wie seine Freunde, die bereits betreffende Aktien besaßen, immer reicher wurden, während er bereits verkauft hatte.

Als der Kurs auf 700 Pfund geklettert war, erlag der große Mann den Sirenengesängen, die diese Spekulationsblase begleiteten. Angesteckt von der allgemeinen Euphorie wollte er es diesmal aber wissen. Er ließ alle Vernunft außer Acht und stieg mit einem Großteil seines Vermögens wieder ein.

Tatsächlich setzte die Aktie ihren Höhenflug zunächst fort und erreichte etwas später einen Höchstkurs von 1.050 Britischen Pfund. Dann aber platzte die Blase. Was zu schön war, um wahr zu sein, erwies sich als unrealistische Träumerei. Der Aktienkurs fiel schnell

Südseeblase, Dezember 1718 bis Dezember 1721

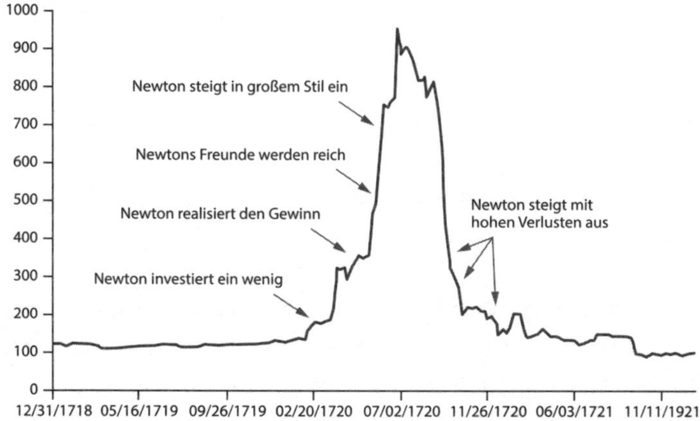

Auch brillante Wissenschaftler sind nicht davor gefeit, auf Spekulationsblasen hereinzufallen.
Quelle: Tim Price, PFP Wealth Management

auf 800 Pfund zurück und stürzte nach einem kurzen Erholungsversuch in einer Crash-Bewegung auf 150 Pfund. Später sackte er sogar auf weniger als 100 Pfund ab. Newton soll durch diese Spekulation die für damalige Verhältnisse sehr große Summe von 20.000 Pfund und damit fast seine gesamten Ersparnisse verloren haben.

JAPAN ENDE DER 1980ER-JAHRE: DIE EPOCHE DER SPEKULATIONSBLASEN BEGINNT

Um Beispiele für Spekulationsblasen und die mit ihnen einhergehenden Massenhysterien zu finden, müssen Sie nicht so weit zurückgehen, wie die bislang angeführten Beispiele suggerieren mögen. Die Finanzgeschichte kennt zahlreiche ähnliche Episoden. An einige davon werden sich die etwas Älteren unter Ihnen noch erinnern.

Ende der 1980er-Jahre erlebten sowohl der japanische Aktienmarkt als auch der japanische Immobilienmarkt riesige Spekulationsblasen. Die fundamentale Bewertung beider Märkte stieg auf ein völlig absurdes Niveau. Dennoch gab es auch außerhalb Japans nur wenige Analysten, die diese Höchststände als eigentlich offensichtlichen Unsinn erkannten und beim Namen nannten. Stattdessen erschienen zahlreiche Artikel und Bücher, in denen die angebliche Überlegenheit des japanischen Wirtschafts- und Finanzsystems dargelegt und sogar die ökonomische Wachablösung der USA durch Japan prophezeit wurde.

1989 hielt Roland Leuschel in Tokio vor institutionellen Investoren einen Vortrag, in dem er die irrationalen Übertreibungen und die horrende fundamentale Überbewertung thematisierte. Als er auf das extrem hohe Kurs-Gewinn-Verhältnis (KGV) des Nikkei Index hinwies – das Shiller-KGV erreichte gerade den absurd hohen Wert von knapp 100 Punkten – kam im Saal unterdrücktes Gelächter auf. In Japan sei doch alles anders, belehrten ihn die fernöstlichen Börsenprofis später. Altmodische Kennzahlen wie das KGV seien obsolet und zur Bewertung japanischer Aktien nicht geeignet.

Dass die ökonomischen Gesetze auch in ihrem Land gelten sollten, hielt man in Japan damals noch für einen Witz. Das wird sich inzwischen geändert haben. Denn Anfang 1990 platzten beide Blasen. Von seinem im Dezember 1989 erreichten Hoch von 38.916 Punkten fiel der Nikkei Index auf ein Tief von 6.995 Punkten im Jahr 2008, ein Kursrückgang von 82 Prozent, der sich über diese Zeitspanne von 19 Jahren erstreckt hat.

Noch heute, also mehr als 27 Jahre später, notiert der japanische Aktienindex rund 50 Prozent unter seinem Höchstkurs von 1989, wie die folgende Darstellung zeigt. Und das, obwohl die japanischen Zentralbank-Bürokraten alle geldpolitischen Register gezogen haben, um für steigende Aktienkurse zu sorgen. Um dieses Ziel zu erreichen, kaufen sie seit einiger Zeit sogar japanische Aktien mit speziell zu diesem Zweck gedrucktem Geld.

Japanischer Nikkei Index, 1989 bis 2019

Von seinem Hoch Ende 1989 ist der japanische Aktienindex in der Spitze um -82 Prozent gefallen und notiert noch immer mit einem Minus von 50 Prozent unter dem damaligen Hoch.
Quelle: StockCharts.com

DIE TECHNOLOGIEBLASE ENDE DER 1990ER-JAHRE: NEUER MARKT UND DEUTSCHE TELEKOM

Bekanntlich sind auch die Deutschen nicht immun gegen massenpsychologische Phänomene dieser Art. Ende der 1990er-Jahre schufen sie mit dem kometenhaften Aufstieg des Neuen Marktes und der Deutsche-Telekom-Aktie sogar ein ganz besonders exzessives Beispiel für Spekulationsblasen.

Bei den am Neuen Markt notierten Unternehmen sollte alles neu und anders sein. Der Wert der dort gelisteten Neuemissionen wurde mit Konzepten, Visionen und fantasievollen neuen Kennzahlen begründet. Bewährte ökonomische Größen wie Umsätze, Gewinne und Cashflows spielten hingegen keine Rolle mehr, und auch der gesunde Menschenverstand kam nicht mehr zum Einsatz. Wunschdenken und Realitätsverlust beherrschten das Geschehen.

Die Details dieser beeindruckenden Episode haben wir bereits in unserem Buch *Das Greenspan-Dossier* für die Nachwelt festgehalten. Hier sollen zur Auffrischung Ihrer Erinnerung ein paar kurze Anmerkungen und die Charts des Neuen Marktes und der Telekom-Aktie genügen.

Der Neue Markt

Der Neue Markt wurde nach seinem rasanten Niedergang von der Deutsche Börse AG sang- und klanglos abgeschafft. Ob die Spuren dieses riesigen Flops aus Scham oder aus kaufmännischem Kalkül getilgt wurden, vermögen wir nicht zu entscheiden.

Am 10. März 2000 hatte der Nemax 50 als Index des Neuen Marktes sein Hoch von 9666 Punkten erreicht. Zu diesem Zeitpunkt waren am Neuen Markt insgesamt 229 Unternehmen gelistet, und die Marktkapitalisierung betrug 234,2 Mrd. Euro. Gut drei Jahre später, am 21. März 2003, wurde der Handel bei einem Kurs von 351 Punkten eingestellt. Der Kursrückgang betrug also 96,4 Prozent.

Neuer Markt (Nemax 50 Index), 1998 bis 2003

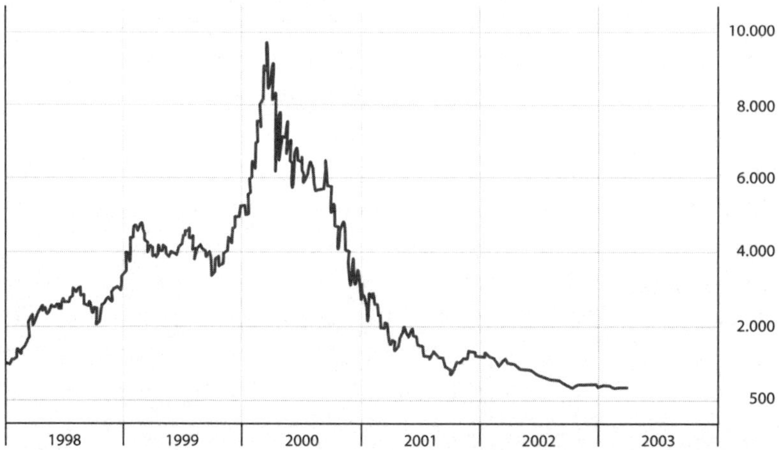

Von seinem Hoch bei 9666 Punkten fiel der Index bis zu seinem letzten Handelstag am 21. März 2003 auf 351 Punkte, ein Kursrückgang von 96,4 Prozent. Quelle: Bloomberg

Die T-Aktie

Während die Deutsche Börse AG mit dem Neuen Markt ausdrücklich risikofreudige Anleger ansprechen wollte, wurde die T-Aktie der Deutschen Telekom vollmundig als Volksaktie vermarktet. In diesem Sinne begann am 18. November 1996 die Privatisierung des Telefonriesen, der bis dahin fast jedem Deutschen aus eigener Erfahrung als träges und langweiliges Staatsunternehmen bekannt war. Dennoch fiel die Emission von zunächst 713 Mio. Aktien auf fruchtbaren Boden, da sich die Aktienmärkte bereits in der Frühphase einer Spekulationsblase befanden. Da störte es nicht, dass der Emissionskurs von 14,57 Euro (28,50 DM) aus fundamentalanalytischer Sicht als höchst ambitioniert gelten musste, was einige kritische Analysten damals auch geschrieben hatten.

Am 28. Juni 1999 wurden im Rahmen einer Kapitalerhöhung weitere 281 Mio. Aktien platziert, dieses Mal zum Kurs von 39,50 Euro. Am 19. Juni 2000 folgte eine weitere Emission, bei der der Bund Kasse machte und 200 Mio. Aktien aus seinem Bestand zum Kurs von 66,50 Euro abgab. Interessanterweise hatte die Aktie zu diesem Zeitpunkt ihr Allzeithoch von 103 Euro bereits deutlich hinter sich gelassen, befand sich also schon auf dem Weg nach unten. Im September 2002 erreichte das Papier ein Tief von 8,42 Euro, was vom Hoch aus gerechnet einem Kursrückgang von 91,8 Prozent entspricht. Bezogen auf den Kurs der Erstemission kam das einem Verlust von 42,2 Prozent gleich. Dieses Tief wurde später sogar noch unterschritten. Der Tiefststand wurde im Juni 2012 mit 6,94 Euro erreicht. Aktuell notiert die Aktie übrigens bei rund 15 Euro.

T-Aktie, Deutsche Telekom, 1998 bis 2019

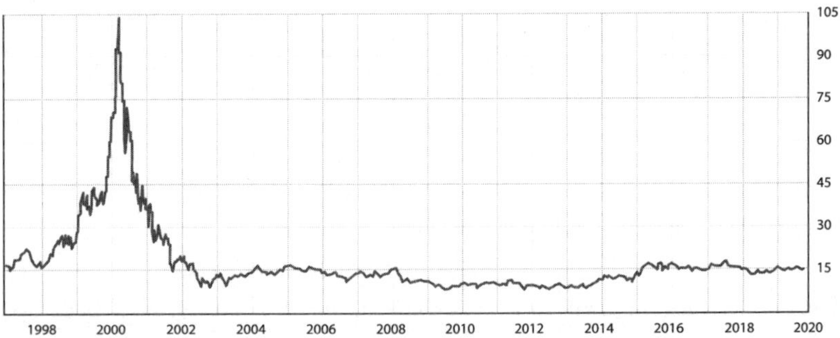

Aktien steigen langfristig immer? Die Telekom-Aktie ist ein gutes Gegenbeispiel

Quelle: BigCharts.com

»Ist das der richtige Mann für diesen Job?«

Als die T-Aktie von ihrem Hoch auf etwa 85 Euro gefallen war, arbeitete Claus Vogt, einer der Autoren der vorliegenden Publikation, erst seit wenigen Monaten als Leiter Research bei der Berliner Effektenbank, einer kleinen deutschen Privatbank. In einer Strategiebesprechung wurde er von seinem Chef und Vorstand der Bank gefragt, wann man die Aktie wieder zum Kauf empfehlen könne. »Bei Kursen unter zehn Euro«, lautete Vogts fundamentalanalytisch begründete Antwort. Ein paar Jahre später erzählte ihm sein Chef, er habe sich damals ernsthaft gefragt, ob er mit Vogt den richtigen Mann für diesen Job eingestellt habe. Vogt verließ die Bank übrigens erst zehn Jahre später auf eigenen Wunsch und machte sich selbstständig.

Exzesse und herbe Kursverluste auch an der NASDAQ

Diese Spekulationsblase war nicht auf Deutschland beschränkt, sondern sie war ein nahezu weltweites Phänomen, das auf spektakuläre Weise auch die USA erfasst hatte. Unter den Namen Technologie- oder Dotcom-Blase ist diese Episode, die fast ausschließlich Aktien des Technologiesektors betraf, in die Finanzgeschichte eingegangen.

Wie weit die damalige Verirrung die Gesellschaft durchdrang, erkennen Sie beispielhaft am Wall Street Journal: Hingerissen von der Überzeugung, dass diesmal alles anders sei, verstieg sich diese altehrwürdige Finanzzeitung dazu, von einer New Economy zu fabulieren – mit Großbuchstaben am Anfang, die den Stellenwert als Eigenname betonen sollten.

In den USA fiel der NASDAQ Composite Index anschließend um 83 Prozent, während sich der S&P 500 Index lediglich halbierte.

Exkurs: Wie sag ich's meiner Frau?

Kürzlich wurden wir von einem Leser unseres Börsenbriefes gefragt, ob es nicht besser sei, bei einer Spekulationsblase wenigstens vorübergehend mitzumachen. Die Welt befinde sich im Moment zwar in der größten Blase aller Zeiten, die früher oder später platzen werde, das wisse er durchaus. Aber er ertrage die Warterei nicht mehr, und seine Frau verspotte ihn bereits.

Diesem klugen und sehr offenen Mitstreiter wollten wir unbedingt eine der Situation angemessene Antwort geben, die er im Zweifel auch seiner Frau ausrichten kann. Deshalb haben wir ihm folgende lehrreiche Geschichte von Stanley Druckenmiller vorgetragen und hoffen, dass uns dieser Leser treu geblieben ist – und seine Frau die Mitgliedschaft bei »Krisensicher Investieren« nicht gekündigt hat.

Starinvestor Stanley Druckenmiller plaudert aus dem Nähkästchen

Stanley Druckenmiller ist einer der erfolgreichsten Spekulanten aller Zeiten. Er war jahrelang die rechte Hand von George Soros und hatte als dessen Hedgefondsmanager sensationelle Erfolge erzielt.

Im Jahr 2015 hielt Druckenmiller einen höchst interessanten Vortrag. Darin schilderte er unter anderem seine traumatischen Erlebnisse während des spekulativen Irrsinns der Jahre 1999/2000, also am Höhepunkt der damaligen Spekulationsblase.

Aufgrund der völlig absurden Überbewertung des Technologiesektors war Druckenmiller längst nicht mehr investiert, weil er den Irrsinn und das mit ihm einhergehende Risiko natürlich erkannt hatte und auch ganz genau wusste, wie das alles enden würde. Er hatte sogar schon damit begonnen, auf fallende Kurse zu setzen. Damit allerdings hatte er für seinen Fonds recht deutliche Verluste produziert, weil der Irrsinn einfach weiterging und die Aktienkurse stiegen.

Lernen Sie von Stanley Druckenmiller

Nun ist auch Starinvestor Stanley Druckenmiller ein Mensch und somit natürlich ein soziales Wesen. Deshalb spürte auch er den immer stärker werdenden Druck, der von Anlegern, Freunden, Kollegen und den Medien ausgeübt wurde. Teilweise machte man sich sogar schon – zumindest hinter vorgehaltener Hand – lustig über ihn. Dieser Druck wurde immer größer und war immer schwerer auszuhalten, je länger der Irrsinn anhielt und je grotesker die Lage wurde.

Tatsächlich hielt Druckenmiller diesem Druck im Frühjahr 2000 nicht mehr stand und legte einen großen Teil seines Fonds an der NASDAQ an. Zitat Druckenmiller:

> *Ich kaufte für 6 Mrd. US-Dollar Technologieaktien. Sechs Wochen später betrugen die Verluste dieser Position 3 Mrd. Dollar, und ich arbeitete nicht mehr für Soros. Was ich daraus gelernt habe? Gar nichts. Denn ich wusste ja vorher schon ganz genau, dass ich das nicht hätte tun dürfen. Aber die Emotionen hatten mich überwältigt, und ich konnte mich nicht wehren. Vielleicht habe ich ja daraus gelernt, es nicht noch einmal zu tun.*

Und was lernen Sie daraus? Dass Sie nicht den Sirenengesängen der Spekulationsblase erliegen und nicht den gleichen Fehler machen sollten wie der große Stanley Druckenmiller im März 2000.

Wenn Sie der Versuchung jedoch nicht widerstehen können oder wollen, weil Sie vielleicht glauben, rechtzeitig wieder aussteigen zu können, dann beschränken Sie Ihr Engagement auf eine Größenordnung, die zu verlieren Sie sich leisten können, sowohl finanziell als auch emotional. Wir denken hier an höchstens 10 Prozent Ihres Finanzvermögens. Unter gar keinen Umständen sollten Sie sich dazu hinreißen lassen, auf Kredit zu spekulieren. Erstens ist das damit einhergehende Risiko viel zu groß und zweitens bestimmt in diesem Fall die Bank ihr Handeln: Sobald die Kurse fallen, wird sie zusätzliche Sicherheiten verlangen oder Verkäufe erzwingen.

IMMOBILIENBLASE UND ECHOBLASE AN DEN AKTIENMÄRKTEN MITTE DER 2000ER-JAHRE

Im Unterschied zu früheren Zeiten erlagen die Anleger trotz der heftigen Verluste an der NASDAQ und anderen Aktienmärkten schon kurze Zeit später der nächsten Massenhysterie. Dieses Mal standen allerdings Wohnimmobilien im Mittelpunkt des Geschehens. Gleichzeitig stiegen aber auch jetzt wieder zahlreiche Aktienkurse auf ein Niveau, das uns damals von einer Echoblase reden ließ.

Allerdings betraf diese Spekulation andere Sektoren als ihre Vorgängerin. Bei den überwiegend an der NASDAQ notierten Lieblingen der vorangegangenen Blase konnte das Spekulationsfieber nicht noch einmal entfacht werden. Dafür ging die Überbewertung mehr in die Breite, erreichte am Höhepunkt der Episode im Jahr 2007 aber nicht mehr das Ausmaß des Jahres 2000, wie Sie anschließend noch sehen werden. Darüber hinaus war die Euphorie der Anleger, die in den Sentiment-Indikatoren zum Ausdruck kommt, deutlich weniger ausgeprägt.

Die Kursverluste fielen in der anschließenden Baisse sowohl beim S&P 500 als auch beim DAX mit minus 58 bzw. minus 56 Prozent erneut sehr deutlich aus. Bei Wohnimmobilien kam es zu ähnlich heftigen Preiseinbrüchen. Die Weltwirtschaft erlebte die schwerste Rezession seit den 1930er-Jahren, das Finanzsystem stand unmittelbar vor dem Zusammenbruch und die meisten Großbanken waren de facto pleite. Sie wurden auf Kosten des Steuerzahlers saniert. Allein die Abschaffung der Pflicht, die Wertpapierbestände zu Marktpreisen zu bewerten, bewahrte sie vor dem Gang zum Insolvenzrichter. Durch diese Änderung der Bilanzierungsvorschriften können Banken ihrer Fantasie bei der Bewertung ihrer Wertpapierbestände freien Lauf lassen. Sie sind zu völlig undurchsichtigen Black Boxes verkommen, deren Risiken von externen Analysten nicht mehr beurteilt werden können.

AKTUELL: DIE GRÖSSTE SPEKULATIONSBLASE ALLER ZEITEN

Zu unserer großen Überraschung ist die Epoche der globalen Spekulationsblasen, die in der zweiten Hälfte der 1990er-Jahre begonnen hatte, trotz dieser Erfahrungen immer noch nicht vorüber. Im Gegenteil. Mit aktiver Unterstützung der Fed und anderer Zentralbanken wurden in den vergangenen Jahren an nahezu allen Märkten für Vermögenswerte neue Spekulationsblasen erzeugt. Die neuerlichen Preis- bzw. Kursübertreibungen reichen von Aktien über Anleihen und Immobilien bis hin zu Kunst und anderen Sammlerobjekten.

Anhand der folgenden Ausführungen können Sie sich selbst davon überzeugen, dass wir es heute tatsächlich schon wieder mit einer riesigen Spekulationsblase zu tun haben.

DIE WICHTIGSTEN MERKMALE VON SPEKULATIONSBLASEN SOLLTEN SIE KENNEN

Das Thema »Spekulationsblasen« haben wir in unserem Buch *Das Greenspan-Dossier* sehr ausführlich behandelt. An dieser Stelle soll es genügen, Ihnen die wichtigsten Kernaussagen zu diesem überaus spannenden und wieder sehr aktuellen Thema vorzustellen:

1. **Eine Spekulationsblase erkennen Sie vor allem an der fundamentalen Überbewertung des betroffenen Marktes.** Auf welche Kennzahlen sie dabei schauen sollten, werden wir Ihnen in Teil III erläutern. So viel vorweg: Aktien, Anleihen und Immobilien sind aktuell extrem überbewertet.
2. **Das Spekulieren auf Kredit ist eine wichtige Begleiterscheinung einer jeden Spekulationsblase.** Diese Bedingung ist derzeit in vollem Umfang erfüllt, wie Sie gleich noch sehen werden.
3. **»Dieses Mal ist alles anders, weil ...« Zu jeder Spekulationsblase gehört eine Story, an der sich die Fantasie der Anleger entzündet und mit der die offensichtliche Überbewertung erklärt und gerechtfertigt wird.** In der aktuellen Episode besteht diese Story in dem fanatischen Glauben an die Fähigkeiten und Möglichkeiten moderner Zentralbank-Bürokraten. Sie spielen im laufenden Zyklus nicht nur geldpolitisch die Hauptrolle, sondern auch massenpsychologisch.
4. **Ebenfalls typisch ist das Nichteinschreiten der Institutionen, die mit der Regulierung des betroffenen Marktes betraut sind.** Bei besonders großen Blasen kommt es sogar zu einer aktiven Unterstützung des Geschehens. Weltweit dulden die Zentralbanken, die auch mit wichtigen regulatorischen Aufgaben betraut sind, das Geschehen der vergangenen Jahre nicht nur. Sie sind dieses Mal sogar willentlich der Motor der spekulativen Exzesse, weil sie mit ihrer Politik ausdrücklich einen sogenannten Wohlstandseffekt erzeugen wollen, um damit die Wirtschaft anzukurbeln. Nicht zuletzt hat US-Präsident Donald Trump ei-

nen steigenden Aktienmarkt und extrem niedrige Zinsen sogar zur politischen Chefsache gemacht.

5. **Die notwendige, aber nicht hinreichende Bedingung für die Entstehung einer Spekulationsblase ist eine expansive Geldpolitik.** Ohne eine starke Steigerung der Geldmenge und des Kreditvolumens kann es also keine Spekulationsblasen geben; aber eine expansive Geldpolitik führt nicht zwangsläufig zu einer Spekulationsblase. Auch diese Bedingung ist in Zeiten jahrelanger Nullzinspolitik und »unkonventioneller geldpolitischer Maßnahmen« in Billionenhöhe in vollem Umfang erfüllt.
6. **Spekulationsblasen führen zu realwirtschaftlichen Fehlentwicklungen und Ungleichgewichten, die umso ausgeprägter sind, je mehr die Blase sich aufbläht und je länger sie anhält.** Das ist der letztlich entscheidende Zusammenhang, der erklärt, warum Spekulationsblasen realwirtschaftlich sehr schädlich sind. Auf seine relativ trockene theoretische Erklärung werden wir aus Platzgründen verzichten.
7. **Nach dem unvermeidlichen Platzen der Blase beginnt ein Bereinigungsprozess dieser Fehlentwicklungen in Form einer Rezession und einer Finanzkrise.** Dieser Zusammenhang hat sich in der Finanz- und Wirtschaftsgeschichte immer wieder gezeigt, indem auf besonders große Blasen entsprechend ausgeprägte Krisen folgten. Die Kettenreaktion, die im Jahr 2008 durch das Platzen der damaligen Blase ausgelöst wurde, haben die meisten von Ihnen ja mit eigenen Augen gesehen. Wir sehen keinen Anlass zu glauben, dass die Geschichte dieses Mal ein anderes Ende nehmen könnte.

TEIL III:

FUNDAMENTALE BEWERTUNG DER AKTUELLEN SITUATION

ÜBERBEWERTUNG IN DEN WICHTIGSTEN ANLAGEKLASSEN ERKENNEN UND DANACH HANDELN

Im vorigen Kapitel haben wir Ihnen einen Überblick über Spekulationsblasen gestern und heute gegeben. Dabei haben wir verdeutlicht, wie sehr sich die Episoden spekulativer Übertreibung im Wandel der Zeiten gleichen – trotz der scheinbaren Einmaligkeit, die von den betroffenen Anlegern stets zur Rechtfertigung ihres hochriskanten Tuns ins Feld geführt wird.

Unter der Überschrift »Was Sie über Spekulationsblasen wissen müssen« haben wir Ihnen dann die sieben wichtigsten Punkte aufgelistet. Gleich an erster Stelle heißt es: »Eine Spekulationsblase erkennen Sie vor allem an der fundamentalen Überbewertung des betroffenen Marktes.« Deshalb ist es jetzt an der Zeit, einen Blick auf die fundamentale Bewertung des Aktienmarktes und ihre weitreichende Bedeutung zu werfen.

DIE DREI GRÖSSTEN ANLAGEKLASSEN SIND DERZEIT ÜBERBEWERTET

Wie Sie gleich sehen werden, zeigen alle bewährten Kennzahlen der Fundamentalanalyse eine extreme Überbewertung der US-Börse an. Einige dieser Kennzahlen befinden sich sogar auf Rekordniveau, also höher als 1929 und 2000. Im ersten Fall begann kurz darauf die Weltwirtschaftskrise der 1930er-Jahre, und die Aktienkurse fielen weltweit rund 90 Prozent. Im zweiten Fall fielen der S&P 500 um 50 Prozent, der NASDAQ 100 um 83 Prozent und der DAX um 73 Prozent.

Die fundmentalen Kennzahlen zeigen auch für die anderen Aktienmärkte der G7-Länder eine hohe Überbewertung, das heißt für Australien, Deutschland, Großbritannien, Japan, Kanada und die Schweiz. Die Aktienmärkte sind also nicht nur in den USA, sondern global deutlich überbewertet.

Doch damit nicht genug, denn die aktuelle Überbewertung geht weit über die Aktienmärkte hinaus. Sie erstreckt sich zusätzlich auf die erheblich größeren und volkswirtschaftlich sehr viel wichtigeren Anleihenmärkte sowie auf zahlreiche Immobilienmärkte. So ist der US-amerikanische Immobilienmarkt schon wieder betroffen. Und im Unterschied zu 2007 sind dieses Mal auch große Teile des deutschen Immobilienmarktes mit von der Partie.

Damit sind derzeit die drei größten Anlageklassen, das heißt Aktien, Anleihen und Immobilien, drastisch überbewertet – nahezu weltweit. Diese Konstellation gab es in der an Spekulationsblasen, Übertreibungen und Fehlentwicklungen reichen Finanzgeschichte niemals zuvor. Diese Feststellung ist von erheblicher Tragweite. Aus ihr folgt nämlich, dass Anleger an diesen Märkten langfristig, das heißt auf Sicht von zehn bis zwölf Jahren, nur sehr bescheidene Ergebnisse erzielen werden. Darüber hinaus laufen sie Gefahr, auf dem Weg dorthin erhebliche Kursverluste zu erleiden, die an den Aktienmärkten wahrscheinlich ähnlich heftig ausfallen werden wie während der oben bereits erwähnten Baisse von 2000 bis 2003.

Dieses Mal ist die Lage sogar noch prekärer, weil die Überbewertung der Aktienmärkte im Unterschied zu damals fast alle Sektoren erfasst hat – mit ganz wenigen Ausnahmen. Dazu weiter unten mehr.

US-Aktienmarktkapitalisierung in % des BIP (Buffett-Indikator), 1952 bis 2017

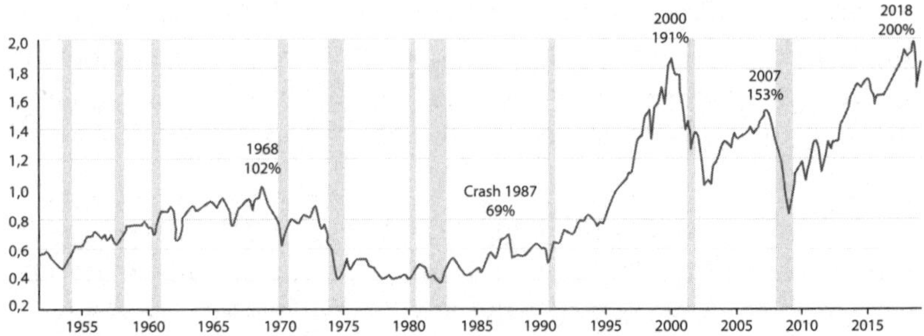

Die Überbewertung war nur im Jahr 2000 für wenige Monate noch höher als derzeit. Auf die hervorgehobenen Wendepunkte in den Jahren 1968, 1987, 2000 und 2007 folgte jeweils eine schwere Aktienbaisse. Die hellgrauen Balken kennzeichnen Rezessionen. Quelle: St. Louis Fed

KÜNSTLICH NIEDRIGE ZINSEN SIND UNATTRAKTIV

Darüber hinaus werfen vergleichsweise sichere Staatsanleihen kaum noch Zinsen ab oder weisen sogar eine negative Verzinsung auf. In diesem Fall müssen Sie als Anleger den Staat also dafür bezahlen, dass Sie ihm Geld leihen dürfen. Absurd! Diese von den Zentralbanken durch gigantische Anleihenkäufe herbeigeführte Situation hat dazu geführt, dass auch riskante Unternehmensanleihen kaum noch Zinsen bringen.

Während es hier also nichts mehr zu holen gibt, besteht die große Gefahr erheblicher Zinssteigerungen, die bei Anleihen bekanntlich zu empfindlichen Kursverlusten und zu Unternehmenspleiten führen. Schließlich wurden die Zinsen durch massive Anleihenkäufe der Zentralbanken künstlich auf dieses niedrige Niveau gedrückt. Folglich werden die Zinsen steigen, falls die Zentralbanken dazu übergehen sollten, diese Marktmanipulationen zu beenden – sei es aus Einsicht im Hinblick auf die gefährlichen Nebenwirkungen dieser Politik, sei es, weil sie dazu gezwungen werden.

ZENTRALBANKER RUINIEREN DIE ALTERSVORSORGE

Dennoch sind zahlreiche institutionelle Anleger wie Kapitallebensversicherungen, Pensionskassen und Stiftungen per Gesetz dazu verpflichtet, einen erheblichen Teil der ihnen anvertrauten Gelder in festverzinslichen Wertpapieren anzulegen. Bestenfalls werden sie – wenn die Zentralbanken ihre Manipulationen endlos weiterführen – mit diesen Anlagen sehr bescheidene Renditen erzielen. Wenn allerdings die Geldentwertung deutlich steigen sollte, dann werden sie für ihre Anleger erhebliche Verluste einfahren, da die größten Verlierer bei einer Inflation natürlich stets die Inhaber von Anleihen und anderen Schuldscheinen sind, die um ihre Kaufkraft betrogen werden.

Die Kombination aus künstlich extrem niedrig gehaltenen Zinsen und drastisch überbewerteten Aktien ist einmalig. Sie führt zwingend dazu, dass klassische Wertpapierdepots, die aus einem Mix von Anleihen und Aktien bestehen, auf Sicht von zehn bis zwölf Jahren sehr schlechte Ergebnisse erzielen müssen. Für die Sicherung der Altersvorsorge ist diese von den Zentralbank-Bürokraten herbeigeführte Situation eine Katastrophe. Wir halten diesen Zusammenhang zwischen Geldpolitik und Altersvorsorge, der erst jetzt, das heißt, nach rund zehn Jahren, in die öffentliche Debatte eingeführt wurde, für einen der größten Skandale der vergangenen Jahre.

DAS EHERNE GESETZ DES INVESTIERENS

Die herausragende Bedeutung der fundamentalen Bewertung für den langfristigen Erfolg eines Investments kann man gar nicht oft genug betonen. Gerade in Zeiten hoher und langanhaltender Überbewertung neigen Anleger nämlich dazu, das eherne Gesetz des Investierens zu vergessen oder zu ignorieren, das da lautet: **Die langfristige Performance eines Investments wird fast ausschließlich durch die fundamentale Bewertung zum Zeitpunkt des Kaufs bestimmt.**

Bei Anleihen ist diese Aussage offensichtlich: Wenn Sie heute eine zehnjährige Anleihe zu einem Zinssatz von 0,01 Prozent kaufen, dann können Sie nicht damit rechnen, nach einer Haltedauer von zehn Jahren mehr als magere 0,01 Prozent verdient zu haben. Im Moment herrscht sogar die völlig absurde Situation, dass die Zinsen von Bundesanleihen negativ sind. In diesem historisch einmaligen Fall erwerben Sie mit einer Bundesanleihe also eine Verlustgarantie. Soweit erscheint jedem Anleger alles klar.

Weniger bekannt ist hingegen die Tatsache, dass dieser Zusammenhang zwischen Kaufpreis und späterem Ergebnis für Aktien und Immobilien ebenfalls gilt, auch wenn er hier nicht ganz so offensichtlich ist wie bei festverzinslichen Wertpapieren und sich die Verzinsung nicht so präzise vorhersagen lässt. Wie Sie gleich sehen werden, gibt es aber Kennzahlen der Fundamentalanalyse, die bei einem Anlagehorizont von zehn bis zwölf Jahren hervorragend treffsichere Ergebnisse liefern. Dennoch wird Wall Street nicht müde, Aktien auch in Zeiten extremer Überbewertung zu empfehlen – allerdings wider besseres Wissen, wie Sie gleich sehen werden.

AN DER WALL STREET KENNT MAN DAS GESETZ

Den folgenden Chart haben wir einer Research-Publikation für institutionelle Kunden der US-Großbank Bank of America Merrill Lynch entnommen. Im Original trägt er die Überschrift »Valuation is all that matters in the long term« (»Langfristig zählt nur die fundamentale Bewertung«). Er zeigt den prozentualen statistisch messbaren Zusammenhang zwischen der Höhe des Shiller-KGV und der anschließenden Entwicklung des S&P 500 auf der y-Achse in Abhängigkeit von der Haltedauer in Jahren auf der x-Achse.

Anteil (Prozent) der durch das Shiller-KGV erklärbaren Kursveränderungen des S&P 500 in Abhängigkeit von der Haltedauer in Jahren

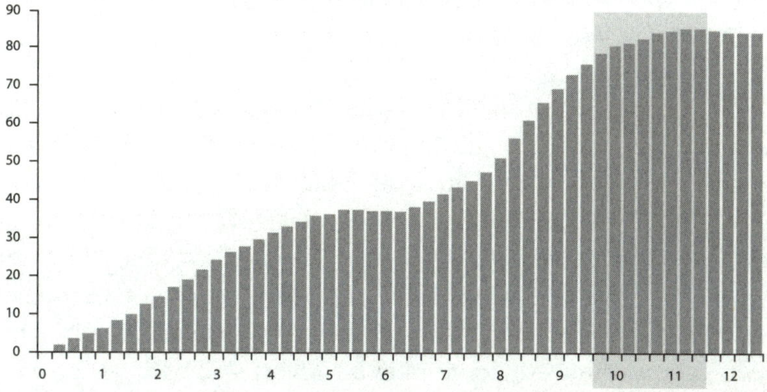

Der statistisch messbare Einfluss der fundamentalen Bewertung (Shiller-KGV) des Aktienmarktes nimmt mit der Haltedauer auf über 80 Prozent zu. Andere Kennzahlen kommen sogar auf Werte von über 90 Prozent. *Quelle: Bank of America Merrill Lynch*

Wie Sie sehen, spielt die fundamentale Bewertung kurzfristig fast keine Rolle. Aber ab einer Haltedauer von zehn Jahren ist sie der alles entscheidende Faktor. Dieses eherne Gesetz des Investierens gilt immer und überall. Es kann durch eine ultralaxe Geldpolitik oder andere Marktmanipulationen nicht außer Kraft gesetzt werden. Deshalb folgt aus der extremen Überbewertung, welche die Aktien- und Anleihenmärkte in den vergangenen Jahren erreicht haben, zwingend ein überaus bescheidener zukünftiger langfristiger Anlageerfolg.

Natürlich können Sie den Standpunkt vertreten, Aktien seien in Relation zu Anleihen nicht überbewertet. Mit diesem Argument versuchen Wall-Street-Strategen immer wieder, die eigentlich offensichtliche Überbewertung des Aktienmarktes kleinzureden. Sie sollten sich aber darüber im Klaren sein, was dieses Argument konkret bedeutet. Es besagt nämlich ausdrücklich nicht, dass die Aktienwerte in den kommenden Jahren weiter steigen werden, sondern lediglich, dass Aktien eine ebenso bescheidene Performance liefern werden wie extrem niedrig verzinste Anleihen.

Die Wall Street kennt diesen Zusammenhang sehr genau. Das gilt auch für die meisten institutionellen Anleger. Dieses Wissen hält sie aber nicht davon ab, Aktien auch hier und heute als langfristig empfehlenswerte, ja »alternativlose« Anlageform zu bewerben und mit dem Geld fremder Leute massiv in Anleihen und Aktien zu investieren. Und das ausgerechnet in einem nie zuvor gesehenen Ausmaß in Form passiver Anlagestrategien, deren Ziel darin besteht, dem Auf und Ab der Märkte möglichst sklavisch zu folgen.

PASSIVE ANLAGESTRATEGIEN WERDEN DIE NÄCHSTE BAISSE VERSTÄRKEN

Am 29. Januar 1993 wurde in den USA eine Finanzinnovation eingeführt, die zu einer drastischen Reduzierung der bis dahin sehr hohen Kosten von Investmentfonds führte. An jenem denkwürdigen Tag fand die Börseneinführung des ersten Exchange Traded Fund (ETF, börsengehandelter Indexfonds) statt. Es handelte sich um einen ETF, der die Entwicklung des S&P 500 abbildet. Die Akzeptanz dieses Produkts war sofort sehr groß. Mittlerweile finden börsentäglich Umsätze von Hunderten von Millionen Anteilen in dieser Wertpapiergattung statt. Es war der Anfang einer bemerkenswerten Erfolgsgeschichte. Inzwischen gibt es weltweit Tausende von ETFs auf die unterschiedlichsten Indizes.

Das in Form von ETFs verwaltete Volumen beträgt nach Angaben des Analysehauses ETFGI derzeit mehr als 4,1 Billionen Dollar. Es soll seit Anfang 2016 um sage und schreibe 50 Prozent zugenommen haben. Im Jahr 2019 hat es sogar erstmals das Volumen aller aktiv verwalteten Investmentfonds übertroffen. Wir leben in wahren Boomzeiten für ETFs. Wie rückständig und träge das deutsche Finanzwesen im Vergleich zu den USA ist, hat sich übrigens auch an diesem Beispiel gezeigt. Erst sieben Jahre nach ihrer Einführung in den USA, im April 2000, wurden die ersten ETFs an der Deutschen Börse gelistet. Seither wurde die ETF-Erfolgsgeschichte aber auch in Deutschland fortgeschrieben.

Exkurs: So funktionieren Exchange Traded Funds

Exchange Traded Funds basieren auf passiven Anlagestrategien. Sie beschränken sich darauf, einen Index nachzubilden. Die Manager solcher ETFs oder Indexfonds treffen also keine aktiven, eigenen Anlageentscheidungen. Sie kaufen lediglich alle in einem Index enthaltenen Aktien, um möglichst exakt dessen Kursverlauf zu reproduzieren. Teilweise bringen sie auch Derivate zum Einsatz, um dieses Ziel möglichst kostengünstig zu erreichen. Darüber hinaus sind diese Fonds stets voll investiert, halten also keine Liquiditätsreserve vor. Ganz bewusst ignorieren die Anbieter sämtliche Methoden der Aktienanalyse, also ausdrücklich auch die fundamentale Bewertung. Im Extremfall gilt deshalb folgende Aussage: Sogar wenn die Manager dieser Produkte sicher wüssten, dass ein Unternehmen morgen pleitegeht, müssten und würden sie es heute noch kaufen, solange es in dem von ihnen gespiegelten Index enthalten ist.

Indexierung und Risikomessung

In den USA unterliegt inzwischen die Hälfte des verwalteten Vermögens passiven Anlagestrategien. Doch neben den klar als Indexfonds antretenden ETFs agieren zahlreiche Investmentfonds, die als aktiv gemanagt gelten, gewissermaßen heimlich wie ein Indexfonds. Deshalb sollten diese treffend als überwiegend indexierte Fonds bezeichnet werden. Für diese Entwicklung gibt es selbstverständlich einen Grund: In der Fondsbranche hat sich in den vergangenen Jahren das Konzept durchgesetzt, den Anlageerfolg eines Fondsmanagers an einer zuvor vereinbarten Benchmark zu messen. Als Benchmark dient entweder ein bereits existierender Index wie der DAX oder der S&P 500, oder ein für diesen speziellen Zweck individuell definierter und berechneter Index wie zum Beispiel der DAX ex Financials. Das hat dazu geführt, dass es in den USA mittlerweile mehr Indizes gibt als Einzelaktien. Der europäische Gesetzgeber verlangt seit einigen Jahren sogar von allen Vermögensverwaltungen, gegenüber ihren Kunden eine Benchmark zu definieren.

Das Arbeiten mit Benchmarks führt aus Sicht der Manager zu einer Neudefinition des Begriffes »Risiko«. Denn das Risiko wird aufgrund dieses Konzepts nicht mehr als die Wahrscheinlichkeit definiert, Verluste zu erleiden, sondern als die Wahrscheinlichkeit, schlechter abzuschneiden als die Benchmark. Ein unter diesen Rahmenbedingungen rational agierender Fondsmanager wird sein Portfolio selbstverständlich möglichst nah an der Benchmark ausrichten, ganz gleich, wie überbewertet ein Markt auch sein mag. In fallenden Märkten führt diese Vorgehensweise unweigerlich zu erheblichen Verlusten. Aber solange diese Verluste nicht größer sind als der Kursrückgang des Index, heißt es, der Fondsmanager habe gute Arbeit geleistet. Das führt zu der für viele Privatanleger nicht nachvollziehbaren Situation, dass sie mit ihrem Fondsmanager zufrieden sein müssen, der ihnen gerade einen Verlust von, sagen wir,

»nur« 58 Prozent beschert hat, während der als Benchmark verwendete Index um 60 Prozent gefallen ist. Entscheiden Sie selbst, wie sinnvoll dieses Konzept ist bzw. inwieweit es mit Ihrer persönlichen Definition von Risiko übereinstimmt.

Indexierung führt zu ineffizienten Märkten

Der Boom, den passive Anlagestrategien erlebt haben, untergräbt die Funktionsweise von Märkten. In den Marktprozess gehen sämtliche Informationen ein, über welche die Marktteilnehmer verfügen. Die Gesamtheit dieses Wissens wird zu einer einzigen Zahl verdichtet, dem Marktpreis. An Märkten findet also ein nie endender Prozess der Informationsverarbeitung statt, der im Zeitablauf für einen effizienten Einsatz der bekanntlich limitierten Ressourcen führt. Aufgrund dieses Mechanismus ist die Marktwirtschaft der Planwirtschaft haushoch überlegen, weil das Zentralkomitee niemals über das Wissen und die Informationen der Gesamtheit aller Marktteilnehmer verfügen kann. Diese Aussage gilt selbstverständlich auch für Zentralkomitees in Form von Zentralbanken.

In diesem Sinne spiegelt der Kurs einer Aktie alle relevanten Informationen wider. Das setzt allerdings voraus, dass die Marktteilnehmer tatsächlich über relevante Informationen verfügen und zumindest versuchen, Unternehmen zu analysieren, bevor sie Kauf- oder Verkaufsentscheidungen treffen. Wenn immer mehr Marktteilnehmer dazu übergehen, sich keine Gedanken mehr über die Bewertung von Aktien zu machen und die ihnen anvertrauten Gelder einfach im Blindflug anlegen, dann müssen die Märkte zwangsläufig ineffizienter werden. Dieser Effekt hat einen wichtigen Beitrag zu der Entstehung der aktuellen Spekulationsblase geleistet. Denn solange den Indexfonds Mittel zufließen, was in den vergangenen Jahren in zunehmendem Maße der Fall gewesen ist, werden diese Gelder nach dem hier skizzierten Ignoranz-Prinzip umgehend angelegt, also ohne Rücksicht auf Verluste. Diese Vorgehensweise hat die Hausse zusätzlich angetrieben – und wird ebenso die nächste Baisse verstärken.

Eigentlich sind Indexierer Trittbrettfahrer

Unter dieser Überschrift haben wir schon vor zehn Jahren geschrieben: »Der Erfolg indexierter Anlagestrategien beruht also darauf, dass es Marktteilnehmer gibt, die nicht indexieren, sondern analysieren und durch ihre Arbeit für effiziente Märkte sorgen. Insofern kann man die Indexierer als Trittbrettfahrer bezeichnen, deren Vorgehensweise nur funktioniert, weil andere die unerlässliche Analyse-Arbeit tun. Wie groß der Anteil dieser Trittbrettfahrer werden darf, ohne dem Markt ernsthaften Schaden zuzufügen, weiß leider niemand.«

ETF-Boom wird nächste Baisse befeuern

Die große Beliebtheit, derer sich passive Anlagestrategien im Moment erfreuen, steht in krassem Widerspruch zu dem aufgezeigten Zusammenhang zwischen hoher fundamentaler Bewertung und schwacher langfristiger Performance. Denn in Zeiten fundamentaler Überbewertung garantieren passive Strategien natürlich eine enttäuschende Entwicklung.

Die meisten Privatanleger kennen die große Bedeutung der fundamentalen Bewertung nicht. Sie kaufen vor allem dann, wenn die Kurse schon eine Zeit lang gestiegen sind, und verkaufen, nachdem sie Kursverluste erlitten haben. Das war schon immer so und wird auch dieses Mal nicht anders sein. Dem aktuellen Modetrend folgend, haben viele auf dem Weg nach oben massiv in ETFs und andere passive Strategien investiert. Diesen Anlegern wurde der Chart, den wir gerade besprochen haben, nämlich nie gezeigt. Stattdessen wurden sie mit langfristigen Zeitreihen, die ausdrücklich nicht mit der aktuellen Ausgangslage vergleichbar sind, von der Vorteilhaftigkeit der Aktie überzeugt. Deshalb wissen die meisten nicht, dass Aktien in den vergangenen 120 Jahren fast immer erheblich attraktiver bewertet waren, als sie es heute sind. Nur aus diesem Grund haben Aktien überdurchschnittliche Ergebnisse erzielt.

Deshalb werden diese Anleger selbst dann, wenn sie ihrer passiven Strategie auch während der nächsten Baisse die Treue halten und tatsächlich langfristig investiert bleiben sollten, eine herbe Enttäuschung erleben. Allerdings zeigt die Finanzgeschichte, dass ihre Reaktion voraussichtlich anders ausfällt. Sie werden auf dem Weg nach unten wie immer in Panik geraten und mit Verkäufen reagieren. Erst in der Endphase der sich anschließenden Hausse werden sie dann wieder den Mut zum Einstieg finden. So war es stets, und die Börsenpsychologie lehrt, dass es auch dieses Mal nicht anders sein wird.

DIE US-IMMOBILIENBLASE IST ZURÜCK

Die vergangenen 20 Jahre werden dereinst als Ära der Spekulationsblasen in die Finanzgeschichte eingehen. Diese Ära begann in der zweiten Hälfte der 1990er-Jahre mit einer Spekulationsblase an den Aktienmärkten. Da lediglich die Sektoren Technologie, Telekommunikation und Medien betroffen waren, muss diese Blase als vergleichsweise klein bezeichnet werden. Dennoch war sie überaus spektakulär, da sie große Teile der Bevölkerung erfasste und die fundamentale Bewertung der genannten drei Sektoren auf völlig absurde Höhen trieb.

Im Jahr 2000 platzte die Blase, und die Aktienkurse fielen rapide. Der S&P 500 büßte rund 50 Prozent seines Wertes ein, die NASDAQ und der DAX sogar rund 80 Prozent und der Neue Markt weit über 90 Prozent, woraufhin die Deutsche Börse AG dieses Marktsegment kurzerhand abschaffte.

Wie nach dem Platzen einer Spekulationsblase üblich, erlebte die Weltwirtschaft eine Rezession. Obwohl diese Rezession relativ mild ausfiel, stemmten sich die Zentralbanken mit schnellen und deutlichen Zinssenkungen vehement gegen diese realwirtschaftliche Anpassungskrise. Sie beließen die Zinsen bis Ende 2004 auf dem für damalige Verhältnisse sehr niedrigen Niveau von 1,0 bis 1,7 Prozent. Anstatt der Bereinigung ihren natürlichen und ökonomisch sinnvollen Lauf zu lassen, zogen es die Zentralbank-Bürokraten vor, mit Niedrigzinsen die geldpolitische Voraussetzung für die Entstehung der nächsten und sehr viel größeren Spekulationsblase zu schaffen.

Mitte der 2000er-Jahre folgte eine Immobilienblase

Mitte der 2000er-Jahre hatten sich die Aktienmärkte wieder soweit erholt, dass die klassischen Kennzahlen der Fundamentalanalyse erneut Extremwerte erreichten und damit anzeigten, dass sich eine weitere Spekulationsblase gebildet hatte. Die Übertreibungen blieben jedoch hinter den Exzessen des Jahres 2000 zurück. Deshalb sprechen wir in Teil II von einer Echoblase.

Die eigentliche Musik spielte in dieser Phase jedoch nicht an den Aktienmärkten, sondern an den Immobilienmärkten. Betroffen waren vor allem die USA, aber auch einige weitere Länder, darunter Großbritannien, Spanien und Irland. Deutschland wurde von diesem Irrsinn übrigens nicht heimgesucht. Das ist erwähnenswert, weil es einen wichtigen Punkt verdeutlicht: Eine laxe Geldpolitik führt nicht zwingend zu einer Spekulationsblase. Sie stellt lediglich die notwendige, aber nicht die hinreichende Voraussetzung für die Entstehung von Spekulationsblasen dar. Trotz dieser Einschränkung sind die Zentralbanken die Hauptverantwortlichen für die Bildung von Spekulationsblasen. Denn diese können sich ohne eine laxe Geldpolitik erst gar nicht entwickeln.

In den USA und den anderen genannten Ländern führten die von den Zentralbanken über mehrere Jahre sehr niedrig gehaltenen Zinsen zu einem völlig ungesunden Immobilienboom. Die Preissteigerungen waren rasant, darauf kommen wir gleich noch zu sprechen. Dieser Boom verführte die Banken zu extrem laxen Standards bei der Kreditvergabe. Teilweise wurden nicht einmal mehr Einkommens- oder Vermögensnachweise als Beleg der Kreditfähigkeit verlangt. Im Volksmund wurde diese Variante des Hypothekenkredits sehr treffend als »Lügner-Kredit« bezeichnet.

Darüber hinaus wurden an der Wall Street Finanzprodukte entwickelt, mit denen die zweifelhaften und hochriskanten Hypothekenkredite zumindest teilweise an Versicherungen und andere institutionelle Anleger weiterverkauft werden konnten. Auf diese Weise verlagerten die Banken die Kreditrisiken auf institutionelle Anleger. Das ermöglichte es ihnen, weitere Kredite zu vergeben.

Die Gefahren der Immobilienblase wurden von den Zentralbank-Bürokraten nicht erkannt

Interessanterweise waren die Zentralbank-Bürokraten aber nicht in der Lage, die massiven Fehlentwicklungen an den Immobilienmärkten und die sich daraus ergebenden volkswirtschaftlichen Risiken zu erkennen. So vertrat Ben Bernanke damals den Standpunkt, die stark gestiegenen Immobilienpreise spiegelten lediglich die ökonomische Stärke der USA wider, während sein Kollege Alan Greenspan einen landesweiten Einbruch des Immobilienmarktes kategorisch ausschloss. Damit offenbarten die beiden Hauptverantwortlichen der damaligen Spekulationsblase auf beeindruckende Weise ihre totale Fehleinschätzung der Lage.

Heute herrscht allgemeine Einigkeit darüber, dass das damalige Geschehen die größte Wohnimmobilienblase aller Zeiten war. Die sehr schwere Krise, die das Platzen dieser Blase auslöste, ist Ihnen sicherlich noch gut in Erinnerung: Die Weltwirtschaft erlebte 2008/2009 die schlimmste Rezession seit den 1930er-Jahren. Die Aktienkurse halbierten sich erneut. Fast alle Großbanken waren de facto pleite und wurden auf Kosten des Steuerzahlers vor dem wohlverdienten Untergang bewahrt. Schließlich stand das gesamte Finanzsystem unmittelbar vor dem Zusammenbruch.

Zentralbanker lernen nicht aus ihren Fehlern

Und wie reagierten die Hauptverantwortlichen dieser Katastrophe, also die Zentralbanker, auf diese Vorgänge? Man mag es kaum glauben, aber ihre Antwort bestand in der gleichen Politik wie beim Platzen der Aktienblase sechs Jahre zuvor. Allerdings wurde die Dosis der verabreichten geldpolitischen Medizin sehr kräftig erhöht. So wurden die Zinsen auf nahezu 0 Prozent gesenkt, und im Jahr 2009 wurde sogar damit begonnen, mit speziell zu diesem Zweck kreiertem Geld Hypotheken- und Staatsanleihen in gigantischem Umfang zu »kaufen«. Damit brachen sowohl die Fed als auch die EZB das Gesetz, das die Staatsfinanzierung mit der Gelddruckmaschine ausdrücklich verbietet.

Diese ultralaxe Geldpolitik wurde nahezu weltweit implementiert. Obwohl sie zunächst nur als kurzfristige Notfallmaßnahme konzipiert war und so auch gerechtfertigt wurde, halten die Zentralbanken nunmehr schon seit rund zehn Jahren an dieser Politik fest.

Die nunmehr dritte Spekulationsblase in nur 20 Jahren ist die größte

Dieses verantwortungslose geldpolitische Experiment hat dazu geführt, dass heute alle Anlageklassen mit Ausnahme der Edelmetalle und Rohstoffe drastisch überbewertet sind. Deshalb ist die derzeitige Spekulationsblase, die dritte innerhalb von nur zwei Jahrzehnten, die umfassendste und damit auch gefährlichste aller Zeiten. Sie betrifft nicht nur die Aktienmärkte und einige bedeutende Immobilienmärkte, sondern auch den Kunstmarkt und andere Sammlermärkte sowie die volkswirtschaftlich extrem wichtigen Anleihenmärkte. Je größer und umfassender eine Spekulationsblase ist, desto mehr realwirtschaftliche Ungleichgewichte und Fehlentwicklungen bringt sie hervor, die später korrigiert und bereinigt werden müssen. Es gibt also einen simplen Zusammenhang, den Sie nie aus den Augen verlieren sollten: Je größer eine Spekulationsblase ist, desto schwerer wird die Krise, die auf ihr Platzen folgt.

DIE NEUE US-IMMOBILIENBLASE ÜBERTRIFFT SCHON DAS FRÜHERE AUSMASS

Die US-Immobilienblase ist zurück. Eine Analyse des US-Immobilienmarkts zeigt, dass die spekulativen Übertreibungen auch jetzt wieder ähnlich groß sind wie in den Jahren 2006 und 2007. Im aktuellen Zyklus wird das Geschehen jedoch überwiegend von Immobilienspekulanten bestimmt, während es Mitte der 2000er-Jahre vor allem der kleine Mann war, der sich seinen amerikanischen Traum vom eigenen Haus auf Pump erfüllte.

Aufgrund dieses Unterschieds halten wir die aktuelle Lage für noch brisanter als damals. Denn das spekulative Kaufinteresse nimmt gewöhnlich schlagartig ab, sobald die Preise nicht mehr steigen. Wenn nur ein Fünftel der Spekulanten, die in den vergangenen Jahren eine Immobilie gekauft haben, in den kommenden zwei Jahren verkaufen sollte, reicht das nach einer Berechnung des US-Analysten Mark Hanson aus, um eine schwere Immobilienbaisse auszulösen.

Hanson gehörte Mitte der 2000er-Jahre zu den wenigen Immobilienspezialisten, die sich durch einen ungetrübten und vorausschauenden Blick auf das Geschehen auszeichneten. Er prognostizierte nicht nur das Platzen der damaligen Blase, sondern sah auch das Ausmaß der negativen Folgen voraus. Deshalb sollten Sie seine Analysen nicht auf die leichte Schulter nehmen.

Rekordhoch des Case-Shiller-Hauspreisindex

Bekanntlich sagt ein Bild mehr als tausend Worte. Deshalb begnügen wir uns hier damit, Ihnen drei sehr beeindruckende Charts zu zeigen und diese kurz zu erläutern.

Im folgenden Chart sehen Sie in Blau den Case-Shiller U.S. National Home Price Index. Dieser Index wurde konzipiert, um die Preisentwicklung von Einfamilienhäusern abzubilden. Mit einem Wert von 189 Punkten hat dieser Index das im Juli 2006 erreichte Hoch von 185 Punkten bereits rund zehn Jahre später überschritten. Wie in Europa und Deutschland sind die Metropolen von besonders starken Preissteigerungen betroffen, während es in ländlichen Regionen an der Preisfront gemächlicher zugeht. Da aber alle größeren Städte betroffen sind, bahnt sich auch jetzt wieder eine landesweite Immobilienbaisse an. Das zeigt sich auch an der zweiten Kurve in diesem Chart, der die Preisentwicklung von Gewerbeimmobilien darstellt. Dazu gleich mehr im übernächsten Abschnitt.

Case-Shiller US-Hauspreisindex und US-Gewerbeimmobilien-preisindex, 2000 bis 2017

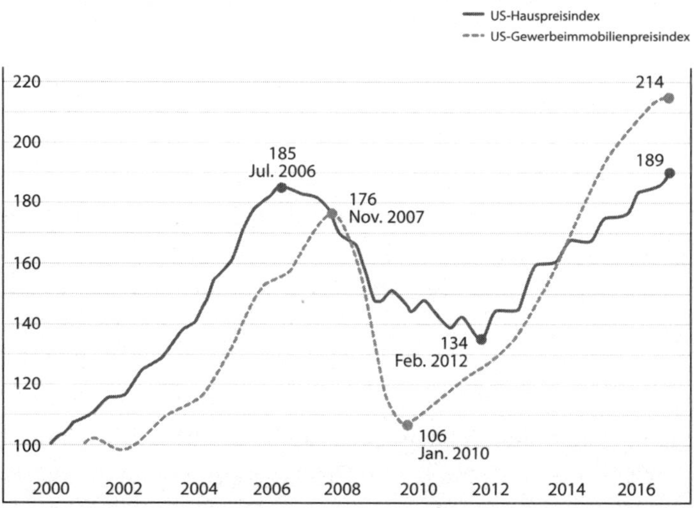

Die US-Immobilienblase ist zurück: Beide Preisindizes haben neue Rekordstände erreicht.
Quelle: MHanson.com

Greenspan konnte die Blase nicht erkennen

Zur Erinnerung: Im Jahr 2006 schloss der damalige Fed-Präsident Alan Greenspan eine landesweite Immobilienbaisse aus und führte zwei Argumente zur Begründung an: Erstens könne es nicht zu einem gleichzeitigen Preisverfall in allen Regionen kommen, weil es bekanntlich keinen einheitlichen Immobilienmarkt gebe, sondern ausschließlich lokale Märkte. Zweitens habe es in den USA noch nie eine landesweite Immobilienbaisse gegeben, deshalb werde es auch in Zukunft keine geben. Wir rufen Ihnen die damaligen Aussagen Greenspans noch einmal ins Gedächtnis, damit es Ihnen leichter fällt, derlei Aussagen als Unsinn zu erkennen. Ignorieren Sie die vermeintlich rationalen Erklärungsversuche, mit denen seine heutigen Kollegen an die Öffentlichkeit treten, um die aktuellen Spekulationsblasen zu verharmlosen.

Rekordhoch auch bei gewerblichen Immobilien

Die gestrichelte Linie im zuvor gezeigten Chart stellt den Verlauf eines Index dar, der die Preisentwicklung US-amerikanischer Gewerbeimmobilien nachzeichnet. Mit 214 Punkten hat dieser sein im November 2007 erreichtes Hoch schon seit 2017 weit hinter sich gelassen.

Im oberen Preissegment der Wohnhäuser und Gewerbeimmobilien sind inzwischen die ersten Zeichen sichtbar, die üblicherweise eine Trendwende signalisieren. So sind sowohl bei hochpreisigen Luxusimmobilien als auch bei Gewerbeimmobilien die Umsätze stark zurückgegangen. Bei Luxusobjekten des oberen zweistelligen Millionen-Dollar-Bereichs und darüber wurden Abschlüsse bekannt, die erheblich unter den ursprünglichen Angebotspreisen lagen. Die betreffenden Villen und Luxusapartments konnten also nur nach deutlichen Preiszugeständnissen verkauft werden. In New York City sind die Umsätze bei Gewerbeimmobilien bereits eingebrochen. Diese Entwicklung sehen Sie auf dem folgenden Chart, der Ihnen von 2007 bis 2017 die Gewerbeimmobilienumsätze der jeweils ersten sechs Monate eines Jahres zeigt. Dieser ausgeprägte Einbruch der Handelsaktivitäten signalisiert nicht nur Probleme im Immobiliensektor. Er ist auch ein schlechtes Zeichen für die Konjunktur.

Umsatz von Gewerbeimmobilien in New York City im ersten Halbjahr in Mrd. $, 2007 bis 2017

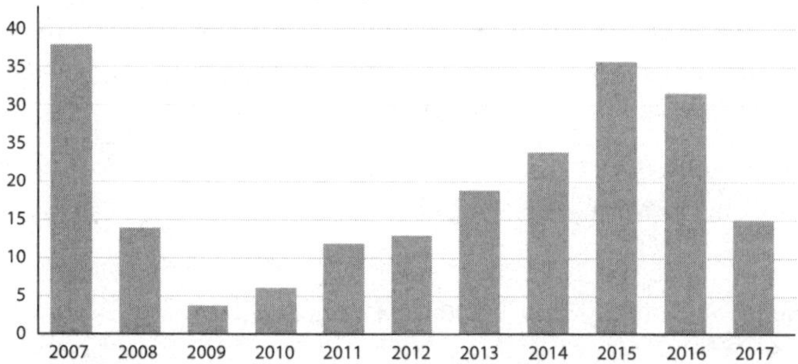

Die Umsätze sind im Vergleich zu 2016 um rund 50 Prozent eingebrochen. Quelle: Bloomberg

Einen ähnlich heftigen Rückgang gab es zuletzt im ersten Halbjahr 2008. Kurz darauf begann die heiße Phase der Finanz- und Wirtschaftskrise. Wir sind sehr gespannt, ob diese Kennzahl, die bisher nicht zu unseren makroökonomischen Indikatoren gehörte, jetzt eine ähnliche Entwicklung ankündigt, oder ob die anhaltende Niedrigzinspolitik das Platzen der Blase noch länger hinauszögern kann.

Hauspreisinflation übersteigt diejenige von 2006/2007

Unser dritter Chart zum Thema Immobilienblase zeigt Ihnen in Hellgrau den US-Median-Hauspreisindex, der den Durchschnittspreis eines Einfamilienhauses abbildet, zusammen mit dem Konsumentenpreisindex (dunkelgrau) seit 1980. Historisch gesehen sind die Hauspreise ungefähr im Gleichschritt mit der allgemeinen Geldentwertung gestiegen. Erst Ende der 1990er-Jahre, mit dem Beginn der Spekulationsblasen-Epoche, entfernten sich die Hauspreise immer deutlicher vom Konsumentenpreisindex.

Ein erster Höhepunkt wurde 2006 erreicht, auf dem Zenit der damaligen Immobilienblase. Wie Sie sehen, erreichte der Abstand der Hauspreisentwicklung zum Konsumentenpreisindex 33 Prozent. In der kurz darauf einsetzenden Immobilienbaisse wurde diese bis dahin einmalige Lücke wieder geschlossen. Inzwischen ist der Abstand der beiden Zeitreihen auf 50 Prozent gestiegen. Wir gehen davon aus, dass diese Lücke auch jetzt wieder geschlossen wird, indem die Immobilienpreise fallen.

US-Wohnimmobilienpreisindex und Konsumentenpreisindex, 1980 bis 2019

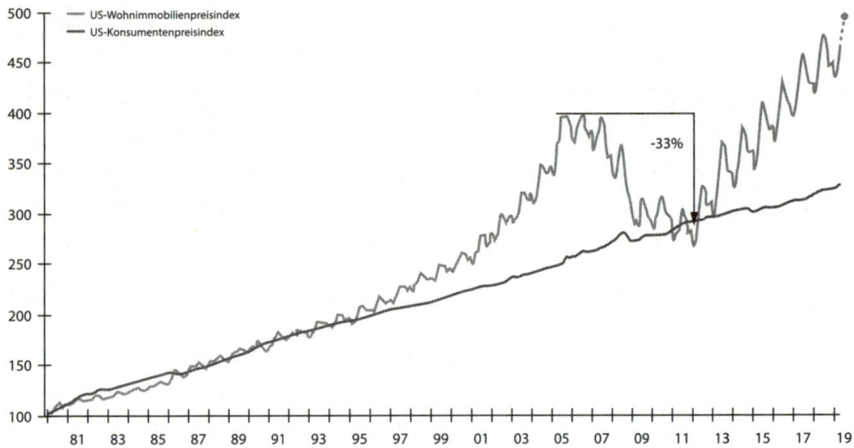

Die Preissteigerungen durchschnittlicher Einfamilienhäuser haben sich wieder ähnlich weit von der Entwicklung der Konsumentenpreise entfernt wie 2006, am Höhepunkt der vorigen Immobilienblase. *Quelle: InvesTech.com*

WAS DIE EXTREM HOHE ÜBERBEWERTUNG DER AKTIENMÄRKTE KONKRET BEDEUTET

In den vergangenen Jahren wurde in Deutschland die falsche Behauptung populär, bei Aktien handle es sich um Sachwerte. Dafür sorgten einige durchaus bekannte Börsenexperten, unter ihnen auch mehr oder weniger namhafte Professoren. Tatsächlich handelt es sich bei Aktien jedoch um Finanzwerte. Denn mit dem Kauf einer Aktie erwerben Sie vor allem einen Anspruch auf einen unbekannten zukünftigen Zahlungsstrom, der Ihnen entweder in Form einer Dividende oder als Kursgewinn zufließt. Demgegenüber ist der mögliche Sachwertanteil einer Aktie, der sich aus dem Zerschlagungswert des Unternehmens ergibt, verschwindend gering. Deshalb bleibt bei Unternehmenspleiten für den Aktionär nichts übrig, während die Gläubiger wenigstens einen kleinen Teil ihres Geldes zurückbekommen.

Was ist ein Unternehmen wert?

Der Wert eines Unternehmens ergibt sich aus dem abgezinsten zukünftigen Zahlungsstrom. Nun ist dieser zukünftige Zahlungsstrom aber weder bekannt noch sicher. Deshalb muss ein Aktionär sich mit Schätzungen, Erfahrungswerten und dem gesunden Menschenverstand behelfen. Unternehmensgewinne, Umsätze und Cashflows sind die üblichen Kennzahlen, mit denen sich die Fundamentalanalyse beschäftigt, um den Wert eines Unternehmens zu bestimmen. Wirtschaftsprüfer und Finanzanalysten sind die beiden Berufsgruppen, die sich dieser schwierigen, mit vielen Unsicherheiten und großen Spielräumen behafteten Aufgabe stellen. Was für ein einzelnes Unternehmen gilt, gilt natürlich auch für die Summe der Unternehmen, die an den Aktienmärkten gehandelt werden. Folglich werden die betreffenden Kennzahlen auch zur Bewertung des gesamten Aktienmarktes verwendet.

Das KGV lässt zu wünschen übrig

Die bekannteste und am häufigsten beachtete Kennzahl ist sicherlich das Kurs-Gewinn-Verhältnis (KGV). Trotz der Popularität dieser Kennzahl lässt sie jedoch reichlich zu wünschen übrig. Denn zu ihrer Berechnung wird lediglich der Unternehmensgewinn eines einzigen Jahres verwendet, obwohl die Unternehmensgewinne im Verlauf eines Konjunkturzyklus sehr stark schwanken und in schlechten Zeiten sogar in Verluste umschlagen können. Wie Sie gerade gesehen haben, ergibt sich der Wert eines Unternehmens aus seiner zukünftigen Ertragskraft über einen langen Zeitraum. Deshalb ist das KGV in seiner gängigen Form, die auf einem einzigen Jahresgewinn basiert, schon konzeptionell nicht geeignet, um eine wirklich sinnvolle Aussage über die Bewertung einer Aktie oder des ganzen Aktienmarktes zu treffen. Dieser Mangel hat sich auch in der Praxis immer wieder bemerkbar gemacht.

Das Shiller-KGV ist deutlich besser

Um Abhilfe zu schaffen, hat der bekannte US-Ökonom und Wirtschaftsnobelpreisträger Robert Shiller das nach ihm benannte Shiller-KGV entwickelt. Zur Berechnung dieser Kennzahl werden die durchschnittlichen inflationsbereinigten Unternehmensgewinne der vergangenen zehn Jahre verwendet. Auf diese Weise erhält man natürlich ein wesentlich besseres Bild der tatsächlichen langfristigen Ertragskraft eines Unternehmens als durch die Momentaufnahme eines einzigen Jahres. Die folgende Grafik zeigt den Verlauf des Shiller-KGV. Wie Sie leicht erkennen, befindet sich der Indikator auf dem dritthöchsten Niveau in seiner knapp 140-jährigen Geschichte. In der Vergangenheit kam es im Anschluss an ähnlich hohe Werte stets zu massiven Aktienbaissen, Rezessionen und Finanzkrisen.

Shiller-Kurs-Gewinn-Verhältnis in Punkten, 1880 bis 2018

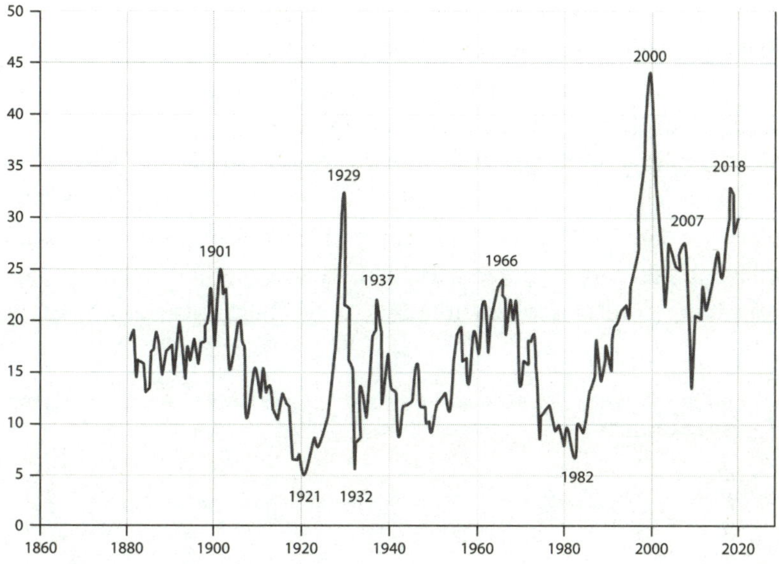

Diese Kennzahl hat jetzt fast den Wert von 1929 erreicht. Noch höher war sie nur für wenige Monate im Jahr 2000. *Quelle: Robert Shiller*

Ein optimiertes Shiller-KGV

Wie Sie gleich sehen werden, liefert das Shiller-KGV hervorragende Ergebnisse bei der Prognose langfristiger Aktienmarkterträge, das heißt auf Sicht von zehn bis zwölf Jahren. Eine Schwachstelle hat diese Kennzahl allerdings: Sie ignoriert die starken Schwankungen der sogenannten Umsatzrentabilität oder Gewinnmarge. Die Gewinnmarge ist der Anteil der Unternehmensgewinne am BIP, ausgedrückt in Prozent. Man kann die Gewinnmarge als den Teil des Kuchens bezeichnen, der als Gewinn bei den Unternehmen verbleibt, also nicht an die Angestellten oder den Staat fließt.

Die sehr gute Prognosekraft des Shiller-KGV kann weiter gesteigert werden, wenn man die Kennzahl um die Schwankungen der Gewinnmarge bereinigt. Das hat der US-amerikanische Ökonom und Hedgefondsmanager John P. Hussman gezeigt. Auf dem folgenden Chart erkennen Sie, dass sich die nach Hussmans Methode bereinigte Variante des Shiller-KGV auf dem Rekordwert von 42 Punkten befindet und damit aktuell etwas höher ist als am jeweiligen Höhepunkt der Aktienspekulationsblasen in den Jahren 1929 und 2000. Im Jahr 2000 betrug die Gewinnmarge übrigens 5,1 Prozent, während sie derzeit mit 7,4 Prozent ungewöhnlich hoch ist. Das langfristige Mittel der Gewinnmarge beläuft sich auf 5,4 Prozent.

Shiller-KGV des S&P 500 (um Gewinnmarge der Unternehmen korrigiert), 1928 bis 2019

Diese sehr treffsichere Kennzahl hat ein Rekordhoch erreicht. Damit signalisiert sie sehr schwache Börsenkurse auf Sicht der nächsten zehn bis zwölf Jahre.

Quelle: hussmanfunds.com

Exkurs: Korrelation

Die Korrelation ist ein statistisches Maß für den Zusammenhang zweier Variablen, in unserem Fall zwischen der jeweiligen Kennzahl und der durchschnittlichen jährlichen Performance des S&P 500 inklusive Dividenden über einen Zeitraum von zehn bzw. zwölf Jahren.

Eine positive Korrelation liegt vor, wenn zu einem hohen Wert des einen Merkmals (fundamentaler Indikator) auch ein hoher Wert des zweitens Merkmals (Performance des S&P 500) gehört; eine negative Korrelation, wenn zu einem hohen Wert des einen Merkmals ein niedriger Wert des zweitens Merkmals gehört. Per Definition wird die Korrelation auf eine Spanne von minus 1 bis plus 1 festgelegt. Ein Wert von plus 1 bedeutet, dass die beiden Merkmale einen perfekten Gleichlauf aufweisen; ein Wert von minus 1, dass sie vollkommen gegenläufig sind; und ein Wert von 0, dass es keine messbare Beziehung zwischen den beiden Merkmalen gibt.

Werfen Sie nun einen Blick auf die folgende Tabelle. Hier zeigen wir Ihnen 15 Kennzahlen der fundamentalen Bewertung und deren Korrelation mit den Ergebnissen des S&P 500 über einen Zehn- und einen Zwölf-Jahres-Zeitraum.

Fundamentale Kennzahlen und ihre langfristige Korrelation mit dem Verlauf des S&P 500 Index, 1950 bis 2017

Kennzahl	10-Jahres-Korrelation	12-Jahres-Korrelation
Marktkapitalisierung zu Bruttowertschöpfung	-0,91	-0,93
Unternehmenswert zu Bruttowertschöpfung	-0,89	-0,91
Marktkapitalisierung zu Bruttoinlandsprodukt	-0,89	-0,90
Kurs-Umsatz-Verhältnis	-0,89	-0,90
Shiller-KGV (korrigiert um Gewinnmarge)	-0,89	-0,90
Kurs zu normalisierten Gewinnschätzungen	-0,88	-0,89
Tobin's Q Ratio	-0,86	-0,88
Shiller-Kurs-Gewinn-Verhältnis	-0,83	-0,86
Kurs zu Rekordgewinnen des Zyklus	-0,83	-0,83
Preis-Buchwert-Verhältnis	-0,77	-0,79
Kurs zu Schätzungen der operativen Gewinne	-0,78	-0,77
Dividendenrendite	-0,77	-0,75
KGV der 12-Monats-GAAP-Gewinne	-0,76	-0,75
Unternehmenswert zu Cashflow	-0,70	-0,72
Fed-Modell	+0,33	+0,30

Hier erkennen Sie den sehr großen Einfluss, den die fundamentale Bewertung auf Sicht von 10 bis 12 Jahren auf die Entwicklung der Aktienkurse hat. Das immer wieder von Analysten und Journalisten ins Feld geführte Fed-Modell schneidet extrem schlecht ab: Bei ihm stimmt noch nicht einmal das Vorzeichen! *Quelle: hussmanfunds.com*

Die negativen Vorzeichen bestätigen die Aussage, dass eine hohe fundamentale Bewertung mit einer niedrigen Zehn- bzw. Zwölf-Jahres-Performance des S&P 500 einhergeht. Je näher sich die Korrelation an einem Wert von minus 1 befindet, desto ausgeprägter ist dieser Zusammenhang, desto besser sind die Prognosen der betreffenden Kennzahl. Prinzipiell gelten Korrelationen von mehr als

0,50 als gut, von mehr als 0,70 als sehr gut, von mehr als 0,80 als hervorragend und von mehr als 0,90 als außergewöhnlich.

Herausragende Korrelationen

Das beste Ergebnis liefert also die Marktkapitalisierung in Prozent der Bruttowertschöpfung mit einer Zehn-Jahres-Korrelation zur Performance des S&P 500 von -0,91 und einer Zwölf-Jahres-Korrelation von -0,93. Die Bruttowertschöpfung ist der Gesamtwert der im Produktionsprozess erzeugten Waren und Dienstleistungen abzüglich des Werts der Vorleistungen. Die Bruttowertschöpfung ist die makroökonomische Entsprechung der sicherlich bekannteren Unternehmens-Kennzahl Gewinn vor Zinsen, Steuern und Abschreibungen (EBITDA).

An zweiter Stelle steht die Kennzahl Unternehmenswert (Enterprise Value) zu Bruttowertschöpfung, also eine um die Finanzierung bereinigte Marktkapitalisierung.

Bereits an dritter Stelle folgt die von uns gewöhnlich verwendete Kennzahl Marktkapitalisierung zu Bruttoinlandsprodukt, die den großen Vorteil der einfachen Verfügbarkeit hat. Das BIP ergibt sich übrigens, indem man zur Bruttowertschöpfung die Steuern hinzurechnet und die Subventionen abzieht.

Kein Geringerer als der berühmte Value-Investor Warren Buffett hat diesen Indikator als die einzige Kennzahl bezeichnet, die jeder Börsianer kennen und verfolgen sollte. Schade, dass sie ein Dasein als regelrechtes Mauerblümchen führt und in der Presse kaum einmal Erwähnung findet.

Alle hier gezeigten Kennzahlen – bis auf eine bemerkenswerte Ausnahme, die wir gleich noch besprechen werden – zeichnen sich durch sehr gute Korrelationen aus. Die Spitzengruppe der ersten neun Kennzahlen zeigt sogar hervorragende Korrelationen. Deshalb liefern sie alle sehr verlässliche und treffsichere langfristige Prognosen. Im Prinzip könnte es ausreichen, wenn Sie eine davon regelmäßig verfolgen. In unserem Börsenbrief »Krisensicher Investieren« übernehmen wir das regelmäßig für unsere Leser und haben dabei alle wichtigen Indikatoren im Blick.

Für eine Besprechung der Details aller hier gezeigten Kennzahlen reicht der Platz nicht aus. Es genügt jedoch voll und ganz, wenn Sie eine davon stellvertretend für die ganze Gruppe ausführlich kennenlernen.

Das Fed-Modell dagegen versagt

Werfen Sie nun aber zunächst einen kurzen Blick ans Ende der Tabelle. Denn auch hier zeigt sich ein überaus interessantes und wichtiges Ergebnis. Das weit abgeschlagene Schlusslicht dieser illustren Runde ist nämlich das immer wieder von Analysten und Journalisten ins Feld geführte Fed-Modell.

Diese Kennzahl vergleicht die Gewinnrendite, das ist der Kehrwert des KGV, mit dem Zinssatz zehnjähriger Staatsanleihen. Das schlechte Abschneiden des Fed-Modells kann nicht überraschen, da es zahlreiche Mängel aufweist, über die wir schon in unserem Buch *Das Greenspan Dossier* ausführlich berichtet haben. Hier soll der Hinweis genügen, dass bei dieser Kennzahl mit einer Korrelation von +0,33 noch nicht einmal das Vorzeichen stimmt. Sie ist für sinnvolle Prognosen also völlig unbrauchbar – und geistert trotzdem unausrottbar durch den Börsenblätterwald.

Shiller-KGV: Anlageerfolg auf lange Sicht

Am Beispiel der um die Gewinnmarge bereinigten Variante des Shiller-KGV, die wir als Hussman-KGV bezeichnen wollen, werden wir dessen beeindruckend hohe Korrelation auch grafisch belegen und veranschaulichen. Betrachten Sie dazu den folgenden Chart, der jedem Statistiker das Herz erwärmt, weil er an Klarheit nichts vermissen lässt. Diese Darstellung belegt, wie stark der langfristige Anlageerfolg von der fundamentalen Bewertung zum Kaufzeitpunkt abhängt, und lässt nur eine Schlussfolgerung zu: Dem Weltleitindex S&P 500 stehen zwölf sehr magere Jahre bevor.

12-Jahres-Anlageerfolg des S&P 500 in % p.a. in Abhängigkeit vom Shiller-KGV, 1950 bis 2017

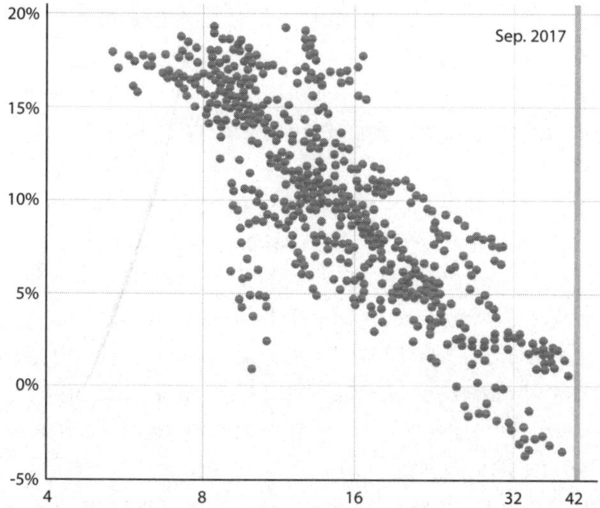

Ein statistisch eindeutiger Befund: Je höher die fundamentale Bewertung ist, desto niedriger ist der Anlageerfolg der anschließenden zwölf Jahre. Der rechte Balken verdeutlicht den aktuellen Wert des Shiller-KGV, das im September 2017 ein Allzeithoch erreicht hat.

Quelle: hussmanfunds.com

Auf der x-Achse ist der Wert der Kennzahl abgetragen, wobei die senkrechte Linie rechts ihren Stand von 42 Punkten im Jahr 2017 kenntlich macht, als Hussman seine Analyse veröffentlichte. Auf der y-Achse sehen Sie die prozentuale Zwölf-Jahres-Performance (Anlageerfolg inklusive Dividendenausschüttungen) des S&P 500 in Prozent pro Jahr. Wer also in der Vergangenheit den S&P 500 gekauft hat, während das bereinigte Shiller-KGV bei unter 8 Punkten stand, der durfte sich zwölf Jahre später über eine durchschnittliche Jahresperformance von 14 bis 18 Prozent freuen. Wer hingegen bei einem bereinigten Shiller-KGV von 32 Punkten kaufte, kam zwölf Jahre später nur auf eine durchschnittliche Jahresperformance von -2 bis +2 Prozent (inklusive Dividenden). Den dem Balken ganz rechts im Chart zugeordneten Wert, den Anleger erzielen werden, die im September 2017 gekauft haben, werden wir natürlich erst im Jahr 2029 kennen. Die Statistik legt die Vermutung nahe, dass dieser Wert etwa zwischen -4 und +1 Prozent liegen wird.

Bestechende Ergebnisse im Zeitablauf

Der dritte und letzte Chart dieser Serie über das bereinigte Shiller-KGV bzw. Hussman-KGV, die von dem US-Value-Investor und Hedgefondsmanager John P. Hussman stammt, stellt die hohe Korrelation im Zeitablauf dar. Ein wichtiges Ergebnis vorweg: Wer während der Spekulationsblase 2005, also vor zwölf Jahren kaufte, darf sich heute über einen Anlageerfolg von 7,5 Prozent per annum freuen, obwohl er eigentlich nur mit 2,5 Prozent rechnen durfte. Er hatte also großes Glück. Denn falls er 2005 glaubte, 7,5 Prozent erzielen zu können, musste er darauf setzen, dass sich der Aktienmarkt zwölf Jahre später schon wieder in einer riesigen Spekulationsblase befinden würde – eine überaus gewagte Wette.

Hussmann-KGV, Zwölf-Jahres-Anlageerfolg des S&P 500 in % p.a., im Zeitraum 1928 bis 2017

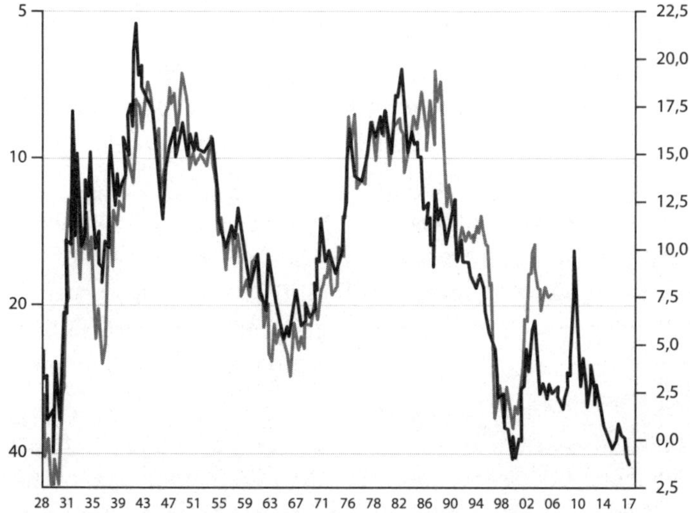

Die schwarze Kurve zeigt den Verlauf des Hussman-KGV seit 1928, wobei niedrige Werte oben und hohe Werte unten eingezeichnet sind. Die hellgraue Kurve zeigt den nach jeweils zwölf Jahren berechneten durchschnittlichen jährlichen Anlageerfolg des S&P 500. Der aktuelle Wert von minus 1,5 Prozent bedeutet, dass der S&P 500 von heute aus gerechnet in zwölf Jahren eine durchschnittliche Jahresperformance von minus 1,5 Prozent geliefert haben wird – inklusive der Dividenden von derzeit 1,9 Prozent p.a. *Quelle: hussmanfunds.com*

Die schwarze Linie dieses Charts zeigt den Verlauf des um die Schwankungen der Gewinnmarge bereinigten Shiller-KGV, das heißt des Hussman-KGV von 1928 bis 2017, den Sie schon vorher kennengelernt haben. Nur haben wir die Kurve diesmal invertiert, das heißt auf den Kopf gestellt, damit die eigentlich negative Korrelation als Gleichlauf gezeigt werden kann und dadurch augenfälliger wird. Niedrige Werte der Kennzahl sind in diesem Chart also oben eingezeichnet und hohe Werte unten, wie die linke Skala zeigt. Die hellgraue Kurve zeigt den nach jeweils zwölf Jahren berechneten durchschnittlichen jährlichen Anlageerfolg des S&P 500.

Die ersten beiden Werte auf diesem Chart, der 1928 beginnt, sind also das Hussman-KGV vom Januar 1928 in Schwarz und darunter in Hellgrau die durchschnittliche Jahresperformance des S&P 500 inklusive Dividenden, die ein Anleger, der 1928 kaufte, zwölf Jahre später erzielt hatte. Sie sehen auch, wer am Gipfel der Überbewertung im Jahr 1929 kaufte, erzielte in den folgenden zwölf Jahren einen durchschnittlichen Verlust per annum von minus 2 Prozent.

Dem aktuellen Wert des Hussman-KGV von 42 Punkten auf der linken Skala ist auf der rechten Skala ein Wert von minus 1,5 Prozent zugeordnet. Das bedeutet: Der S&P 500 wird von heute aus gerechnet in zwölf Jahren eine durchschnittliche Jahresperformance von minus 1,5 Prozent geliefert haben – inklusive der Dividenden von derzeit 1,9 Prozent p.a.

Der Gleichlauf dieser beiden Zeitreihen ist überaus beeindruckend. Und die hin und wieder entstandenen größeren Lücken zwischen der schwarzen und der hellgrauen Linie wurden stets geschlossen, indem die Aktienmärkte anschließend entsprechend deutlich anstiegen bzw. abfielen. Es gibt keinen Grund zu der Annahme, dass die derzeit sichtbare Lücke nicht ebenfalls auf die übliche Weise geschlossen werden wird, indem die Aktienmärkte drastisch fallen. Schließlich handelt es sich hier nicht um zufällige Korrelationen, sondern um das Ergebnis des ehernen Gesetzes des Investierens.

EIN ANDERER BLICK AUF DIE ÜBERBEWERTUNG

Wie Sie gesehen haben, kommen alle bewährten Kennzahlen der Fundamentalanalyse zu demselben Ergebnis: Weltweit sind die Aktienmärkte aktuell deutlich überbewertet, allen voran der wichtigste, das heißt der US-Aktienmarkt. Einige dieser Kennzahlen haben inzwischen sogar die Extremwerte der Spekulationsblase des Jahres

1929 überschritten. Lediglich in der Endphase der Technologieblase des Jahres 2000 sind noch etwas höhere Werte aufgetreten als heute. Während der Technologieblase war die Überbewertung allerdings auf die Sektoren Technologie, Telekommunikation und Medien beschränkt. Der Rest des Marktes war zwar auch nicht gerade billig, aber im Vergleich zu diesen drei Sektoren nur moderat überbewertet. Das ist dieses Mal anders, denn im laufenden Zyklus betrifft die Überbewertung fast alle Sektoren gleichermaßen – mit einer wichtigen Ausnahme: Rohstoffe und Edelmetalle. Die aggregierten Kennzahlen der Fundamentalanalyse lassen diesen wichtigen Unterschied nicht erkennen. Hier hilft nur eine systematische fundamentalanalytische Auswertung der einzelnen Aktien. Der in Diensten des unabhängigen US-Vermögensverwalters GMO stehende US-Analyst James Montier hat diese Fleißarbeit geleistet, und das nicht nur für den US-Aktienmarkt, sondern auch für Kontinentaleuropa, Großbritannien, Japan sowie Asien ohne Japan.

Die Erfolgsformel von Value-Papst Benjamin Graham

Dabei hat Montier sich an den Leitsätzen von Benjamin Graham orientiert, der als Begründer der Fundamentalanalyse und als Vater des Value-Investierens gilt und als Lehrmeister von Warren Buffett gerühmt wird. Gemeinsam mit David Dodd veröffentlichte er im Jahr 1934 das Buch *Security Analysis*, das noch immer ein Standardwerk für Value-Investoren und in deutscher Sprache unter dem Titel *Die Geheimnisse der Wertpapieranalyse* erschienen ist. Fundamental attraktiv bewertete und langfristig entsprechend aussichtsreiche Aktien müssen laut Graham folgende vier Bedingungen erfüllen:

1. Die Gewinnrendite, das ist der Unternehmensgewinn der vergangenen vier Quartale geteilt durch den Aktienkurs, also der Kehrwert des KGV, muss mindestens doppelt so hoch sein wie die Verzinsung einer Unternehmensanleihe mit AAA-Rating.

2. Die Dividendenrendite muss mindestens zwei Drittel der Verzinsung einer Unternehmensanleihe mit AAA-Rating betragen.
3. Die Unternehmensverschuldung muss weniger als zwei Drittel des Buchwerts betragen.
4. Das KGV, bei dem der Durchschnittsgewinn der vergangenen zehn Jahre verwendet wird, muss kleiner als 16 sein.

Betrachten Sie nun den folgenden Chart, um zu sehen, welcher Aktienanteil – nach Regionen aufgeteilt – diese Value-Kriterien erfüllt. Das Ergebnis ist ernüchternd. Diese Analyse ist zwar schon zwei Jahre alt, die Ergebnisse fallen heute aber nicht besser aus.

Anteil der Aktien, die Grahams Value-Bedingungen erfüllen in %, Juni 2017

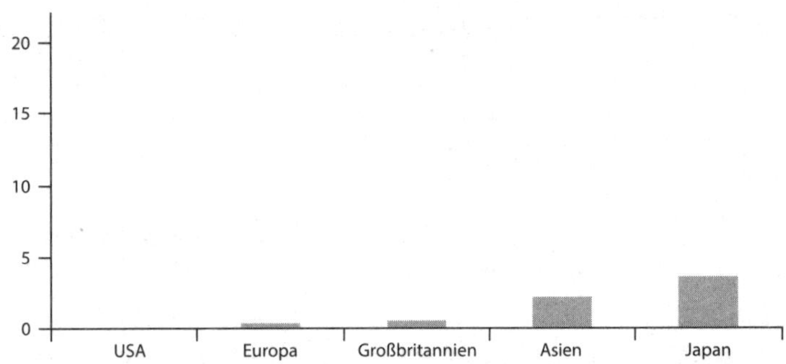

Anhand der einst von Graham formulierten Bedingungen, die ein Value-Investment erfüllen muss, gibt es im Moment in den USA und Europa fast keine attraktiv bewerteten Aktien und auch in Asien nur sehr wenige. *Quelle: GMO*

Es gibt keine Aktien mehr für Value-Investoren

Die von Montier erzielten Ergebnisse dieser Vorgehensweise sehen Sie auf der obenstehenden Grafik. Sie zeigt Ihnen den Prozentsatz der Aktien, die Grahams vier Bedingungen im Juni 2017 erfüllt haben. In den USA traf das auf keine einzige Aktie zu. In Kontinentaleuropa und Großbritannien erfüllten weniger als 1 Prozent der Aktien die Bedingungen, in Asien ohne Japan waren es gut 2 Prozent und in Japan, dessen Aktienindex sich rund 50 Prozent unter seinem Ende 1989 erreichten Allzeithoch befindet, auch nur rund 3 Prozent. Dieses Ergebnis, das auf der Analyse einzelner Aktien basiert, bestätigt die extreme Überbewertung, die in den weiter oben besprochenen Gesamtmarkt-Indikatoren auf beeindruckende Weise zum Ausdruck kommt.

Wer die hier vorgestellten Kennzahlen der Fundamentalanalyse und ihre Bedeutung kennt, versteht auch, warum der von Warren Buffetts Beteiligungsgesellschaft Berkshire Hathaway gehaltene Cash-Anteil auf einen Rekord von über 100 Mrd. US-Dollar gestiegen ist. Allerdings muss er sich die Frage stellen, warum Buffett, der diese Zahlen natürlich ebenfalls kennt, seinen Aktienanteil nicht noch erheblich stärker reduziert hat. Denn so viel ist klar: Buffett mag zwar als Value-Investor reich geworden sein. Aber das von ihm derzeit gehaltene Aktienportfolio erfüllt die Kriterien des Value-Investierens schon lange nicht mehr.

Damit wollen wir unseren kleinen Ausflug in die Welt der fundamentalen Aktienmarkt-Indikatoren beenden. Denn für unsere Zwecke müssen wir Ihnen keine erschöpfende Darstellung der zahlreichen anderen Bewertungskennzahlen liefern, die zur Analyse der Aktienmärkte verwendet werden. Ohnehin kommen alle historisch bewährten Indikatoren derzeit unisono zu dem gleichen sehr wichtigen Ergebnis: Die Weltleitbörse, das heißt der US-amerikanische Markt, ist extrem überbewertet. Punkt 1 unserer obigen Liste von Kernaussagen über Spekulationsblasen ist also ohne jeden Zweifel erfüllt.

AMERIKA BESTIMMT DEN WIRTSCHAFTSZYKLUS UND DIE FINANZMÄRKTE EUROPAS

Wenn Amerika hustet, bekommen Deutschland und Europa eine Grippe. Diese Feststellung gilt heute mehr denn je, speziell für Deutschland. Dafür gibt es zwei Gründe: Erstens ist Frankreich als wichtigster Handelspartner Deutschlands inzwischen von den USA abgelöst worden. Zweitens hat Deutschlands wirtschaftliche Dominanz in Europa erheblich zugenommen.

Tatsächlich sind US-Rezessionen, Finanzkrisen und Aktienbaissen, aber auch Trends an den Anleihenmärkten und in der Realwirtschaft immer auf Europa übergesprungen. Die Korrelation zwischen den Finanzmärkten der USA und denen Europas ist außerordentlich hoch. Deshalb erübrigt sich eine separate Analyse der Lage in Europa. Sie gleicht der Lage in den USA, zumal EZB-Chef Mario Draghi seinem Vorbild Ben Bernanke nicht nur nachgeeifert, sondern ihn beim Einsatz »unkonventioneller geldpolitischer Maßnahmen« sogar überboten hat.

Wenn US-amerikanische Zentralbank-Bürokraten völlig unseriöse und hochriskante geldpolitische Wege einschlagen, dann folgen ihnen kurze Zeit später ihre europäischen Kollegen. Wenn die Zinsen in den USA steigen oder fallen, dann tun sie das auch in Europa. Wenn die amerikanischen Aktienmärkte haussieren oder einen Börsencrash erleben, dann folgen ihnen die europäischen Märkte auf dem Fuß. Und wenn die monströse Blase in den USA platzt, werden die realwirtschaftlichen Folgen – wie zuletzt im Jahr 2008 – auch Europa und erst recht Deutschland erschüttern. Die großen Trends an den Finanzmärkten werden ebenso wie der Konjunkturzyklus in den USA gemacht, Europa folgt. Deshalb beziehen sich unsere Analysen fast immer auf die USA.

FÜR ANLEGER WIRD DER VERMÖGENSAUFBAU SCHWIERIG

Wie Sie gesehen haben, ist die aktuelle Spekulationsblase gemessen am bereinigten Shiller-KGV so groß wie nie zuvor. Gleichzeitig ist sie aufgrund der geringen Zahl von Einzelaktien, die Grahams Value-Bedingungen erfüllen, auch die umfangreichste. Schließlich hat sie nicht nur die Aktienmärkte erfasst, sondern auch Immobilien und Anleihen. Sie haben es also mit einer regelrechten Monsterblase zu tun, die alles bisher an den Finanzmärkten Gesehene weit übertrifft. Entsprechend groß wird der Bereinigungsprozess ausfallen, der unweigerlich folgen wird.

Das eherne Investmentgesetz gilt immer

Das eherne Gesetz des Investierens gilt immer und überall. Deshalb war der eindeutige Zusammenhang zwischen der Höhe der fundamentalen Bewertung und dem langfristigen Anlageerfolg auch in den vergangenen 20 Jahren wirksam – trotz der inzwischen drei großen Spekulationsblasen, die wir seit Mitte der 1990er-Jahre erlebt haben.

Das folgende Beispiel belegt diese Aussage: Wer im Jahr 2000 den deutlich überbewerteten S&P 500 gekauft hat, sitzt heute, nach 19 Jahren, auf einem Buchgewinn inklusive Dividenden von 4,8 Prozent per annum. Das ist natürlich deutlich weniger als der langfristige Durchschnitt der vergangenen 100 Jahre, der rund 10 Prozent beträgt. Mit diesen 10 Prozent wird den Anlegern der Aktienmarkt auch jetzt noch schmackhaft gemacht.

Darüber hinaus sollten Sie bedenken, dass diese 4,8 Prozent nur deshalb erzielt wurden, weil der Aktienmarkt im Moment schon wieder extrem überbewertet ist. Wenn diese Blase platzt und der

Index erneut um mindestens 50 Prozent fällt – wie schon in den Jahren 2000 bis 2002 und 2007 bis 2009 – dann wird sich selbst dieser unterdurchschnittliche Buchgewinn wieder komplett in Luft auflösen, und der Anleger wird mit leeren Händen dastehen.

Zentralbanken torpedieren den Vermögensaufbau

Die treibende Kraft hinter dieser Entwicklung sind die Zentralbank-Bürokraten mit ihrer ultralaxen Geldpolitik. Die ersten beiden Spekulationsblasen – Technologieaktien Ende der 1990er- und Immobilien Mitte der 2000er-Jahre – haben sie durch Ignoranz und Unvermögen ermöglicht. Dagegen haben sie die derzeit laufende allumfassende Blase nicht nur versehentlich in Kauf genommen, sondern ganz bewusst heraufbeschworen.

Wir haben bisher vor allem auf die immensen realwirtschaftlichen Risiken dieses geldpolitischen Experiments hingewiesen sowie auf die unsozialen Umverteilungseffekte dieser Politik, die von unten nach oben erfolgen. Für Sie als Anleger ergibt sich aber noch ein ganz anderes Problem:

Die hohe Überbewertung macht in Bezug auf Aktien und Anleihen eine langfristig orientierte Anlagepolitik unmöglich. Denn langfristig garantiert die Überbewertung bei diesen Anlageklassen einen bescheidenen Anlageerfolg. Nie zuvor waren die Ertragsaussichten eines traditionellen Depots aus Aktien und Anleihen so schlecht wie heute, und nie zuvor waren die Risiken erheblicher Vermögensverluste so groß.

Als der Börsenguru André Kostolany in den 1970er- und 1980er-Jahren dazu riet, Aktien zu kaufen und Schlaftabletten zu nehmen, waren Aktien entweder außerordentlich günstig oder zumindest moderat bewertet. Diesen Rat könnte er Ihnen heute also nicht mehr geben. Versicherungen und Pensionskassen sind aber trotz der garantiert geringen Erträge dazu gezwungen, mit den ihnen anvertrauten Kundengeldern weiterhin in großem Stil Anleihen und Aktien zu kaufen – die Bombe drohender Altersarmut tickt.

Deshalb müssen Sie andere Wege gehen

Glücklicherweise genießen Sie als Privatanleger sehr viel größere Freiheiten als die meisten institutionellen Anleger. Niemand zwingt Sie dazu, ein langfristig orientiertes traditionelles gemischtes Portfolio zu halten, dessen Erfolgsaussichten so bescheiden sind. Sie haben den großen Vorteil, eine wirklich strategische Antwort auf die gefährlichen Folgen der modernen Geld- und Staatsschuldenpolitik zu geben, die von kritischen Stimmen in den USA völlig zu Recht als finanzielle Repression bezeichnet wird.

Diese langfristig ausgerichtete Antwort kann nur in einem hohen Edelmetallanteil und großer Flexibilität bestehen. Damit sichern Sie den Erhalt Ihres Vermögens. Hinzu kommen klug gewählte Depotbeimischungen. Als Sahnehäubchen des Vermögensaufbaus nutzen Sie zudem mit taktischer Ausrichtung die großen Chancen, die Ihnen Gold- und Silberminenaktien bieten, und zu einem späteren Zeitpunkt wahrscheinlich auch Rohstoffwerte.

Die Risiken, die von diesen epochalen Fehlentwicklungen ausgehen, betreffen aber nicht nur ihr Aktien- oder Anleihendepot. Sie gehen weit darüber hinaus. Wie Sie gleich sehen werden, bedrohen sie den Fortbestand des Weltfinanzsystems und der Marktwirtschaft in der EU.

TEIL IV:

WELTWÄHRUNGS-SYSTEME UND EXZESSIVE STAATSSCHULDEN

WELTWÄHRUNGSSYSTEM UND STAATSFINANZIERUNG VOR DEM KOLLAPS

Stellen Sie sich ein Szenario vor, in dem drei der wichtigsten US-amerikanischen (geld-)politischen Täter der vergangenen Jahre gemeinsam auf einer Bühne sitzen und relativ offen und ehrlich über die verheerenden Folgen der von ihnen maßgeblich mitverantworteten Politik sprechen. Es fallen Sätze wie die folgenden:

Wir befinden uns in einer grauenvollen Lage.

Die Staatsverschuldung ist eine tickende Zeitbombe.

Die Fed besitzt keine Glaubwürdigkeit.

Die aktuelle Geldpolitik ist völlig unangemessen.

Es tickt eine geldpolitische Zeitbombe.

Es gibt keine einfachen Lösungen mehr.

Wenn die Märkte revoltieren, ist die Katastrophe da, und sie werden revoltieren.

Die Fed kann die Zinsen nicht dauerhaft kontrollieren.

Die geldpolitischen Entscheidungsträger wissen das alles ganz genau.

Es ist zu spät.

Der Rest der Welt, auch Europa und China, steht noch schlechter da.

Nebenbei bemerkt: es endet immer, immer, immer auf diese Weise, schon im alten Rom, oder in Simbabwe. Wir reden hier über das Endspiel, und das ist unangenehm.

Kaum vorstellbar? Solche Wahrheiten kennen Sie vielleicht aus unserem Börsenbrief »Krisensicher Investieren«, aber doch nicht von ehemaligen Zentralbank-Bürokraten?! Und doch ist genau das am 15. Mai 2015 in Washington, D.C. vor laufenden Kameras geschehen. Auf der Bühne saßen Alan Greenspan, der ehemalige Fed-Präsident, Richard W. Fisher, der ehemalige Präsident der Dallas-Fed, und Lawrence Lindsey, der einstige Chefberater von US-Präsident George W. Bush und ehemalige Fed-Gouverneur.

Sämtliche oben aufgeführten Zitate sind – natürlich in englischer Sprache – genau so gefallen. Das glauben Sie nicht? Dann überzeugen Sie sich selbst. Die 58-minütige Sendung können Sie sich auch heute noch im Internet anschauen:

https://www.zerohedge.com/news/2015-06-03/why-did-these-former-fed-members-admit-mathematically-logically-reality-its-over

BÜHNE FREI FÜR DIE GELD- UND STAATSSCHULDENPOLITISCHE WAHRHEIT

Eingeladen hatte zu dieser erstaunlichen, aber auch vielsagenden Show mit dem Titel »US-Fiskal-Gipfel 2015« die Peter G. Peterson Foundation. Dabei handelt es sich um eine US-amerikanische Stiftung, die 2008 von einem der Gründer des Finanzkonzerns Blackstone ins Leben gerufen und mit 1 Mrd. US-Dollar Kapital ausgestattet wurde. Das Stiftungsziel ist »die Schärfung des öffentlichen Bewusstseins für die Art und Dringlichkeit der wichtigsten fiskalpolitischen Herausforderungen, die Amerikas Zukunft bedrohen, und die Forcierung von Lösungsmaßnahmen.«

Es birgt schon eine gewisse Ironie, dass der großzügige Stifter ausgerechnet im Kabinett von US-Präsident Richard Nixon US-

Wirtschaftsminister war. Ausgerechnet in dieser Zeit gingen die USA dazu über, massiv über ihre Verhältnisse zu leben. Mit der Abschaffung des Bretton-Woods-Weltwährungssystems haben sie überhaupt erst die geldpolitischen Rahmenbedingungen geschaffen für die seither verfolgte Nach-uns-die-Sintflut-Politik, die jetzt die Zukunft Amerikas und der ganzen Welt bedroht.

Ist das eine Ironie des Schicksals? Oder zeigt sich in dem rundum sinnvollen Stiftungszweck das schlechte Gewissen des großzügigen Stifters?

Die Folgen epochaler Fehlentscheidungen werden spürbar

Was auch immer zutreffen mag, jetzt werden die Schattenseiten des weltweiten Systems ungedeckter Währungen sichtbar, das die Regierung Nixon 1971 im Alleingang etablierte. Mehr als 40 Jahre nach dieser epochalen Entscheidung Nixons werden die zwar auch damals schon absehbaren, aber konsequent ignorierten langfristigen Wirkungen dieser Politik immer deutlicher spürbar.

40 Jahre sind eine lange Zeit. Die meisten der damaligen Entscheidungsträger sind inzwischen verstorben. Aber viele ihrer Nachfolger, die als stramme Mitläufer und Mittäter der vergangenen Jahre kaum weniger Verantwortung tragen, weilen noch unter uns. Und die drei oben genannten Herren gehören an prominenter Stelle dazu, allen voran natürlich Alan Greenspan, den wir schon vor 15 Jahren als einen der schlechtesten und verantwortungslosesten Zentralbanker aller Zeiten bezeichneten, wohlgemerkt zu einer Zeit, als wir noch nicht wissen konnten, wer danach noch kommen sollte.

Diese Gentlemen lassen das von ihnen einst verschaukelte Publikum jetzt in aller Offenheit wissen, dass das dramatische Endspiel der von Schuldenexzessen geprägten Politik begonnen hat und schwere Zeiten bevorstehen. »Und das ist unangenehm«, um es mit den Worten Larry Lindseys zu sagen.

Warum diese Herren wohl plötzlich die Wahrheit sagen?

Woher rührt die plötzliche Offenheit dieser Protagonisten? Sie alle hatten ja in ihrer aktiven Zeit als maßgebliche geldpolitische Entscheidungsträger die Gelegenheit, dem offensichtlichen Wahnsinn die Stirn zu bieten, die Wahrheit zu sagen und den Weg ins Verderben zu verlassen. Das haben sie aber nicht getan, sondern das exakte Gegenteil.

Wir reden hier nicht über zweit- oder drittklassige Mitläufer, die sich hinter dem Argument des Befehlsnotstands verschanzen können, sondern über die geldpolitische Elite Amerikas und der ganzen Welt. Es sind Angehörige des innersten geldpolitischen Machtzirkels, die kraft ihres Amtes eine Führungsrolle auf dem Weg in den Abgrund innehatten.

Woher kommt jetzt dieser Sinneswandel? Worum mag es diesen alten Herren nunmehr gehen? Plagt sie das schlechte Gewissen, je näher der Tag rückt, an dem sie ihrem Schöpfer gegenübertreten müssen? Oder bleiben sie ihrer allzu weltlichen Orientierung treu und sorgen sich nur um ihren Ruf in den Geschichtsbüchern?

Wir tippen auf Letzteres. Dafür sprechen auch die teilweise absurd selbstgerechten Ausführungen und teilweise glatten Lügen Alan Greenspans, die er nach seinem Abschied bei der Fed in seinem Buch »The Age of Turbulence« veröffentlicht hat.

Es gibt übrigens noch ein weiteres mögliches Motiv: Angst. Vielleicht fürchten sich die Herren ja vor dem Zorn und der Rache des Volkes, die nach dem Zusammenbruch des Weltwährungssystems und des darauf basierenden Schuldenberges die Hauptverantwortlichen treffen könnten? Schließlich zeigt die Geschichte, dass große Umbrüche nicht immer friedlich verlaufen. Schon so mancher Angehöriger einer politischen Elite musste sich nach seiner Entmachtung vor Gericht verantworten – oder erlebte sogar noch Schlimmeres. Das wissen die potenziell Betroffenen natürlich ganz genau. Deshalb haben die besonders Gerissenen schon immer versucht, ihren Kopf durch einen rechtzeitigen Seitenwechsel noch aus der Schlinge zu ziehen.

Die Aussagen bestätigen nur, wie verkommen die geldpolitische Machtelite ist

Was auch immer die Beweggründe für diese neu zur Schau gestellte Ehrlichkeit sein mögen, sie werfen so oder so ein sehr schlechtes Licht auf die geldpolitische Machtelite der USA. Wir sehen uns durch diesen Auftritt Greenspans, Fishers und Lindseys rundum bestätigt in unserer Einschätzung, dass die Zentralbank-Bürokraten dieser Welt zu jeder Zeit genau wussten, was sie taten – und was ihre Nachfolger noch immer tun.

Sie selbst haben die geldpolitische Zeitbombe gelegt, vor der sie jetzt vor laufenden Kameras warnen. Die Entwicklung der staatsschuldenpolitischen Zeitbombe, die sie jetzt beklagen, wurde durch ihre geldpolitischen Manöver überhaupt erst möglich. Es zeugt von großer Verkommenheit, wenn sich die Täter jetzt in die Pose des scheinbar unbeteiligten objektiven Analysten werfen, der dem Volk die bittere Wahrheit verkündet, während ihre noch in Amt und Würden stehenden Kollegen unvermindert weitermachen wie bisher.

Drei wichtige Fragen drängen sich auf

Wesentlich interessanter und vor allem wichtiger als die Motive abgehalfterter Zentralbank-Bürokraten sind folgende drei Fragen, die sich an diesem Punkt geradezu aufdrängen.

1. Wie lange kann der Tag der Wahrheit noch hinausgeschoben werden, also der Zusammenbruch dieses Weltwährungssystems und des Verschuldungskartenhauses?
2. Wie sollten Sie sich als Anleger verhalten, um diesen epochalen Umbruch schadlos zu überstehen? Und was können Sie tun, um sogar als Gewinner daraus hervorzugehen?
3. Was kommt danach? Welche geldpolitischen Optionen gibt es?

Bevor wir gleich ausführlich auf diese Fragen eingehen, die uns auch immer wieder von Lesern unseres Börsenbriefes »Krisensicher Investieren« gestellt werden, müssen wir einen historischen Abriss über das einst in Bretton Woods etablierte Weltwährungssystem und seinen Niedergang einschieben. Nur so können Sie nachvollziehen, wie wir überhaupt zu dem Punkt gelangen konnten, an dem sich die Welt gegenwärtig befindet.

US-Gesamtverschuldung in % des Bruttoinlandsprodukts, 1950 bis 2019

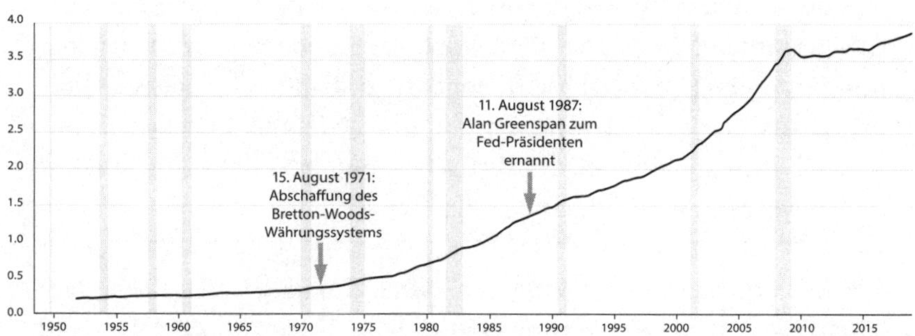

Nach kurzem Zögern ist die Gesamtverschuldung auch nach der Finanzkrise weiter gestiegen.
Quelle: St. Louis Fed

US-Gesamtverschuldung und Bruttoinlandsprodukt in Mrd. $, 1950 bis 2019

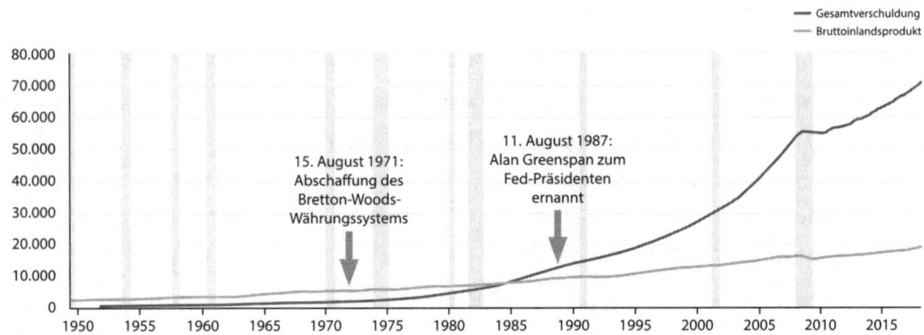

Die größte Schuldenorgie aller Zeiten konnte nur in einem Weltwährungssystem ungedeckter Gelder entstehen. *Quelle: St. Louis Fed*

DAS BRETTON-WOODS-WELTWÄHRUNGSSYSTEM RÄUMTE DEN USA UND DEM DOLLAR EINE MÄCHTIGE SONDERSTELLUNG EIN

Noch während des Zweiten Weltkrieges konzipierten die USA ein neues Weltwährungssystem für die Nachkriegszeit. Das ist kein Wunder, denn der in jeder Hinsicht große Gewinner dieses Krieges waren die USA. Sie sind als die dominierende Weltmacht aus diesem Gemetzel hervorgegangen. Die bis dahin größte Weltmacht Großbritannien war durch die beiden Kriege mit Deutschland nicht nur ausgeblutet und erschöpft, sondern zudem auch hochverschuldet. Deutschland wiederum, der ökonomische und später auch militärische Herausforderer des Britischen Empires, lag völlig zerstört und zerstückelt am Boden.

Die Mächtigen der USA ergriffen diese einmalige historische Gelegenheit, um auch währungspolitisch in ihrem Sinne Nägel mit Köpfen zu machen. Dazu luden sie am 1. Juli 1944 Vertreter von 43 Nationen zu einem Treffen in der nordamerikanischen Kleinstadt

Bretton Woods ein. Dort wurde ein neues Weltwährungssystem aus der Taufe gehoben, das später als Bretton-Woods-System bezeichnet wurde.

Dem US-Dollar wurde in diesem System eine herausragende Sonderstellung zugebilligt, indem für sämtliche Währungen ein fixer Wechselkurs gegenüber dem Dollar festgelegt wurde. Gleichzeitig wurde mit 35 Dollar pro Unze Feingold ein festes Tauschverhältnis zwischen dem Dollar und Gold vereinbart.

Bretton Woods brachte zwei wesentliche Neuerungen

Das Währungssystem von Bretton Woods unterschied sich in zwei wesentlichen Punkten von dem Golddevisenstandard der 1920er-Jahre:

Erstens wurde das Britische Pfund vom US-Dollar als Leitwährung der Welt abgelöst.

Zweitens war es US-Bürgern nicht erlaubt, den Dollar gegen Gold einzutauschen. Die oben genannte Golddeckung zum Kurs von 35 Dollar galt ausschließlich für ausländische Regierungen bzw. deren Zentralbanken.

Den Menschen im Rest der Welt konnte die US-Regierung den Goldkauf natürlich nicht verbieten, aber die USA verpflichteten sich, den Goldpreis bei 35 Dollar einzufrieren. Damit wurde dem amerikanischen Volk ganz bewusst die Macht über das Geld entzogen, obwohl diese Macht für einen tendenziell stets über seine Verhältnisse lebenden Staat als Korrektiv unverzichtbar ist. Wenn dieses Korrektiv fehlt, führt der Weg zwangsläufig zu einer unseriösen Geld- und Staatsschuldenpolitik. Das gilt insbesondere für Demokratien, in denen mit systematischen Wählergeschenken Stimmen und damit Macht und Ämter gekauft werden. Es sollte nicht allzu lange dauern, bis diese simple Wahrheit zutage trat.

Die USA wurden ihrer Verantwortung erwartungsgemäß nicht gerecht

Es kam, wie es kommen musste: US-Politiker erlagen immer mehr der Versuchung, beim Regieren über ihre Verhältnisse zu leben und eine inflationäre Politik zu betreiben. Ihr eigenes Volk hatte keine Möglichkeit, diesem Treiben durch den Tausch von Dollar in Gold einen Riegel vorzuschieben. Aber es gab ausländische Regierungen, die das im Rahmen des Bretton-Woods-Abkommens tun konnten. Unter Führung der Franzosen taten sie das dann auch vermehrt in den 1960er-Jahren.

Allerdings ließen sich die USA davon zunächst nicht beeindrucken. Zwar rief das Ausland nach und nach mehr als die Hälfte der US-Goldreserven ab. Es konnte damit aber die US-Regierung nicht von ihrem unseriösen geld- und fiskalpolitischen Weg abbringen. Stattdessen begann die US-Regierung damit, massiven Druck auf die europäischen Regierungen auszuüben, um sie zum Stillhalten zu bewegen. Beim damaligen französischen Präsidenten General de Gaulle gerieten sie damit aber an den Falschen, zumal ihm mit Jacques Rueff ein überzeugter Verfechter des klassischen Goldstandards als Berater zur Seite stand.

Gold statt Dollar aus wohlverstandenem Nationalinteresse

Lassen Sie uns an dieser Stelle eine klärende Randbemerkung einschieben. Die europäischen Regierungen nahmen den Tausch von Dollarreserven in Goldreserven natürlich nicht aus hehren geld- und staatsschuldenpolitischen Idealen vor, sondern aus wohlverstandenem nationalem Eigeninteresse. Sie erkannten nämlich, dass das Bretton-Woods-Währungssystem in der Zahlungsbilanz der Überschussländer zu einer Anhäufung zunehmend überbewerteter Dollar-Devisenreserven führte. In dieser Situation entschieden sie sich richtigerweise für das seit Jahrtausenden als Wertaufbewahrungsmittel bewährte Gold, anstatt sich mit beliebig vermehrbaren und zusehends an Kaufkraft verlierenden Dollars abspeisen zu lassen.

Politischer Druck statt einer Rückkehr zu solidem Wirtschaften

Wie gesagt, reagierten die USA nicht mit einer Rückkehr zu solidem Wirtschaften. Vielmehr versuchten sie, den freien Goldmarkt, den es außerhalb der USA durchaus gab, als aus ihrer Sicht störenden Einflussfaktor auf das Bretton-Woods-System auszuschalten.

Deshalb schufen sie einen sogenannten zweistufigen Goldmarkt, indem sie die Goldpreisfixierung von 35 Dollar je Unze am freien Markt beendeten. Damit befreiten sich die USA also von der Verpflichtung, den Marktpreis für Gold bei dem im Währungssystem vereinbarten Preis von 35 Dollar pro Unze zu halten. Dieser Fixpreis sollte von nun an lediglich innerhalb des weltweiten Zentralbanksystems gelten. Im Gegenzug sollten sich sämtliche Regierungen und Zentralbanken dazu verpflichten, keinerlei Goldkäufe oder -verkäufe mehr am freien Markt vorzunehmen.

Außerdem bestanden die USA darauf, eine neue Papiergeld-Währungsreserve einzuführen, die sogenannten Sonderziehungsrechte (SZR). Diese wurden im Jahr 1969 tatsächlich geschaffen. Bis zum heutigen Tag ist das Sonderziehungsrecht die Recheneinheit des Internationalen Währungsfonds (IWF), der übrigens ebenso wie die Weltbank 1944 in Bretton Woods aus der Taufe gehoben wurde.

Exkurs: Was ist ein Sonderziehungsrecht (SZR)?

»Das Sonderziehungsrecht (SZR bzw. SDR = Special Drawing Right) ist eine verzinsliche internationale Währungsreserve, die der Internationale Währungsfonds (IWF) 1969 kreiert hat, um andere Reservewährungen zu ergänzen.« So lautet die Definition des IWF.

Das SZR basiert jetzt auf einem Währungskorb aus Dollar, Yen, Euro und Pfund. Es handelt sich nicht um eine Währung und auch nicht um eine Forderung gegenüber dem IWF. Der Wert des SZR wird nicht an den Devisenmärkten ermittelt, sondern täglich durch den IWF auf Basis der Devisenkurse der im Währungskorb enthaltenen Währungen.

Das SZR ist die Recheneinheit des IWF und einiger anderer internationaler Organisationen wie zum Beispiel der Weltbank. Das SZR ist also eine zusätzliche Kunstwährung. Sie dient vor allem der Beschaffung konvertibler Devisen zur Finanzierung von Zahlungsbilanzdefiziten. Die vom IWF an marode Länder vergebenen Kredite werden in SZR abgerechnet.

NACH BRETTON WOODS: DER HOLPRIGE START DER GROSSEN GOLDHAUSSE

Mit den Reformen des Bretton-Woods-Weltwährungssystems hofften die Politiker, den »bösen Spekulanten« am Goldmarkt den Garaus zu machen, die – wie es auch heute noch so schön falsch heißt – aus fehlgeleitetem Eigennutz der guten Sache schaden.

Tatsächlich prognostizierte damals die große Mehrheit der Ökonomen einen drastischen Rückgang des Goldpreises, weil die monetäre Rolle des Goldes innerhalb des Weltwährungssystems aufgrund dieser Reform endgültig abgeschafft wurde.

Doch daraus wurde nichts. Entgegen dieser weitverbreiteten Prognose stieg der Goldpreis in den darauffolgenden Jahren von 35 US-Dollar pro Feinunze auf einen Höchstkurs von 850 US-Dollar pro Unze.

Doch damit nicht genug. Auch die Hoffnung auf eine Stabilisierung des Währungssystems erfüllte sich nicht. Im Gegenteil. Hohe Inflationsraten setzten das System weiter unter Druck, sodass das Bretton-Woods-Weltwährungssystem von den USA am 15. August 1971 in einer Nacht-und-Nebel-Aktion abgeschafft wurde – natürlich »nur vorübergehend«, wie Nixon damals die Welt wissen ließ. Damit war dem zweistufigen Goldmarkt eine nur sehr kurze Dauer beschieden.

Auch diese Goldhausse brauchte ihre Zeit

Nun dürfen Sie aber nicht glauben, dass die Phase der Zerfallserscheinungen, die schließlich zur Abschaffung des Bretton-Woods-Währungssystems führten, aus Sicht eines Anlegers einfach zu bewältigen gewesen wären. Ganz im Gegenteil. Auch damals setzten die Regierenden natürlich Propaganda ein, um dem Volk vorzugaukeln, das Unvermeidliche könne verhindert werden.

Schon deshalb gehörte auch damals eine ganze Portion Mut dazu, eigene Schlussfolgerungen zu ziehen und Skepsis gegenüber den Fähigkeiten und Möglichkeiten von (Geld)-Politikern zu beweisen und Gold zu kaufen. Immerhin musste sich ein Anleger auch damals der vorherrschenden Mehrheitsmeinung entgegenstellen, wenn er denn Gold kaufen wollte. Wie bereits erwähnt, prognostizierten die Experten unisono einen Goldpreis, der zwangsläufig fallen würde, wenn die Goldbindung des Dollars aufgehoben werden sollte.

Wer, so waren sie sich sicher, sollte denn noch Gold kaufen, wenn der Staat dem Gold keine monetäre Rolle mehr zubilligen würde?

Diese auch damals schon sehr staatsgläubige Gruppe konnte sich einfach nicht vorstellen, dass es kluge und historisch gebildete Privatanleger geben würde, die Gold ausdrücklich als Versicherung gegen staatlichen Irrsinn verstanden, und die es deshalb besitzen wollten.

Die Goldpreis-Entwicklung in dieser Zeit stellte Anleger auf eine harte Probe

Der Chart auf Seite 113 oben zeigt Ihnen den Goldpreis pro Unze in Dollar von 1968 bis 1972. Hier erkennen Sie, dass diese Phase, die auf dem längerfristigen Chart darunter nach großer Langeweile aussieht, für damalige Anleger überaus spannend und nervenaufreibend war. Zunächst stieg der Goldpreis in dieser Zeit am freien Markt auf rund 44 Dollar an und lag damit also immerhin 25 Prozent über dem staatlich fixierten Preis von 35 Dollar. Aber als sich das Ende des Bretton-Woods-Währungssystems immer deutlicher abzeichnete, schienen die Gold-Skeptiker doch noch recht zu bekommen: Der Goldpreis fiel Ende 1969 auf 35 Dollar zurück und verharrte dort bei nur kleinen Schwankungen bis August 1970.

Wer in den beiden Jahren zuvor eingestiegen war, saß jetzt also auf Verlusten – und musste sich womöglich auch noch anhören, dass dieses Ergebnis doch vorhersehbar gewesen sei und von fast allen Experten prognostiziert worden war. Erst nach diesem ersten Härtetest für die Anleger begann von hier aus die spektakuläre Goldhausse der 1970er-Jahre, in deren Verlauf der Goldpreis um mehr als 2000 Prozent nach oben schoss.

Goldpreis pro Unze in $, 1968 bis 1972

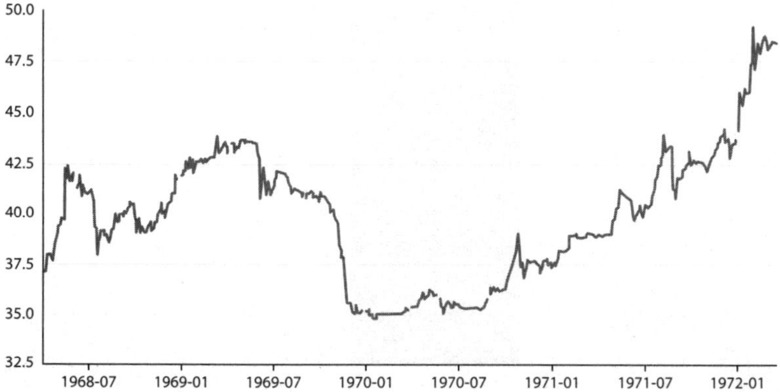

Was auf dem langfristigen Chart nach Langeweile aussieht, entpuppt sich bei näherer Betrachtung als eine aufregende Zeit. *Quelle: St. Louis Fed*

Goldpreis pro Unze in $, 1968 bis 1982

Entgegen zahlreichen Prognosen stürzte der Goldpreis nach Aufhebung der Bindung an den US-Dollar im Jahr 1971 nicht ab. Stattdessen begann eine spektakuläre Hausse.
Quelle: St. Louis Fed

NIXONS WORTBRUCH BESIEGELTE DAS ENDE VON BRETTON WOODS

Am 15. August 1971 war es dann soweit: Der damalige US-Präsident Richard Nixon verkündete der Weltöffentlichkeit das Ende des Bretton-Woods-Weltwährungssystems. Er erklärte das bis dahin geltende Versprechen für nichtig, wonach der US-Dollar zum Kurs von 35 Dollar pro Feinunze in Gold umgetauscht werden konnte. Er hob also die Konvertibilität des Dollars in Gold auf. Auf diese Weise schuf er das erste weltweite System völlig ungedeckter Währungen, die im Fachjargon Zeichengeld oder Fiat Money genannt werden. Kritiker mit Sinn für Humor sprechen hingegen bewusst doppeldeutig von einem Scheingeldsystem.

Kurz darauf wurde der Versuch gestartet, einen geordneten währungspolitischen Neuanfang zu schaffen, diesmal aber auf Basis ungedeckter Währungen. Fröhlich wurden wieder feste Wechselkurse vereinbart. Das allerdings geschah ohne jeglichen disziplinierenden Mechanismus, der wie eine Golddeckung dafür hätte sorgen können, dass die geld- und fiskalpolitischen Voraussetzungen für feste Wechselkurse auch erfüllt werden.

Der Glaube, feste Wechselkurse könnten ohne einen solchen Mechanismus Bestand haben, zeugt von einem eklatanten ökonomischen Unwissen. Wer diesem Glauben anhängt, ist in höchstem Maße naiv, um nicht zu sagen strohdumm. Deshalb wird es Sie nicht überraschen, dass dieser Spuk bereits im März 1973 vorüber war. Feste Wechselkurse zwischen den einzelnen Währungen wurden endgültig abgeschafft.

Die Väter des Euro waren nicht lernfähig

Umso kurioser ist es, dass auch der Euro, das Zahlungsmittel in der Europäischen Währungsunion, nach demselben naiven Prinzip konstruiert wurde. Es ist vor diesem Hintergrund erstaunlich, wie lange die unsinnige und intern zerstrittene Europäische Währungsunion schon Bestand hat. Möglich ist das aber nur, weil die EZB Staatsanleihen in Billionenhöhe gekauft hat – obwohl ihr die Staatsfinanzierung ausdrücklich verboten ist. Mit Deutschland ist zudem ein extrem langmütiger Zahlmeister mit sehr tiefen Taschen an Bord gegangen, dessen Bürger sich ohne Not um die Früchte ihrer Arbeit bringen und sich das Fell über die Ohren ziehen lassen, ohne aufzubegehren.

Beliebig vermehrbares Staatsgeld ebnet den Weg in die Staatsschuldenfalle

Der größte Vorteil einer durch Gold gedeckten Währung besteht darin, die Bürger vor den Begehrlichkeiten der Politiker zu schützen. Politiker sammeln nun einmal Wählerstimmen. Sie sind Wählerstimmenmaximierer. Ihr wichtigstes Ziel besteht darin, gewählt oder wiedergewählt zu werden und in Diktaturen nicht gestürzt zu werden. Dieses Ziel erreichen sie am einfachsten, indem sie kurzfristige Wohltaten an einflussreiche Teile der Bevölkerung verteilen. In Demokratien sind das natürlich die aus Sicht der Parteien wichtigsten Wählergruppen.

Auf diese Weise wird systematisch ein kurzfristiges und kurzsichtiges Finanzgebaren des Staates erzeugt. Die langfristigen Folgen ihrer Sünden können insbesondere die Machthaber in Demokratien getrost ignorieren, weil ihr Mandat ohnehin zeitlich begrenzt ist und nicht vererbt werden kann. Sie handeln also völlig rational, wenn sie die kurze Periode ihrer eigenen Regierungszeit optimieren und keine Rücksicht auf die längerfristigen Schäden nehmen.

In diesem Sinne machte Nixons Wortbruch den Weg in die Staatsschuldenfalle frei, indem er ein Währungssystem beliebig vermehrbarer Staatsgelder schuf. Alle seine Nachfolger und alle anderen Staats- und Regierungschefs rund um die Welt sind ihm auf diesem Weg gefolgt. Deshalb befindet sich die Welt jetzt in einer Staatsschuldenfalle, aus der es kein Entrinnen mehr gibt. »Die Bombe tickt, es ist zu spät«, um es mit den Worten der eingangs genannten ehemaligen Zentralbank-Bürokraten zu sagen.

LÄSST SICH DER TAG DER WAHRHEIT NOCH HINAUSZÖGERN?

Wie die politischen Reaktionen auf die große Krise der Jahre 2008/2009 gezeigt haben, herrscht weltweit und parteienübergreifend ein Konsens: Das bestehende Weltwährungs- und Finanzsystem soll um jeden Preis erhalten werden, solange es irgendwie möglich ist. Deshalb wurden alle Versuche erfolgreich abgeblockt, eine Grundsatzdebatte über die eigentlichen Ursachen der damaligen Krise zu führen. Die Bevölkerung soll über die Schwachstellen des Systems ungedeckter Währungen und den Zusammenhang zwischen Geldpolitik und Staatsverschuldung ebenso wenig informiert werden wie über die Rolle, die die Großbanken dabei spielen.

Deshalb haben Politiker und Zentralbank-Bürokraten seither alles in ihrer Macht Stehende getan, um den Tag der Wahrheit hinauszuzögern. Dieser Tag schien in der Finanzkrise 2008/2009 bereits angebrochen zu sein, doch noch einmal hat die Beruhigungspille der ultralaxen Geldpolitik gewirkt. Die Verzögerungstaktik ist nach wie vor erfolgreich – allerdings zu einem sehr hohen Preis.

Vier Gründe, warum die Lage heute brisanter als je zuvor ist

Wie wir Ihnen jetzt darlegen werden, ist die Lage heute sehr viel brisanter und gefährlicher als im Jahr 2007, dem Vorabend der großen Krise von 2008/2009; und das hat vier Gründe.

1. **Die Verschuldung ist deutlich gestiegen.** Die Gesamtverschuldung und insbesondere die Staatsverschuldung haben seit 2007 geradezu dramatisch zugenommen. Weltweit ist der Schuldenstand von 142 Billionen Dollar im vierten Quartal 2007 auf 244 Billionen Dollar im dritten Quartal 2019 gestiegen, ein Anstieg um 72 Prozent. Diese gigantische Summe, die jede Vorstellungskraft sprengt, verteilt sich wie folgt auf die vier Bereiche der globalen Volkswirtschaft: Staat 65 Billionen Dollar; private Haushalte 46 Billionen Dollar; Finanzinstitute 60 Billionen Dollar; andere Unternehmen 73 Billionen Dollar.
2. **Der Konzentrationsprozess im Großbankensektor ist weiter vorangeschritten.** Die Großbanken sind heute größer als jemals zuvor. Damit sind vor allem die Bankenriesen in den USA »too big to fail«, also zu groß, um pleitegehen zu dürfen. Sie sind zu einer noch größeren Bedrohung für Wirtschaft und Gesellschaft geworden als vor der Finanz- und Immobilienkrise. Das gilt, obwohl sogar in den USA angesichts der Ereignisse der Jahre 2008/2009 eine Zerschlagung der Großbanken gefordert wurde. Damals schien zumindest in diesem Punkt ein Konsens der Vernunft zu herrschen, dass es »too big to fail« in Zukunft nicht mehr geben dürfe. In diesem Sinne wurden Maßnahmen angekündigt, um auch marode Großbanken ohne volkswirtschaftliche Folgeschäden abwickeln zu können. Doch nichts dergleichen wurde seither umgesetzt, im Gegenteil. Die größten Banken der Welt sind heute noch größer und damit noch gefährlicher als damals. Darüber hinaus ist ihre politische Verknüpfung mit dem Staat enger als je zuvor. Die Großbanken haben sich eine Welt geschaffen, in der sie Gewinne behalten

und Verluste an den Steuerzahler weiterreichen dürfen. Für ihre zahlreichen Gesetzesverstöße, die in den vergangenen Jahren aufgedeckt wurden, werden sie nicht ernsthaft belangt. Aus Sicht der Großbanken sind wunderbare Zeiten angebrochen. Sie gehören eigentlich zu den ganz großen Gewinnern der politischen Weichenstellungen, die während und nach der großen Krise stattgefunden haben. Durch die anhaltende Nullzinspolitik sind sie jedoch in neue Schwierigkeiten geraten.

3. **Aktuelle Spekulationsblasen sind größer als 2007.** Die derzeitigen Spekulationsblasen sind sehr viel größer und umfassender als im Jahr 2007. Diese Tatsache gilt, wie in Teil III gezeigt, für die Aktienmärkte, für zahlreiche Immobilienmärkte, auch für den deutschen, und sie gilt in noch sehr viel größerem Umfang für die Rentenmärkte. Letztere sind volkswirtschaftlich extrem wichtig. Denn sie sind sehr viel größer als die Aktienmärkte. Außerdem wird an ihnen der wichtigste Preis überhaupt ermittelt, der Preis für Geld und Kapital. Wenn dieser Preisfindungsmechanismus außer Kraft gesetzt wird, dann fehlt der Wirtschaft der wichtigste marktwirtschaftliche Steuerungsmechanismus. Genau diese Außerkraftsetzung haben die Zentralbank-Bürokraten in den vergangenen Jahren betrieben. Gewaltige real- und finanzwirtschaftliche Fehlinvestitionen sind die Folge, die früher oder später in Form einer Anpassungskrise korrigiert werden müssen.
4. **Die Rentenmärkte stehen im Zentrum der Exzesse.** Dieses Mal sind es also die Rentenmärkte, die im Zentrum der Spekulationsblase stehen. Es sind auch die Rentenmärkte, ohne die ein weltweites System ungedeckter Währungen überhaupt nicht funktionieren kann.

Ein auf Schulden basierendes Währungssystem benötigt einen funktionierenden Markt, an dem die Gläubiger über die Preisbildung und den Zins das bestehende Risiko einschätzen können. Nullzinspolitik und Marktmanipulationen der Zentralbank-Bürokraten haben dazu geführt, dass sämtliche Risiken an den Finanzmärkten auf groteske Weise falsch bepreist sind. Sobald die Anleger sich besinnen und damit beginnen, eine marktgerechte Preisbildung bei Anleihen vorzunehmen, werden die Zinsen teilweise drastisch steigen. Das wird eine schwere Rezession und Pleitewelle auslösen.

Deshalb kann das Ende des Zentralbankkults und mit ihm wohl auch das Ende des Währungssystems von den Rentenmärkten erzwungen werden – es sei denn, die Zentralbanken übernehmen die Rentenmärkte komplett, kaufen alle Schulden auf und schaffen die Marktwirtschaft endgültig ab. Durch diese komplette Verstaatlichung würde das Währungssystem zwar gerettet, aber das marktwirtschaftliche Wirtschaftssystem zerstört.

Zentralbanken sind nicht allmächtig, sonst gäbe es schon lange keine Krisen mehr

Im Moment scheint die ganze Welt fest daran zu glauben, die Zentralbanken seien allmächtig und könnten mit der Gelddruckmaschine alle Krisen verhindern und sogar Wohlstand erzeugen. Trotz der weiten Verbreitung dieses Glaubens ist das kompletter Unsinn. Das beweisen die Grundgesetze des vernünftigen Wirtschaftens, und die Finanz- und Wirtschaftsgeschichte belegt es mit zahllosen Beispielen.

Nun müssen Sie aber kein Wirtschaftswissenschaftler sein – wir haben inzwischen den Eindruck, dass das eher schädlich ist und den Blick auf die Realität verstellt – und auch kein Historiker, um diese eigentlich sehr einfachen Wahrheiten zu verstehen. Wie so oft reicht auch hier der gesunde Menschenverstand, um den offensichtlichen Unsinn zu erkennen, der hinter der aktuellen Spekulationsblase steht und die zeitgenössische Geldpolitik antreibt: Wäre es tatsächlich möglich, mit der Gelddruckmaschine Wohlstand zu schaffen, dann hätte das Paradies auf Erden längst begonnen. Und wenn die Gelddruckmaschine Finanz- und Wirtschaftskrisen verhindern könnte, dann würde es schon lange keine Krisen mehr geben.

Die Finanzgeschichte ist voller Staatsbankrotte und Inflationen

Die Finanzgeschichte – gerade auch die jüngere – ist voller Staatsschuldenkrisen und Hyperinflationen. Den beiden US-Ökonomen Carmen M. Reinhart und Kenneth S. Rogoff kommt das Verdienst zu, eine umfassende Übersicht vorgelegt zu haben. In ihrem finanzhistorischen Buch *Dieses Mal ist alles anders: Acht Jahrhunderte Finanzkrisen* geben sie einen Überblick über 320 Staatsbankrotte und 360 Bankenkrisen, die seit dem Jahr 1800 stattgefunden haben. Außerdem kommen sie auf 65 Länder, die von großen Inflationen heimgesucht wurden. Darunter befinden sich zahlreiche Kandidaten, die dieses durch Geld- und Staatsschuldenpolitik hervorgerufene Schicksal gleich mehrmals getroffen hat.

Wie Sie an diesen Zahlen sehen, reden wir beim Thema Staatsbankrott und Inflation also nicht über eine seltene oder sogar außergewöhnliche Konstellation, sondern eher über den Normalfall. Das Außergewöhnliche an der gegenwärtigen Lage besteht darin, dass das aktuelle System ungedeckter Währungen schon so lange gutgegangen ist. Die Schulden- und Spekulationsexzesse konnten gigantische Ausmaße erreichen. Und das, obwohl eigentlich jeder weiß, wie die Geschichte enden wird – so wie es die eingangs erwähnten mitverantwortlichen Zentralbank-Bürokraten Greenspan, Fisher und Lindsey inzwischen auch verkündet haben.

Für den Ausbruch einer Schuldenkrise gibt es keinen festen Fahrplan

Darüber hinaus zeigt die Finanzgeschichte aber, dass es keinen klar umrissenen Zeitrahmen für den Beginn einer Schuldenkrise gibt. Bemerkenswerterweise existiert auch kein bestimmter Verschuldungsgrad, bei dessen Erreichen zwangsläufig die Bereinigungskrise beginnt, das heißt der Staatsbankrott vollzogen wird. Vielmehr zeugen die vorhandenen Beispiele von einer überaus großen Spannbreite. Das haben unsere jahrelangen Analysen ergeben.

Von besonderem Interesse in Bezug auf die Vorgänge in Europa ist die Tatsache, dass Staatsbankrotte schon oft eingetreten sind, obwohl die Verschuldung noch deutlich unterhalb der Marke von 60 Prozent des Bruttoinlandsprodukts lag. Wie Sie wissen, wurde diese Marke bei Gründung der Europäischen Währungsunion als Schuldenobergrenze festgelegt, um das Eurosystem vor Staatsbankrotten zu bewahren. Inzwischen wurde und wird diese Marke von nahezu allen Industrieländern deutlich überschritten: In der Eurozone liegt die Verschuldung bei 84 Prozent, in den USA bei 101 Prozent und in Japan bei 228 Prozent.

Diese Zahlen müssen allerdings mit großer Vorsicht genossen werden, da darin bei Weitem nicht alle Staatsschulden berücksichtigt sind. Mit spitzem Bleistift gerechnet, fällt die weltweite Staatsverschuldung erheblich höher aus als hier gezeigt.

Der Staatsbankrott ist in erster Linie ein massenpsychologisches Phänomen

Wer diese Fakten kennt, kann sich vor allem als Anleger, aber auch als Staatsbürger und Steuerzahler zu Recht darüber freuen, dass ihm verheerende Staatsbankrotte der Industrieländer bis jetzt erspart geblieben sind. Er sollte sich aber darüber im Klaren sein, dass das ein unwahrscheinlicher Glücksfall ist.

Dieser Glücksfall ist das zufällige Ergebnis von einmaligen Umständen, die niemand genau benennen, beschreiben und erklären kann. Nur so viel ist klar: Die Erklärungen gehören nicht der Sphäre der Ökonomie an, sondern der Sphäre der Massenpsychologie. Damit entziehen sie sich natürlich auch ökonomischen Modellen beziehungsweise Überlegungen und müssen stattdessen psychologisch verstanden werden.

Historische Erfahrungen und Vertrauensverlust bestimmen Zeitpunkt des Staatsbankrotts

Dabei scheinen in Bezug auf den konkreten Ausbruch einer Staatsschuldenkrise historische Erfahrungen eine wichtige Rolle zu spielen. Gleiches gilt für das auf diesen Erfahrungen basierende Vertrauen bzw. Misstrauen. Wer einmal lügt, dem glaubt man nicht, und gebrannte Kinder scheuen eben das Feuer. Erst wenn das Vertrauen in die Zahlungsfähigkeit eines Staates – aus welchen Gründen auch immer – schwindet, nimmt die Schuldenkrise ihren Lauf.

Erinnern Sie sich an den Beginn der noch immer nicht bereinigten Staatsschuldenkrise Griechenlands im Jahr 2010? Nein? Kein Wunder, denn es gab keinen konkreten Anlass, an dem Sie Ihre Erinnerung hätten festmachen können. Dass die Staatsfinanzen Griechenlands völlig marode waren, war längst allgemein bekannt. Dass Griechenland schon bei den Beitrittsverhandlungen zur Europäischen Währungsunion gemauschelt hatte, war ebenfalls kein Geheimnis – das wussten nicht nur die damaligen Regierungsberater von Goldman Sachs, die Griechenland bei der Verschleierung der maroden Finanzlage helfend zur Seite standen. Genau genommen wusste jedermann, dass Griechenland auf einen Staatsbankrott zusteuerte. Aber dieses Wissen wurde zunächst verdrängt. Genauso, wie heute das Wissen um die maroden Staatsfinanzen Japans, der USA, Chinas, Deutschlands und nahezu aller anderen europäischen Länder verdrängt wird.

Dennoch koppelten sich die Zinsen an den Anleihenmärkten Griechenlands erst Anfang 2010 vom Rest Europas ab und begannen dann zügig zu steigen. Auch hier dauerte es also lange, bis die sich abzeichnende Krise endlich begann. Aber als es dann soweit war, ging alles sehr schnell, und die Zinsen schossen nach oben, wie Sie auf dem folgenden Chart sehen.

Zinssatz 10-jähriger griechischer Staatsanleihen, 1997 bis 2015

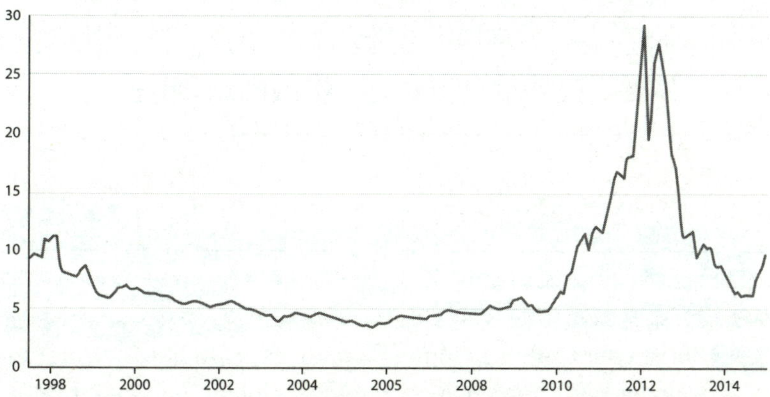

Ohne erkennbaren äußeren Anlass entzogen die Anleger im Jahr 2010 Griechenland plötzlich das Vertrauen. *Quelle: St. Louis Fed*

Insolvenzverschleppung: Verluste werden einfach umverteilt

Ohne die absurden Rettungsaktionen durch andere EU-Mitgliedsländer und die Europäische Zentralbank wäre der Staatsbankrott Griechenlands schon im Jahr 2010 eingetreten – als einer von vielen Staatsbankrotten, die dieses Land bereits erlebt hat. Dank der helfenden Hände anderer – ebenfalls überschuldeter – europäischer Länder und ihrer Zentralbank wurde dieser unvermeidliche Bankrott bis zum heutigen Tag hinausgeschoben.

Durch die Vergabe neuer, zusätzlicher Kredite ist das Schuldenproblem Griechenlands natürlich nicht gelöst worden. Die unvermeidlich entstehenden Verluste werden deshalb sogar noch größer ausfallen als bei der sofortigen Bankrotterklärung im Jahr 2010. In der Summe wurde also nichts gewonnen, sondern zusätzliche Verluste erzeugt. Nur die Aufteilung der Verluste auf die verschiedenen Anlegerklassen hat sich deutlich verändert. So wurden in diesem Fall vor allem französische Großbanken auf Kosten der europäischen Steuerzahler vor lebensbedrohlichen Verlusten bewahrt.

STAATSBANKROTTE UND INFLATIONEN GEHEN HAND IN HAND

Es gibt zwei verschiedene Formen von Staatsschulden: Schulden, die in der landeseigenen Währung aufgenommen werden, und Schulden in Fremdwährungen. Erstere müssen in der eigenen Währung zurückgezahlt werden, letztere hingegen in einer Fremdwährung. Bei dieser Unterscheidung kommt es ausschließlich darauf an, in welcher Währung die Rückzahlung erfolgen muss. Warum ist dieser Punkt so wichtig?

Erstens ist es in Zeiten ungedeckter, das heißt beliebig vermehrbarer Währungen ein ganz entscheidender Unterschied, ob der Staat das Geld für die Bedienung seiner Schulden auf mehr oder weniger ehrliche Weise aufbringen muss oder ob er es einfach mit der Gelddruckmaschine herstellen kann.

Zweitens ist es wesentlich leichter, die häufig von Ausländern vergebenen Fremdwährungskredite nicht zurückzuzahlen, als Inländer auf diese schäbige Weise zu behandeln. Letztere sind im Zweifel Wähler oder sogar potenzielle Revolutionäre. Erstere hingegen sind üblicherweise völlig machtlos – jedenfalls seit die Zeiten der Kanonenbootpolitik vorüber sind, als zum Beispiel die Briten nicht zögerten, die finanziellen Ansprüche ihrer Banken und Bürger gegenüber fremden Regierungen mit Gewalt durchzusetzen.

Dennoch kennt die Finanzgeschichte nicht nur Staatsbankrotte, bei denen Fremdwährungsschulden nicht zurückgezahlt wurden. Sie kennt auch zahlreiche Episoden, in denen Schulden in Landeswährung nicht oder nicht in vollem Umfang bedient wurden – obwohl der Staat das Geld für diesen Schuldendienst einfach hätte drucken können. Darauf kommen wir gleich noch zu sprechen.

Transparenz gibt es bei Staatsschulden gewöhnlich nicht

Reinhart und Rogoff weisen in diesem Zusammenhang auf einen Punkt hin, der selten thematisiert wird, aber auch nicht wirklich überrascht: Der Staat hat kein Interesse daran, seine Finanzsituation transparent zu gestalten, im Gegenteil. Verschleierung, um nicht zu sagen bewusste Täuschung und Betrug sind an der Tagesordnung, beispielsweise in Form von Schattenhaushalten, Garantien und nicht bilanzierten Zahlungsverpflichtungen, die gerade in unseren Zeiten riesige Ausmaße erreicht haben.

Das hat dazu geführt, dass die Verschuldung in landeseigener Währung wesentlich schlechter dokumentiert ist als die Verschuldung in Fremdwährung. Das gilt, obwohl die Verschuldung in landeseigener Währung bei den vorhandenen Zeitreihen im Durchschnitt zwei Drittel der Gesamtverschuldung ausmacht, also sehr wichtig ist. Die Datenlage ist leider sehr unzuverlässig, was ein großes Manko im

Hinblick auf die Forschung darstellt, und zwar sowohl für Wirtschaftshistoriker als auch für Analysten der aktuellen Situation.

Hinzu kommt das eher bescheidene weltweite und insbesondere US-amerikanische Interesse an Staatsschuldenkrisen, die keine Opfer außerhalb des betroffenen Landes fordern. Im Unterschied dazu rufen Staatsschuldenkrisen, bei denen Ausländer unter die Räder kommen, sehr viel mehr analytisches Interesse hervor. Vor allem, wenn es sich bei den betroffenen Ausländern um institutionelle Anleger oder Banken aus den USA handelt.

Aus diesen Gründen sind Staatsschuldenkrisen, die Schulden in landeseigener Währung betreffen, nicht nur schlechter dokumentiert, sondern auch wesentlich schlechter analysiert und erforscht als Fremdwährungs-Schuldenkrisen. Das ist schade, weil wir es heute zwar mit einer globalen Überschuldung zu tun haben, aber fast ausschließlich mit inländischen Schulden, das heißt mit Schulden, die durch den Einsatz der Gelddruckmaschine bedient werden können.

Der Zeitpunkt eines Staatsbankrotts ist eine politische Entscheidung

Wie die Finanzgeschichte zeigt, ist ein Staatsbankrott, genauer gesagt die Entscheidung für einen Staatsbankrott, stets das Ergebnis einer komplexen Kosten-Nutzen-Rechnung der Regierung. Deren Kalkül basiert nicht nur auf ökonomischen und finanziellen Überlegungen, sondern auch auf politischen und sozialen. Das sehr geschickte Pokern der griechischen Regierung demonstriert Ihnen diesen wichtigen Punkt auf geradezu vorbildliche Weise.

Diese Kosten-Nutzen-Rechnung der betroffenen Regierung führt dazu, dass ein Staatsbankrott üblicherweise nicht erst dann vollzogen wird, wenn dem Land tatsächlich das Geld ausgeht, sondern zu einem früheren, politisch opportunen Zeitpunkt. Deshalb lässt sich der konkrete Zeitpunkt eines Staatsbankrotts nicht vorhersagen, jedenfalls nicht mithilfe ökonomischer Analysen. Letztere ermöglichen es aber, eine Überschuldung zu erkennen – obwohl die Staaten, wie bereits erwähnt, auch heute nichts unversucht lassen, um den wahren Zustand der Staatsfinanzen zu verschleiern.

Eine weltweite Inflation in den kommenden Jahren ist das wahrscheinlichste Szenario

Die Finanzgeschichte zeigt, dass die Staatsverschuldung in landeseigener Währung fast immer eine wichtige, wenn nicht sogar die entscheidende Rolle bei allen großen Inflationen gespielt hat. Das gilt auch und gerade bei Hyperinflationen. So kommt der renommierte Schweizer Geldtheoretiker Peter Bernholz in seinem Buch »Monetary Regimes and Inflation« zu folgendem Ergebnis:

> *Hyperinflationen sind immer verursacht durch Defizite des Staatshaushalts, die überwiegend durch Geldschöpfung finanziert werden.*

Reinhart und Rogoff stellen zu diesem Thema fest:

> *Bei Staatsschuldenkrisen, die Schulden in landeseigener Währung betreffen, kommt es zu galoppierender Inflation, die im Jahr des Staatsbankrotts durchschnittlich 170 Prozent erreicht. In den Jahren nach der Bankrotterklärung bleibt die Inflationsrate bei über 100 Prozent. Es kann nicht überraschen, dass der verschleierte Staatsbankrott durch Inflation Hand in Hand geht mit einem harten Staatsbankrott, und zwar vor, während und nach der Einführung von Maßnahmen unverschleierter Enteignung. [...] Wir schließen mit der*

Feststellung, dass offene Staatsbankrotte, die Schulden in landeseigener Währung betreffen, üblicherweise in Zeiten schwerer ökonomischer Bedrängnis stattfinden.

Aus all diesen Gründen und aufgrund der historischen Beobachtungen kommen wir zu dem Ergebnis, dass eine Kombination aus einem offenen Staatsbankrott und einem durch Inflation verschleierten Staatsbankrott das mit Abstand wahrscheinlichste Szenario für die kommenden Jahre ist. Es ist der Weg, der sich politisch am leichtesten gehen lässt, um die offensichtliche Überschuldung nahezu aller Nationen abzubauen.

Der nächste Abschwung wird wohl die Entscheidung bringen

Das Platzen der aktuellen Spekulationsblasen wird ähnlich wie im Jahr 2008 eine schwere Wirtschafts- und Finanzkrise auslösen. Dann werden die Staatsschulden weltweit erneut deutlich ausgeweitet, und die Zentralbanken werden die Gelddruckmaschinen aufs Neue anwerfen. Nun haben die Zentralbanken aber bereits so ziemlich alle Anleihen gekauft, derer sie habhaft werden konnten, ohne die Rentenmärkte völlig abzuschaffen. Was bleibt ihnen in dieser Lage? Sollen sie auch den noch vorhandenen Rest und alle Neuemissionen kaufen? Sollen sie mit frisch gedrucktem Geld Aktien, Immobilien oder Gold kaufen? Oder wäre es nicht viel einfacher, eine direkte Staatsfinanzierung und Helikopter-Geld einzusetzen?

Wir tippen darauf, dass sie zunächst weitere Anleihen-Kaufprogramme verkünden werden. Wenn sich die Aktienkurse mehr als halbiert haben, werden vielleicht auch Aktienkaufprogramme aufgelegt, wie das in Japan schon geschehen ist. Falls diese Maßnahmen die Kursverluste stoppen und die Rezession beenden können, werden neue Spekulationsblasen entstehen, diesmal vielleicht auch bei Gold und Rohstoffen.

Falls das aber nicht gelingt – und das halten wir für sehr wahrscheinlich – dann wird es zur direkten Staatsfinanzierung mit der Gelddruckmaschine kommen: also zu Helikopter-Geld, auf das wir gleich noch ausführlich zu sprechen kommen. Die Folge wären Staatsbankrotte in Kombination mit hohen Inflationsraten und schließlich der Zusammenbruch des Weltwährungssystems mit anschließendem Neuanfang.

WIE DAS NÄCHSTE WÄHRUNGSSYSTEM AUSSEHEN KANN – VIER MÖGLICHE SZENARIEN

Wer die Zeichen der Zeit verstanden hat, wird sich zwangsläufig die Frage stellen, wie es nach dem Zusammenbruch des aktuellen Währungssystems weitergehen kann und wird. Dabei sind es eigentlich zwei ganz verschiedene Fragen, die in der hier gewählten Formulierung – »kann und wird« – zum Ausdruck kommen. Bei der ersten dieser beiden Fragen geht es nur darum, wie ein neues Währungssystem aussehen kann. Sie ist relativ leicht zu beantworten, weil sie die Sphäre der Ökonomie nicht verlässt. Ganz anders verhält es sich mit der Frage, was tatsächlich geschehen wird. Sie verlangt eine konkrete Prognose, die sich aber nicht aus ökonomischen Argumenten herleiten lässt. Denn die Wahl eines Währungssystems ist eine rein politische Entscheidung.

Ironischerweise wird gerade bei besonders wichtigen Entscheidungen häufig aus der Hüfte geschossen, weil sie in Krisenzeiten unter Zeitdruck erzwungen werden. So müssen völlig überforderte Politiker, die häufig über keinerlei Sachverstand verfügen, über Maßnahmen entscheiden, deren Folgen sie nicht überblicken. Insofern spielt auch der Zufall bei der politischen Gestaltung der Welt eine sehr wichtige Rolle. Das aber wird von Historikern häufig unterschätzt.

Dennoch können für die vorhandenen Optionen mithilfe von Plausibilitätsüberlegungen bestimmte Wahrscheinlichkeiten prognostiziert werden. Genau das werden wir hier tun. Dazu beginnen wir mit einer Skizzierung der verschiedenen Währungssysteme, damit Sie sich ein Bild davon machen können, was im Prinzip bei einem Neuanfang möglich ist. Danach stellen wir dann gewissermaßen als Schlussakkord dieser Ausführungen konkrete Überlegungen an, wohin die Reise wahrscheinlich gehen wird.

Szenario 1 – Weiter so: Ein neues Papiergeldsystem folgt dem alten

Die auf den ersten Blick einfachste Variante besteht natürlich darin, es nach dem Zusammenbruch des Währungssystems mit der Einführung eines neuen Papiergeldsystems zu versuchen, also genauso weiterzumachen wie bisher. Strukturen und geschultes Personal sind vorhanden, und die Verantwortlichen wissen, wie es geht. Um das Vertrauen der Bürger zurückzugewinnen, müsste man in Analogie zu den Maastricht-Kriterien der Europäischen Währungsunion ein disziplinierendes Regelwerk aufstellen, das Wohlverhalten bei der Staatsverschuldung und der Geldschöpfung verspricht. Um glaubhaft zu sein, müsste es durch nachvollziehbare und durchsetzbare Sanktionen ergänzt werden, und schon wäre fast alles wieder beim Alten.

Szenario 2 – Zurück zu Bekanntem und Bewährtem: der Goldstandard

Nach den Napoleonischen Kriegen begann sich im 19. Jahrhundert ein Weltwährungssystem herauszubilden, das später als der Internationale Goldstandard bezeichnet wurde. Mit Ausbruch des Ersten Weltkrieges ging dieses extrem erfolgreiche System unter. Darin war

Gold Geld, und jede Währung stellte lediglich eine Bezeichnung für ein staatlich festgelegtes Goldgewicht dar. Ein großer Vorteil dieses Systems bestand darin, dass es weltweit ein einheitliches Geld gab.

Im Goldstandard enthalten ist ein disziplinierender Mechanismus, der zu ständigen wirtschaftlichen Anpassungen der Handel treibenden Länder zwingt. So wird die Entstehung großer und langanhaltender Ungleichgewichte ebenso verhindert wie staatliche Verschuldungsexzesse. In den 100 Jahren des Internationalen Goldstandards herrschte Preisstabilität; es entstand ein bis dahin für unmöglich gehaltener Wohlstand; und der internationale Handel expandierte dramatisch. Der damalige Grad der Globalisierung wurde erst in den 90er-Jahren des 20. Jahrhunderts wieder erreicht.

Problematisch ist die Tatsache, dass der Goldstandard nur auf einem Rohstoff basiert, der weltweit sehr ungleich verteilt ist. Dieses Problem ließe sich umschiffen, indem statt Gold ein Rohstoffkorb verwendet wird, um Währungen zu definieren. Technisch würde die Einführung eines neuen Goldstandards oder eines Rohstoffkorbs als Standard kein Problem darstellen.

Szenario 3 – Zurück zu Bekanntem, aber weniger Bewährtem: verwässerter Goldstandard

Ab dem Ersten Weltkrieg wurden mehrere Währungssysteme verwendet, in denen Gold zumeist noch eine gewisse Rolle spielte. Dem Staat und seinen Zentralbanken wurde in diesen verwässerten Versionen des Goldstandards mehr Einfluss auf die Geldproduktion gewährt, bis hin zu dem oben ausführlich besprochenen Bretton-Woods-System. Diese Versuche erwiesen sich allesamt als deutlich weniger stabil als der Goldstandard.

Szenario 4 – Marktwirtschaft pur: Entzieht dem Staat das Geldmonopol

Die meisten Menschen und sogar fast alle Wirtschaftswissenschaftler haben verstanden, dass es nicht sinnvoll ist, wenn der Staat Autos baut, Brot backt oder Haare schneidet, da eine marktwirtschaftliche Bereitstellung dieser Güter und Dienstleistungen eindeutig bessere Ergebnisse hervorbringt. In anderen Bereichen, beispielsweise dem Wohnungsbau, dem Straßenbau oder der Wasserversorgung, gehen die Meinungen darüber schon deutlich auseinander, ob nicht doch der Staat mit diesen Aufgaben betraut werden sollte. Beim Geld schließlich ist die Idee einer Entstaatlichung, das heißt einer rein marktwirtschaftlichen Lösung, den meisten Bürgern völlig unbekannt. Von der großen Mehrheit zeitgenössischer Ökonomen wird dieser Gedanke sogar als Kuriosum abgetan, das nicht ernsthaft in Erwägung gezogen werden muss. Das war allerdings nicht immer so.

> *Vor 200 Jahren wäre das Bild der Wissenschaft genau umgekehrt gewesen. Aus dieser Zeit ist kein Wissenschaftler bekannt, der sich für ein staatliches Monopol der Geldversorgung ausgesprochen hätte.*

Das schrieb Wolfram Engels, der ehemalige Herausgeber der WirtschaftsWoche, bei dem Claus Vogt, einer der Autoren dieses Buches, einst Bankbetriebslehre studiert hat, in seinem Buch »Der Kapitalismus und seine Krisen. Über Papiergeld und das Elend der Finanzmärkte«. Dort entwickelt Engels sogar einen konkreten Vorschlag zur Gründung einer privaten Währungsbank.

Die bekanntesten Vertreter eines Währungssystems, das auf marktwirtschaftlichen Prinzipien beruht, sind Ludwig von Mises, Murray Rothbard und Friedrich August von Hayek. Letzterer hat sich diesem wichtigen Thema in seinem Spätwerk »Die Entnationalisierung des Geldes« ausführlich gewidmet und in Analogie zu der sehr erfolgreichen Freihandels-Bewegung des 19. Jahrhunderts zur Schaffung einer Freigeld-Bewegung aufgerufen.

Die gemeinsame Geschichte des Geldes und des Staates stellt eine Aneinanderreihung von Lügen, Betrug, Staatsbankrotten und Inflationen dar. Deshalb muss man sich wundern, wieso es nicht sehr viel mehr Menschen und vor allem Ökonomen gibt, die dem Staat die Macht über das Geld entziehen möchten und für ein Währungssystem eintreten, das auf freiem Wettbewerb basiert. Dabei wäre es ganz einfach: Die Zentralbanken und das gesetzliche Zahlungsmittel werden abgeschafft. Die Geldproduktion einschließlich der Prägung von Münzen wird privatisiert. Alle staatlichen Regulierungen im Bankgeschäft werden aufgehoben. Dann entscheidet der Markt darüber, welches Geld sich durchsetzt. Das finden Sie kurios oder sogar gefährlich? Dann bedenken Sie Hayeks pointierte Feststellung, dass »sich Regierungen als weit unmoralischer erwiesen [haben], als es je eine private Körperschaft hätte sein können, die im Wettbewerb mit anderen eigene Arten von Geld auf den Markt bringt«.

Währungssysteme und Machtpolitik – welches Szenario ist am wahrscheinlichsten?

Wir vermuten, dass ein solcher Wettbewerb der Währungen zu dem gleichen Ergebnis führen würde, wie das schon in früheren Zeiten geschah, als es einen solchen Wettbewerb gab: Die Edelmetalle würden sich erneut als allgemein akzeptiertes Geld durchsetzen und Banken würden wieder zu Edelmetall-Lagerhäusern. Zur Vereinfachung des Handels würden diese die eingelagerten Goldbestände in Form von Banknoten und Giralgeld verbriefen, die natürlich zu 100 Prozent gedeckt sein müssen, da man ja nicht mehr verleihen kann, als man hat.

Früher oder später würden die kleinen Gauner unter diesen Bankern die 100-Prozent-Deckung unterlaufen und mehr Banknoten emittieren, als ihrem Bestand an Edelmetall entspräche. Die großen Gauner unter den Banken wiederum würden sich mit dem Staat verbünden, um Gesetze durchzuboxen, die es ihnen erlaubten, mehr zu verleihen, als sie besitzen. Der Zyklus vom guten Geld zum schlechten Geld, in dessen Endphase wir jetzt gerade angekommen sind, würde erneut in Gang gesetzt.

Auf globaler Ebene geht es bei der Einführung eines neuen Währungssystems vor allem um Macht. Die USA werden alles tun, um ihre Vormachtstellung zu behalten, die ihnen nach den beiden Weltkriegen in den Schoß gefallen ist. China und Russland dagegen werden die Gelegenheit ergreifen, um massiv dagegen vorzugehen. Ob das friedlich vonstattengehen wird, ist fraglich.

Der Zusammenbruch des bestehenden Weltwährungssystems wird mit einer schweren Wirtschaftskrise einhergehen und zu einem massiven Vertrauensverlust der Bevölkerung führen. Deshalb wird die Einführung eines neuen Papiergeldsystems wahrscheinlich nicht gelingen, auch wenn das der Wunsch fast aller Regierungen sein dürfte. Deshalb wird Gold, vielleicht auch ein Rohstoffkorb, als vertrauensbildende Maßnahme bei der Etablierung eines neuen Währungssystems wohl eine gewisse Rolle spielen. Das neue System wird also der Kategorie »bekannt, aber wenig bewährt« angehören. Es wird sich dabei um einen gewissen Kompromiss zwischen den Wünschen der Bevölkerung und den Machtgelüsten der Regierenden handeln.

Ein marktwirtschaftliches Währungssystem halten wir zwar für die mit Abstand beste Lösung. Aber sie hat keine Lobby bei den Mächtigen. Zudem ist sie in der Bevölkerung aufgrund jahrzehntelanger Zentralbankpropaganda nahezu unbekannt. Deshalb räumen wir ihr keine Chance ein. Der Goldstandard ist die zweitbeste Lösung. Aber auch er ist trotz seiner beeindruckenden Historie nicht mehrheitsfähig, weil keine zeitgenössische Regierung – oder Opposition – bereit ist, sich zu seriösem Haushalten zwingen zu lassen. Einen echten geldpolitischen Neuanfang wird es deshalb wahrscheinlich nicht geben.

TEIL V:

QUO VADIS, EUROPÄISCHE UNION? IN DIE FREIHEIT ODER IN DIE KNECHTSCHAFT?

VON DER EU-FREIHANDELSZONE ZUR SCHULDENUNION

Nach dem Zweiten Weltkrieg lagen Deutschland und große Teile Osteuropas in Trümmern. Osteuropa wurde von der deutschen Kriegsmaschinerie verwüstet, während Deutschlands Städte durch die Flächenbombardements der Alliierten dem Erdboden gleichgemacht wurden. Die Zahl der in Europa durch die Kriegshandlungen zu Tode gekommenen Soldaten und Zivilisten wird auf 50 Millionen Menschen geschätzt. Verlässliche Zahlen gibt es nicht. Das aber tut der Dimension des von den Nazis entfachten Grauens keinen Abbruch.

UNVERSÖHNLICHE POLITISCHE UND ÖKONOMISCHE KONZEPTE

Über die Frage, wie es in Europa nach dieser Katastrophe weitergehen sollte, gab es nach Kriegsende die unterschiedlichsten Vorstellungen. Grob gesagt standen auf der einen Seite die marktwirtschaftlich orientierten Demokratien der Westmächte unter der Führung der US-Amerikaner und auf der anderen Seite der russische Diktator Stalin als Anhänger der zentralen Planwirtschaft, die sehr treffend auch als Kommandowirtschaft bezeichnet wird.

Eine Versöhnung der beiden politischen Systeme Demokratie und Diktatur ist natürlich ebenso wenig möglich wie ein Kompromiss der sich diametral entgegenstehenden Wirtschaftssysteme Kommandowirtschaft und Marktwirtschaft. Dennoch suchten die vier Siegermächte zunächst nach einer einvernehmlichen Lösung der Deutschen Frage.

DER WEG ZUM ERFOLG: DIE SOZIALE MARKTWIRTSCHAFT

Nach dem Scheitern der fünften Außenministerkonferenz der Siegermächte im Dezember 1947 beschlossen US-Amerikaner und Briten jedoch die Gründung eines deutschen Teilstaates auf dem Gebiet der drei westlichen Besatzungszonen. Damit war der Weg zur Teilung Deutschlands geebnet.

Osteuropa und ein Teil Deutschlands verschwanden hinter dem von Stalins Terrorregime errichteten Eisernen Vorhang. In diesem Teil Europas wurden unter der Führung der Sowjetunion kommunistische Diktaturen installiert und planwirtschaftlich organisierte Wirtschaftssysteme errichtet. Dieses erbarmungslose Regime der Unterdrückung konnte sich rund 40 Jahre lang behaupten, bevor es unter dem Druck der immer klarer zutage tretenden Mangelwirtschaft und dank dem russischen Präsidenten Michael Gorbatschow zu einem unerwartet friedlichen Ende kam.

Dem westlichen Teil Deutschlands, der Bundesrepublik, war hingegen ein sehr viel glücklicheres Schicksal beschieden. Unter US-amerikanischer Führung wurde hier ein demokratischer Staat errichtet. 1948 wurde die Zwangswirtschaft der Alliierten durch eine Währungsreform beendet, die Ludwig Erhard gegen zahlreiche Widerstände durchsetzte. Er begann mit der Umsetzung des Konzepts der Sozialen Marktwirtschaft, das er und Alfred Müller-Armack schon in den 1940er-Jahren entworfen hatten.

Soziale Marktwirtschaft – das vergessene Erfolgsmodell

Das Konzept der Sozialen Marktwirtschaft basierte auf den wirtschaftstheoretischen Erkenntnissen des Ordoliberalismus. Dabei handelt es sich um einen Ableger der Österreichischen Schule der

Ökonomie, der auf den Ideen des Nationalökonomen Walter Eucken (* 1891, † 1950) und der von ihm begründeten Freiburger Schule basiert.

Hier ist natürlich nicht der Ort, die Details des Ordoliberalismus und seine Abgrenzung zu anderen Spielarten der Österreichischen Schule auszuführen. Es genügt das Wissen um seine eindeutige marktwirtschaftliche Ausrichtung. Dem Staat wird lediglich die Aufgabe übertragen, durch die Gestaltung des ordnungspolitischen Rahmens den freien Wettbewerb zu sichern.

Das Soziale der Sozialen Marktwirtschaft

Ludwig Erhard ist es in der Nachkriegszeit gelungen, wichtige Teile dieses Konzepts unter der Bezeichnung »Soziale Marktwirtschaft« in der Bundesrepublik umzusetzen. Unter dem Begriff »sozial« verstand Erhard vor allem die folgenden Punkte:

- freier Wettbewerb
- sichere Eigentumsrechte
- stabiles Geld
- berechenbare Politik
- Primat der Eigenvorsorge

Der liberale Wirtschaftsphilosoph Gerd Habermann schreibt in seinem sehr empfehlenswerten Buch »Freiheit oder Knechtschaft? Ein Handlexikon für liberale Streiter« unter dem Stichwort »Soziale Marktwirtschaft«:

> *Sein [Ludwig Erhards] Ideal war eine »Ownership Society«, die sich nach und nach durch Eigentums- und Vermögensbildung von den Sozialprothesen der Bismarck-Zeit verabschieden kann. Erhards Konzeption setzte sich für die gewerblichen Märkte*

weitgehend durch, während er in der Sozialpolitik trotz seines massiven Protests nicht verhindern konnte, dass der »Schrei nach sozialer Sicherheit« umso größer wurde, je mehr die Leute eigentlich auf eigenen Füßen stehen konnten. Erhards großes Projekt blieb darum stecken und seine Kanzlerschaft war zu kurz, um in einer ›zweiten Phase der Sozialen Marktwirtschaft‹ auch im Sozialbereich Planwirtschaft und Bevormundung zu überwinden. An die ursprüngliche Erhard'sche Konzeption müsste bei einer Reform des gegenwärtigen Versorgungsstaates angeknüpft werden.

Von einer solchen Reform sind wir nach allem, was Kanzlerin Merkel bisher abgeliefert hat und was wir dem Koalitionsvertrag von CDU, CSU und SPD entnehmen können, weiter entfernt als je zuvor.

Wenn Ludwig Erhard heute noch leben würde, müsste er aufgrund seiner klassisch-liberalen Überzeugungen, die von den Gutmenschen wider besseres Wissen und in vollkommener Verkennung der Tatsachen in die Nähe rechtsradikaler Umtriebe gerückt werden, wohl mit einem Parteiausschlussverfahren, wenn nicht sogar Schlimmerem rechnen.

Aufschwung, aber kein »Wirtschaftswunder«

Nachdem Erhard die Weichen nach klassisch-liberalem Konzept auf Wachstum und Schaffung von Wohlstand gestellt hatte, begann in der Bundesrepublik eine Epoche der Prosperität. Bis zum heutigen Tag wird für diesen beeindruckend langen und nachhaltigen Wachstumsschub der Begriff »Wirtschaftswunder« verwendet. Obwohl dieses Wort rundum positiv besetzt ist, wird es der Realität doch nicht gerecht, da es mehr verschleiert als enthüllt. Denn der Aufschwung, den die junge Bundesrepublik erfuhr, war mitnichten ein Wunder. Er war das vorhersehbare Ergebnis eines in großem

Umfang marktwirtschaftlich orientierten Wirtschaftssystems. Dieses erlaubte und förderte die Freisetzung schöpferischer Kräfte, die das scheinbar Unmögliche vollbrachten und in relativ kurzer Zeit in einem zerstörten Land für breiten Wohlstand sorgten.

Wettbewerb der Systeme

Die Ausgangslage, in der sich das geteilte Deutschland nach dem verlorenen Krieg befand, war geradezu perfekt, um als experimentelle Überprüfung der Leistungsfähigkeit zweier diametral entgegengesetzter Wirtschaftssysteme verstanden zu werden, als Wettbewerb der Systeme. Denn auf den Trümmern des Dritten Reichs entstanden gleichzeitig in einem Teil des Landes ein relativ liberales Wirtschaftssystem und im anderen eine marxistische Planwirtschaft.

Eigentlich sollte man meinen, dass der Ausgang dieses Wettbewerbs der Systeme nach dem umfassenden Bankrott der DDR und angesichts ihrer traurigen Hinterlassenschaften keines weiteren Kommentars bedürfte. Die Frage, »Sozialismus oder Freiheit?«, sollte ein für alle Mal beantwortet sein. Dass dem nicht so ist, weder in Deutschland noch in weiten Teilen Europas, und schon gar nicht in den Führungszirkeln der Europäischen Union, gilt uns als die mit Abstand größte Überraschung nach dem Zusammenbruch des Kommunismus in Osteuropa.

Europa auf dem Weg in die Knechtschaft

Trotz des als Wunder bezeichneten Erfolgs der Sozialen Marktwirtschaft ist sie offensichtlich nicht auf ewig angelegt. Staatsmacht und Bürokratie wachsen heran und breiten sich aus. Gefördert werden in zunehmendem Maße nicht mehr die Eigenverantwortung und das freie Unternehmertum, sondern die Ansprüche an einen Versorgungsstaat, die möglichst von der Krippe bis zur Grube reichen sollen. Das mittlerweile erreichte Ausmaß staatlicher und bürokratischer Durchdringung von Wirtschaft und Gesellschaft bewirkt das Gegenteil der Marktwirtschaft. Es hemmt und lähmt in zunehmendem Maße jede unternehmerische Initiative.

Der klassisch-liberale Ökonom Friedrich August von Hayek hat für diesen schleichenden Prozess in seinem gleichnamigen Buch den treffenden Begriff »Der Weg zur Knechtschaft« geprägt. Auf diesem Weg sind Deutschland und die Europäische Union schon beängstigend weit vorangeschritten. Im Koalitionsvertrag der Bundesregierung aus CDU/CSU und SPD wurden weitere beherzte Schritte auf diesem Weg vereinbart.

Reales Bruttoinlandsprodukt der Bundesrepublik in % gegenüber dem Vorjahr, 1951 bis 2008

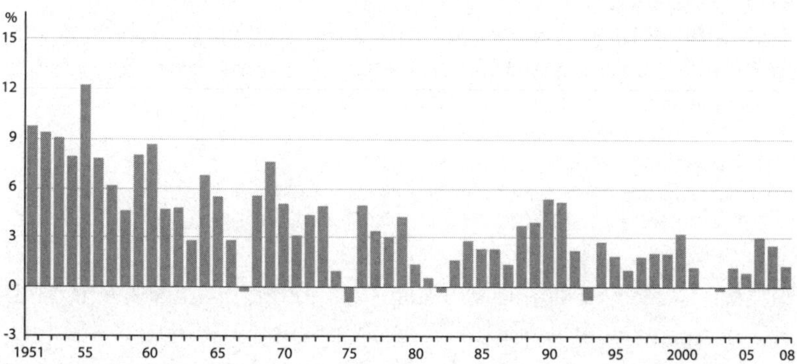

Das sehr hohe Wirtschaftswachstum der 1950er- und 1960er-Jahre war das Ergebnis der Sozialen Marktwirtschaft. *Quelle: Statistisches Bundesamt*

DIE EUROPÄISCHE IDEE – EIN GROSSER WURF

Der freie Wettbewerb, der oben bereits als ein Eckpfeiler des klassisch-liberalen Konzepts der Marktwirtschaft genannt wurde, gilt selbstverständlich und ausdrücklich auch über Ländergrenzen hinweg. Hier wird er als Freihandel bezeichnet. Ein nicht durch Zölle und andere protektionistische staatliche Eingriffe behinderter Handelsverkehr führt – wie sich leicht zeigen lässt – zu einer optimalen Arbeitsteilung zwischen den einzelnen Volkswirtschaften. Das Ergebnis des länderübergreifenden Wettbewerbs ist eine optimale Produktion und größtmöglicher Wohlstand für alle beteiligten Länder.

Mit seiner Ankündigung, in großem Stile Zölle einzuführen, demonstriert US-Präsident Donald Trump jetzt seine Unkenntnis dieser zwar nicht ganz einfachen, aber hinlänglich bewiesenen ökonomischen Zusammenhänge. Trump tritt damit in die Fußstapfen der Regierung Herbert Hoovers, die 1930 mit der Einführung hoher Zölle (Smoot Hawley Tariff Act) einen weltweiten Handelskrieg auslöste und damit maßgeblich zur Weltwirtschaftskrise der 1930er-Jahre beitrug.

Der Freihandel begann mit der Montanunion

Im Unterschied zu Trump war man sich im Europa der Nachkriegszeit der prinzipiell segensreichen ökonomische Wirkung des Freihandels durchaus bewusst. Darüber hinaus kannte man auch die völkerverständigende Wirkung des auf freiem Handel basierenden Miteinanders von Menschen unterschiedlichster Kulturen. Wer Handel treibt, lernt seine Partner kennen und zumeist auch schätzen. Wer ökonomisch voneinander profitiert, hat ein ureigenes Interesse daran, diese Kooperation nicht zu gefährden. Somit stiftet der freie Handel auch Frieden zwischen den Völkern.

Völlig zu Recht verweist man bei der Europäischen Union nicht nur in Sonntagsreden, sondern auch an prominenter Stelle auf der Homepage (siehe Grafik Seite 147) auf den friedenstiftenden Erfolg des europäischen Einigungsprozesses, der 1951 mit der Montanunion begann – und der durch die Einführung der politisch überehrgeizigen und ökonomisch nicht durchdachten Europäischen Währungsunion ganz ohne Not aufs Spiel gesetzt wird.

Von der Montanunion zur Wirtschaftsgemeinschaft

Der große europäische Einigungsprozess begann am 18. April 1951 mit dem Vertrag zur Gründung der Europäischen Gemeinschaft für Kohle und Stahl (EGKS). Dieses kurz als Montanunion bezeichnete Freihandelsabkommen zwischen Belgien, der Bundesrepublik Deutschland, Frankreich, Italien, Luxemburg und den Niederlanden war auf die kriegswichtigen Bereiche Kohle und Stahl beschränkt. Damit wurden zwei Fliegen mit einer Klappe geschlagen: Erstens wurde mit dem Freihandel zwischen diesen Ländern begonnen, was ein klares Zeichen für dessen Machbarkeit setzte. Zweitens wurde den Nachbarländern Deutschlands durch die Einsetzung einer länderübergreifenden Kontrollbehörde dieser Union die verständliche Sorge vor einem erneuten Erwachen der deutschen Kriegslust genommen.

Die Montanunion sollte sich als die Keimzelle weiterer bedeutsamer Integrationsschritte erweisen. Die Erfolge der Montanunion ebneten den Weg für eine Vertiefung der Zusammenarbeit. So wurde bereits 1957 durch die Römischen Verträge die Europäische Wirtschaftsgemeinschaft (EWG) geschaffen, die 1967 zur Europäischen Gemeinschaft (EG) ausgebaut wurde. 1973 kamen Dänemark, Irland und Großbritannien hinzu, 1981 Griechenland und 1986 Portugal und Spanien. Finnland, Österreich und Schweden stießen sogar erst 1995 dazu.

In großen Schritten zur Freihandelszone

Das Konzept einer umfassenden europäischen Freihandelszone wurde nach und nach durch den schrittweisen Abbau von Ein- und Ausfuhrzöllen aller Waren und durch ein Verbot mengenmäßiger Einfuhrbeschränkungen verwirklicht, das zwischen den einzelnen Mitgliedstaaten galt. Die damit verfolgten Ziele des friedlichen Zusammenlebens und der Wohlstandsmehrung wurden in vollem Umfang erreicht. Natürlich war nicht alles Licht und Sonnenschein. Vor allem die rückwärtsgerichtete europäische Agrarpolitik stemmte sich vehement gegen marktwirtschaftliche Prinzipien. Daran hat sich bis heute nichts geändert. Mehr als ein Drittel des EU-Haushalts entfallen auf den landwirtschaftlichen Sektor, der zu einem sehr großen Teil von Subventionen lebt und fast alle Kennzeichen einer planwirtschaftlichen Fehlentwicklung trägt.

Wirtschaftsunion: ein voller Erfolg

Alles in allem war die Europäische Wirtschaftsgemeinschaft als große Freihandelszone jedoch ein voller Erfolg. 1992 waren die Mitgliedstaaten schließlich soweit, mit dem »Vertrag über die Europäische Union« (Maastricht-Vertrag) das Konzept des Freihandels in Form eines europäischen Binnenmarktes zu vollenden. Dieser Vertrag erlaubte den freien Waren-, Dienstleistungs-, Personen- und Kapitalverkehr zwischen den beteiligten Ländern, deren Zahl inzwischen von sechs auf 15 angewachsen war.

Bis zu diesem Punkt standen die ökonomische Entwicklung auf der Grundlage des Freihandels und dessen friedenstiftender Nebeneffekt im Zentrum der europäischen Idee. Mit der friedenstiftenden Wirkung wirbt die EU auch selbst für sich, wie die folgende Darstellung zeigt. Mit dem Maastricht-Vertrag wurde dieses Erfolgskonzept jedoch ganz ohne Not und entgegen jeder ökonomischen

Vernunft aufgegeben, indem der Beschluss gefasst wurde, zusätzlich zur Wirtschaftsunion eine Währungsunion zu schaffen.

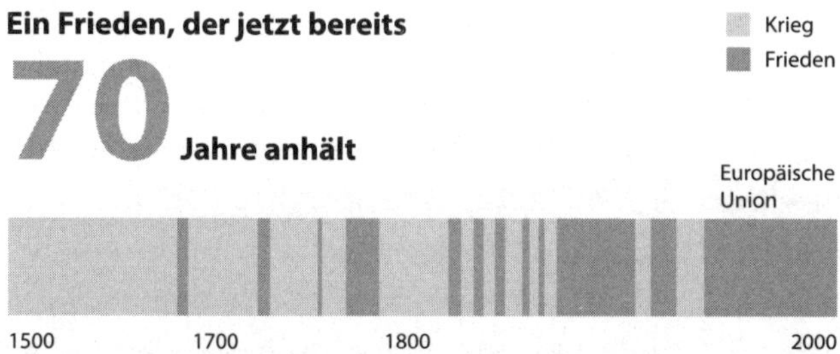

Völlig zu Recht ist man bei der Europäischen Union stolz auf die friedenstiftende Wirkung des europäischen Einigungsprozesses – und setzt sie durch den Euro ohne Not aufs Spiel.
Quelle: Europäische Kommission

Währungsunion: Die ersten Nebelkerzen werden gezündet

Zur europäischen Währungsunion ist folgender Passus auf der Homepage der Bundesregierung zu finden:

> *Die Einführung des Euro und damit der Europäischen Wirtschafts- und Währungsunion (WWU) war ein wesentlicher Schritt zur Verwirklichung des gemeinsamen europäischen Binnenmarktes.*

Das ist bestenfalls gefährlicher Unsinn und schlimmstenfalls bewusste Irreführung der Bevölkerung. Eine Freihandelszone benötigt nämlich keine Einheitswährung. Die als europäischer Binnenmarkt bezeichnete Freihandelszone funktionierte auch ohne Gemeinschaftswährung ganz hervorragend. Großbritannien, Dänemark und Schweden sind den Weg in die Währungsunion nicht mitgegangen – wohl wissend, dass es auch sehr gut ohne Einheitswährung geht und dass man sich besser nicht an einem Experiment beteiligen sollte, das aus ökonomischen Gründen zum Scheitern verurteilt ist.

Ein Wort zum Brexit

Die Briten waren klug genug, der Währungsunion nicht beizutreten, auf die wir gleich noch ausführlich zu sprechen kommen. Dennoch sind sie das erste Land, das sich wieder aus der Europäischen Union verabschiedet hat, obwohl diese als Freihandelszone auch aus britischer Sicht sehr erfolgreich war und obwohl Großbritannien das Ursprungsland der Freihandelsbewegung ist. Die britische Unzufriedenheit kann also weder mit dem Euro noch mit der Freihandelszone zusammenhängen. Sie muss demnach andere Ursachen haben.

Die Briten standen dem Umbau der Europäischen Wirtschaftsgemeinschaft zu einer sehr viel weitergehenden politischen Gemeinschaft von Anfang an sehr skeptisch gegenüber. Je mehr sich die Europäische Union unter der Führung der Brüsseler Bürokraten und Kommissare zu einem politischen und bürokratischen Überbau mit selbstbezogenen Zielen verselbstständigte und je weniger Rücksicht sie auf die Befindlichkeiten der Völker Europas nahm, desto stärker wurde das Unbehagen der Briten, die auf eine lange demokratische Tradition der Freiheit zurückblicken und dem starken Zentralstaat mit großer Skepsis begegnen.

Das Zünglein an der Waage war dann wahrscheinlich der Alleingang Merkels in der Flüchtlingspolitik. In dieser wichtigen Frage, bei der es um sehr hohe pekuniäre und soziale Kosten geht, hat es die Kanzlerin versäumt, sich mit den europäischen Partnern abzustimmen und sie letztlich vor weitgehend vollendete Tatsachen gestellt.

In der Vergangenheit ist es den Briten stets gelungen, auf der Seite der Gewinner zu stehen. Deshalb würde es uns nicht überraschen, wenn sich die Entscheidung des britischen Volkes zum Austritt aus der Europäischen Union letztlich als weitsichtiges und rechtzeitiges Verlassen des sinkenden EU-Schiffes herausstellen sollte.

EUROPÄISCHE WÄHRUNGSUNION – EIN VORHERSEHBARES DEBAKEL

Im Jahr 1992 wurde mit dem »Vertrag über die Europäische Union« (Maastricht-Vertrag) die Einführung einer europäischen Währungsunion beschlossen. Hans-Dietrich Genscher und Theodor Waigel waren die deutschen Unterzeichner »für den Präsidenten der Bundesrepublik Deutschland«, wie es im Vertragstext heißt.

Der Wille zu einer europäischen Währungsunion war ausschließlich politisch motiviert. Die Motive der handelnden Personen sollen uns hier nicht weiter interessieren, da sie für den Fortgang der Geschichte bedeutungslos sind. Wir wollen uns stattdessen weitgehend auf die ökonomische Perspektive beschränken.

Schwache Argumente für den Euro

Aus ökonomischer Sicht war dieses Projekt bestenfalls eine überflüssige Schnapsidee. Die von den zahlreichen Befürwortern aus der Ökonomenzunft vorgetragenen Argumente für die Einführung des Euro waren entsprechend dünn. Im Wesentlichen beschränkten sie sich auf geringere Transaktionskosten, eine Vereinfachung der Rechnungslegung und den Wegfall von Wechselkursrisiken.

Fundierte Argumente gegen den Euro

Sehr viel gewichtiger waren demgegenüber die von den Euro-Gegnern vorgebrachten Ausführungen. Am 11. Juni 1992 veröffentlichten 62 Professoren das von Renate Ohr und Wolf Schäfer initiierte Manifest »Die währungspolitischen Beschlüsse von Maastricht: Eine Gefahr für Europa«. Darin wiesen sie auf die großen Unterschiede der Wirtschaftsstrukturen und der Wettbewerbsfähigkeit der einzelnen Volkswirtschaften hin. Damit fehle die Grundvoraussetzung einer funktionierenden Währungsunion, die in einer möglichst einheitlichen Wirtschaftsstruktur bestehe. Sie warnten vor den sehr verschiedenen stabilitätspolitischen Grundüberzeugungen und Ausrichtungen der einzelnen Länder und der absehbaren Verwässerung des Inflationskriteriums und des Defizitkriteriums. Die EZB habe aufgrund unterschiedlicher Interessen ihrer nationalen Entscheidungsträger keinen Anreiz, Preisstabilität durchzusetzen. Die persönliche Unabhängigkeit der Notenbank-Gouverneure sei nicht gesichert, und es fehlten Sanktionen bei Verletzung des Stabilitätsziels. Darüber hinaus führe die fehlende Wettbewerbsfähigkeit der ökonomisch schwächeren Mitgliedstaaten zu hohen Transferzahlungen im Sinne eines Finanzausgleichs. Das Manifest schließt mit den klaren vorausschauenden Worten:

> *Die überhastete Einführung einer Europäischen Währungsunion wird Westeuropa starken ökonomischen Spannungen aussetzen, die in absehbarer Zeit zu einer politischen Zerreißprobe führen können und damit das Integrationsziel gefährden. Die Beschlüsse von Maastricht, nicht die Kritik an ihnen, gefährden ein konfliktarmes Zusammenwachsen in Europa.*

Sieg der Politik über die Vernunft

In der deutschen Öffentlichkeit erregte der gut begründete Protest der Ökonomen viel Aufmerksamkeit. Die Regierung Kohl schlug diese Warnungen jedoch in den Wind. Finanzminister Waigel versprach sogar das Unmögliche, nämlich die dauerhafte Einhaltung der als Konvergenzkriterien festgelegten Obergrenzen der Staatsverschuldung aller Mitgliedsländer.

Die deutschen Großbanken, damals noch drei an der Zahl, schlugen sich auf die Seite der Regierung, aus welchen Gründen auch immer. Dagegen wurde das deutsche Volk erst gar nicht nach seiner Meinung gefragt, eine Volksabstimmung zum Euro gab es nicht. Anfang 1998, also kurz vor dem Beginn der Währungsunion am 1. Januar 1999, wiederholte die Gruppe um Renate Ohr ihre Bedenken.

Dieses Mal unterzeichneten sogar 155 Professoren den Aufruf, das Euro-Projekt zu stoppen. Auch diese Initiative wurde von der Politik hinweggefegt, die sich nicht aufhalten ließ in ihrem unbeugsamen Willen, eine Gemeinschaftswährung wider jede ökonomische Vernunft zu schaffen.

Gebrochene Versprechen

Inzwischen wissen wir, wie gerechtfertigt die seinerzeit geäußerten ökonomischen Bedenken gegen den Euro waren. Es hat zwar etwas länger gedauert, bis die prognostizierten Konsequenzen spürbar eingetreten sind. Dafür treffen sie Europa mit umso größerer Wucht. Darauf werden wir gleich noch ausführlich eingehen.

Vor einigen Jahren, während die Staatsschuldenkrise Griechenlands für Schlagzeilen sorgte, wurde uns von einem engagierten Leser unseres Börsenbriefes »Krisensicher Investieren« der Scan eines Wahlplakats der CDU aus dem Jahr 1999 zugesendet, mit dem den potenziellen Wählern die in Deutschland weit verbreiteten und rundum begründeten Vorbehalte gegen die Europäische Währungsunion genommen werden sollten. Dieses bemerkenswerte Plakat wollen wir Ihnen nicht vorenthalten.

Was kostet uns der **EURO?**

a) Muß Deutschland für die **Schulden anderer Länder** aufkommen?

CDU

Ein ganz klares Nein! Der Maastrichter Vertrag verbietet ausdrücklich, daß die Europäische Union oder die anderen EU-Partner für die Schulden eines Mitgliedstaates haften. Mit den Stabilitätskriterien des Vertrags und dem Stabilitätspakt wird von vornherein sichergestellt, daß die Nettoneuverschuldung auf unter 3% des Bruttoinlandsprodukts begrenzt wird. Die Euro-Teilnehmerstaaten werden daher auf Dauer ohne Probleme ihren Schuldendienst leisten können.
Eine Überschuldung eines Euro-Teilnehmerstaats kann daher von vornherein ausgeschlossen werden.

Die Währungsunion als Wahlkampfthema. So dreist wurden die Wähler bei der Einführung des Euro belogen. *Quelle: CDU*

Um die Authentizität dieses vielsagenden Plakats zu prüfen, wandte sich unser damaliger Assistent an die CDU-Bundesgeschäftsstelle. Lesen Sie hier die bemerkenswerte Antwort, die wir auf diese Anfrage vom »Team Bürgerservice der CDU-Bundesgeschäftsstelle« erhalten haben:

> *Sehr geehrter Herr S.,*
> *haben Sie vielen Dank für Ihr Schreiben. Es handelt sich um ein Wahlplakat der CDU aus dem Jahre 1999. Allerdings waren die zwei Aussagen aus damaliger Sicht korrekt. Aussage 1: Andere Staaten haften nicht für einander. Das gilt nach wie vor: »No bail out-Klausel«, Artikel 125 AEUV. [Anmerkung der Autoren: Die Abkürzung AEUV steht für »Vertrag über die Arbeitsweise der Europäischen Union«. In diesem Regelwerk zu den EU-Grundlagen enthalten sind auch die Stabilitätskriterien des Maastricht-Vertrags.]*
> *Aussage 2: Unter Einhaltung der Euro-Stabilitätskriterien kann die Überschuldung eines Euro-Staates von vornherein ausgeschlossen werden. Das ist richtig. Gegen die Euro-Stabilitätskriterien wurde aber nicht nur permanent verstoßen – Rot-Grün haben die Euro-Stabilitätskriterien zusammen mit Frankreich sogar aufgeweicht. Mit der CDU wäre das nicht passiert.*
> *Mit freundlichen Grüßen*
> *Michael K.*
> *Team Bürgerservice der CDU-Bundesgeschäftsstelle*

DER STABILITÄTSPAKT IST WERTLOS – AUCH IN NEUER VERSION

Der auf dem CDU-Plakat genannte Stabilitätspakt schreibt eine Begrenzung der Staatsverschuldung vor. Die jährliche Neuverschuldung darf nicht mehr als 3 Prozent des BIP betragen und die

Gesamtverschuldung nicht mehr als 60 Prozent des BIP. Dieses Reglement wurde vor der Einführung des Euro vor allem auf Drängen der deutschen Regierung in die Maastricht-Stabilitätskriterien aufgenommen. Wie auf dem Wahlplakat zu sehen, sollte diese Regel bei allen Mitgliedstaaten der Währungsunion für Haushaltsdisziplin sorgen und die Staatsverschuldung begrenzen. In dem oben erwähnten Manifest der Euro-Gegner von 1998 heißt es dazu:

> *Da Sanktionen nicht automatisch eintreten, dürfte es aber kaum eine qualifizierte Mehrheit für die Anwendung des Paktes geben, wenn eine größere Zahl von Ländern gleichzeitig die Defizitgrenze verletzt. Die Stabilität des Euro kann der Pakt daher nicht sichern.*

Ob Helmut Kohl und Theo Waigel, die beiden Vorkämpfer der Währungsunion, tatsächlich naiv genug waren, an die dauerhafte Einhaltung dieser Stabilitätskriterien zu glauben, bezweifeln wir. Der Stabilitätspakt war wohl lediglich ein taktisches Instrument, um das Projekt Währungsunion gegen eine überwiegend skeptische deutsche Bevölkerung durchzusetzen.

Die Maastricht-Grenzen wurden schnell überschritten

In der Realität kam es sogar noch schlimmer als von den Professoren vermutet. Es bedurfte nämlich nicht einmal einer größeren Zahl von Ländern, um den Stabilitätspakt als Papiertiger zu entlarven. Es genügten zwei große Länder, um den Vertrag auszuhebeln. Pikanterweise gehörte neben Frankreich ausgerechnet Deutschland zu diesen beiden Ländern. Deutschlands rot-grüne Regierung unter Kanzler Schröder nahm bereits in den Jahren 2002 und 2003 mehr neue Schulden auf als die erlaubten 3 Prozent des BIP.

Schon lange vor der schweren Rezession des Jahres 2008 verstießen zahlreiche Länder gegen die festgelegte Schuldenobergrenze. In der folgenden Grafik sehen Sie, welche Länder sich wie oft in den Jahren 2000 bis 2016 dieses Regelbruchs schuldig machten.

Anzahl der Verstöße gegen den Stabilitätspakt der Eurozone in den Jahren 2000 bis 2016

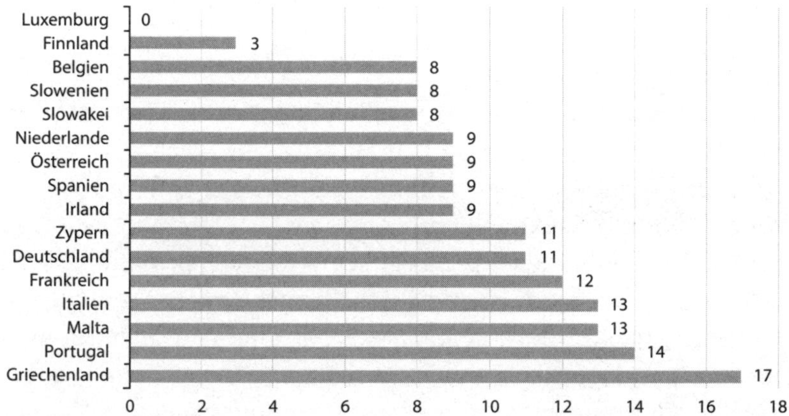

Eine Vereinbarung, an die sich niemand hält, ist wertlos.

Quelle: Statistisches Bundesamt / eigene Darstellung

Deutschland macht in dieser Tabelle mit elf Verstößen alles andere als eine gute Figur. Ausgerechnet die deutsche Regierung war es, die bereits 2003 mit Unterstützung Frankreichs eine Aufweichung der Regeln durchsetzte. Diesen ersten erfolgreichen Anschlag auf den Stabilitätspakt verkaufte man der Öffentlichkeit als »Flexibilisierung«. Spätestens zu diesem Zeitpunkt musste auch den gutgläubigsten Beobachtern klar geworden sein, dass der Stabilitätspakt wertlos war und den Drang der Politiker, immer höhere Staatsschulden zu machen, nicht würde aufhalten können.

Transparenz unerwünscht

Es war übrigens nicht ganz einfach, die oben gezeigte Darstellung zur Häufigkeit der Verstöße einzelner EU-Staaten gegen die Verschuldungsobergrenze zu vervollständigen. Im Original reicht sie nur bis 2010. Dazu mussten wir die Daten der einzelnen Länder mühsam zusammensuchen. Es gibt offenbar kein Interesse daran, der Öffentlichkeit diese wichtige Statistik der Verstöße gegen den Stabilitätspakt auf einfachem Wege zugänglich zu machen.

Knackpunkt: Es gibt keine sinnvollen Sanktionen bei Verstößen

Nach dem unter ehrbaren Kaufleuten geltenden Haftungsprinzip wären wirksame Sanktionen prinzipiell möglich. Dazu müsste man die handelnden Personen ganz einfach persönlich in Haftung nehmen. Beispielsweise könnten die Gehälter der Regierungsmitglieder an die Einhaltung des Stabilitätspakts gekoppelt werden. Bonuszahlungen bei regelkonformem Verhalten, Gehaltskürzungen bei Regelverstößen bis hin zur unehrenhaften Entlassung von Kanzler und Finanzminister.

Stattdessen haben sich die Erfinder des Stabilitätspakts Strafzahlungen ausgedacht, die aus den betroffenen Staatshaushalten beglichen werden müssen. Wer ohnehin schon zu viele Schulden macht, soll zusätzlich Strafen zahlen – mit Geld, das er sich dafür leihen muss. Allerdings ist es noch nicht einmal zu solchen Strafzahlungen gekommen, obwohl die Bedingungen dafür oft genug hinreichend erfüllt waren. Dieser Fall wird mit an Sicherheit grenzender Wahrscheinlichkeit auch niemals eintreten, weil ganz offensichtlich weder die EU-Kommission noch die Regierungen der einzelnen Länder ein Interesse daran haben.

Aber selbst wenn es dazu käme, wäre damit keine Verhaltensänderung der Verantwortlichen zu bewirken. Die Regierungen würden entsprechende Strafzahlungen eben wie Zinsen auf bestehende Staatsschulden als ärgerlichen, aber unvermeidlichen Haushaltsposten hinnehmen, und die Bevölkerung würde sich schnell daran gewöhnen.

In Rezessionen brechen die letzten Dämme

Im Zuge der weltweiten Rezession des Jahres 2008 erfüllten sich dann auch die oben zitierten Befürchtungen der Professoren endgültig. Weltweit trieben die Regierungen die Staatsverschuldung in den Jahren 2009 und 2010 nach oben. Seither verstoßen zahlreiche EU-Länder, darunter auch Deutschland, gegen das zweite Kriterium des Stabilitätspakts, das eine Obergrenze der Verschuldung von 60 Prozent des BIP fordert. Zum Ende des Jahres 2017 traf das auf 16 der 29 EU-Länder zu, darunter die fünf großen, also Deutschland, Großbritannien, Frankreich, Spanien und Italien. Italien weist einen offiziellen Schuldenstand von 134 Prozent des BIP aus, gefolgt von Portugal mit 123 Prozent. Spanien und Frankreich befinden sich mit 99 Prozent bzw. 100 Prozent ebenfalls weit jenseits der 60-Prozent-Marke. Eine Rückführung unter diese Marke erscheint aussichtslos. Im Durchschnitt der Euro-Zone belief sich die Verschuldung übrigens auf 86 Prozent.

Auch der Europäische Fiskalpakt ist wertlos

Interessanterweise wurde der ursprüngliche Stabilitätspakt unter dem Namen »Europäischer Fiskalpakt« im Jahr 2012 noch einmal aufgefrischt und etwas modifiziert (»Vertrag über Stabilität, Koordinierung und Steuerung in der Wirtschafts- und Währungsunion«). Die Details müssen uns nicht interessieren, da die betreffenden Vereinbarungen völlig wertlos sind und auch in Zukunft keine Rolle spielen werden. Von Bedeutung ist lediglich folgender Punkt:

Um das Ergebnis der Belanglosigkeit sicherzustellen und zukünftigen Klagen vorzubeugen, enthält der Fiskalpakt nämlich eine riesige Hintertür, indem seine Nicht-Einhaltung beim Eintreten »außergewöhnlicher Umstände« ausdrücklich erlaubt wird. Dazu führt das Regelwerk aus:

> *»Außergewöhnliche Umstände« sind ein außergewöhnliches Ereignis, das sich der Kontrolle der betreffenden Vertragspartei entzieht und erhebliche Auswirkungen auf die Lage der öffentlichen Finanzen hat, oder ein schwerer Konjunkturabschwung.*

Mit diesem Passus sind die Weichen eindeutig auf eine Fortsetzung der staatlichen Schuldenexzesse gestellt. Dass die angebliche Bedeutung des Stabilitätspakts dennoch in Sonntagsreden beschworen und seine zukünftige Einhaltung in Aussicht gestellt wird, ist eine Farce, um nicht zu sagen: ein Betrug. Das gilt auch für den Koalitionsvertrag der Bundesregierung, in dem es heißt: »Dabei bleibt der Stabilitäts- und Wachstumspakt auch in Zukunft unser Kompass.«

Nach zehn Jahren Wachstum der Weltwirtschaft sind das Platzen der Spekulationsblasen und in der Folge eine schwere Rezession überfällig. In Rezessionen sinken die Steuereinnahmen, während gleichzeitig die Sozialausgaben steigen. Schon aus diesem Grund können Sie sicher sein, dass es schon bald wieder zu einem drastischen Anstieg der Neuverschuldung kommen wird.

Die Staatsverschuldung ist nicht aufzuhalten

Das Fazit dieser Betrachtung lautet: Der Stabilitätspakt hat sich, wie zu erwarten war, als wirkungslos erwiesen. Er kann den Drang der Politiker nicht stoppen, zu tief in die Staatskasse zu greifen, um kurzfristig Wählerstimmen zu erhalten. Die Staatsverschuldung wird weiter zunehmen, vermutlich sogar rasant. Denn die vergangenen Jahre haben den Politikern gezeigt, dass die Europäische Zentralbank im »Notfall« – also immer – bereitsteht, um die Schuldenlöcher mit frisch gedrucktem Geld zu stopfen.

Nun gingen alle großen Geldentwertungen mit einer hohen und steigenden Staatsverschuldung einher, die von der Zentralbank finanziert wurde. Deshalb erwarten wir als vermeintliche Lösung des Staatsschuldenproblems eine große Inflation. Eine solche ist aus Sicht eines Politikers der mit Abstand bequemste Weg. Zunächst kann er die Probleme nämlich weitgehend ignorieren bzw. einfach vor sich herschieben. Und wenn die große Geldentwertung tatsächlich beginnt, wird er wahrscheinlich gar nicht mehr in der Regierung sitzen oder die Schuld auf andere zu schieben wissen – wie Sie an der Antwort auf unsere Anfrage bezüglich des CDU-Wahlplakats sehen.

DENN NOT KENNT KEIN GEBOT

So leichtsinnig der Umgang mit dem Stabilitätspakt auch gewesen ist, so war er doch nur ein Vorgeschmack auf weitere Überschreitungen des Regelwerks, die von den Regierungen und insbesondere von der Europäischen Zentralbank in Übereinstimmung mit den Regierungen in den vergangenen Jahren begangen wurden. Es ist wichtig, sich die betreffenden Machenschaften immer wieder ins Gedächtnis zu rufen, weil sie von großer Bedeutung für unsere Zukunft sind.

Erstens haben die entsprechenden Regelüberschreitungen schon zu enormen Risiken geführt, für die Sie als Steuerzahler geradestehen müssen. Zweitens muss inzwischen auch dem gutgläubigsten Regierungsanhänger klar geworden sein, dass er sich weder auf die Volksvertreter noch auf Verträge und Gesetze verlassen kann. Teilweise wurde der Rechtsstaat bereits in Nacht-und-Nebel-Aktionen abgeschafft, sowohl in Deutschland als auch auf EU-Ebene. Drittens müssen Sie im Lauf der nächsten Rezession und Krise mit weiteren und noch gravierenderen Aufweichungen der Gesetzeslage rechnen.

»Wenn es ernst wird, muss man lügen.«

Der damalige Euro-Gruppenchef Jean-Claude Juncker hat das Credo der Europa-Politik im April 2011 in aller Offenheit ausgesprochen: »Wenn es ernst wird, muss man lügen.« Das zweite Leitmotiv unserer Europa-Politiker wurde durch ihre Taten der vergangenen Jahre offengelegt. Es lautet: »Not kennt kein Gebot.« Wie in vergangen geglaubten Zeiten setzen sich die Verantwortlichen auch jetzt wieder ungestraft über Recht und Gesetz hinweg, wann immer es ihnen opportun erscheint. Den Verfassungsrichtern fehlt der Mut, das offensichtliche Unrecht auch im juristischen Sinne als Unrecht zu brandmarken.

Die Nicht-Beistands-Regel der EU (No-Bail-out)

Artikel 125 Abs. 2 des AEUV (Vertrag über die Arbeitsweise der Europäischen Union) regelt den Umgang mit Staatsschulden:

> *Ein Mitgliedstaat haftet nicht für die Verbindlichkeiten [...] eines anderen Mitgliedstaats und tritt nicht für derartige Verbindlichkeiten ein.*

Absatz 1 dieses Artikels trifft die gleiche Regelung für die Europäische Union. Dieser Artikel wird als Nicht-Beistands-Regel oder No-Bail-out-Klausel bezeichnet. Im Klartext scheint es der Europäischen Union ebenso wie deren Mitgliedstaaten also verboten zu sein, für Verbindlichkeiten eines anderen EU-Mitgliedstaates einzutreten oder zu haften. Genau darauf weist auch das oben gezeigte CDU-Wahlplakat hin: »Ein ganz klares Nein!« Und so kann man es beispielsweise auch bei der hochangesehenen Bundesbank nachlesen:

> *Nach der ›No-Bail-out‹-Klausel (Art. 125 AEU-Vertrag) ist der Europäischen Union ebenso wie den Mitgliedstaaten verboten, für Verbindlichkeiten eines anderen EU-Mitgliedstaates zu haften.*

Mit der Frage, warum genau das trotzdem geschieht und von den Verfassungsrichtern auch noch durchgewinkt wird, befassen wir uns in Kürze in einem kleinen Exkurs zum europäischen Vertragsrecht.

Die Regel wird gebrochen

Im Mai 2010 war es schließlich soweit. Die Antwort auf die Staatsschuldenkrise Griechenlands, die von Politik und Presse irreführenderweise zunächst durchgängig als »Eurokrise« bezeichnet wurde, bestand in einem beherzten Bruch der Nicht-Beistands-Regel. Was genau sich dabei hinter den Kulissen des Deutschen Bundestages abspielte, beschreibt der FDP-Bundestagsabgeordnete Frank Schäffler in seinem 2014 erschienenen Buch »Nicht mit unserem Geld!«

Schäffler positionierte sich entschieden gegen einen Bruch der Nicht-Beistands-Regel. Dieser Bruch wird von dessen Befürwortern auch jetzt noch gern als »Euro-Rettungspolitik« bezeichnet. Dabei ging es in Wirklichkeit um etwas ganz anderes. Wie wir damals schon geschrieben haben, ging es bei diesen Maßnahmen gar nicht um Griechenland, sondern vor allem um italienische und französische Großbanken. Diese Geldinstitute besaßen in großem Umfang griechische Staatsanleihen, die ohne das Eingreifen der EU wertlos geworden wären. Tatsache ist, dass der Bundestag am 7. Mai 2010 dem Bruch der Nicht-Beistands-Regel zustimmte und das erste sogenannte Rettungspaket für Griechenland in Höhe von 110 Mrd. Euro auf den Weg brachte. 80 Mrd. Euro sagten die Euro-Staaten zu, 30 Mrd. Euro steuerte der IWF bei.

Am 21. Mai 2010 stimmte der Bundestag dann der Schaffung der Europäischen Finanzstabilisierungsfazilität (EFSF) zu, die von den EU-Staaten als vorübergehendes Vehikel (»Rettungsschirm«) für die Bereitstellung von Geldern für zahlungsunfähige Mitgliedstaaten geschaffen worden war. Dabei handelt es sich um eine Art Bank, für die staatliche Garantien in Höhe von 780 Mrd. Euro gegeben wurden. So ausgestattet, konnte diese sich am Kapitalmarkt durch die Emission erstklassiger Anleihen bis zu 440 Mrd. Euro beschaffen.

Das zweite »Rettungspaket für Griechenland« in Höhe von 144,5 Mrd. Euro, das 2012 folgte, übernahm der EFSF. Auch Irland »schlüpfte unter den Rettungsschirm«, wie es damals verniedlichend hieß, und Portugal folgte am 3. Mai 2011. Schließlich beantragte Spanien im Sommer 2012 eine Summe von 100 Mrd. Euro für ein »Bankenrekapitalisierungsprogramm«. Aufgrund seiner Beteiligung am EFSF in Höhe von 27,95 Prozent übernahm Deutschland damit ein Haftungsrisiko in Höhe von 123 Mrd. Euro. Beim möglichen Ausfall von Portugal und Spanien als Garanten würde sich diese Summe auf 144,5 Mrd. Euro erhöhen und auf 184 Mrd. Euro, wenn auch noch Italien ausfiele.

Der Regelbruch wird institutionalisiert

Im Juli 2013 wurde diese vorübergehende Institution durch den dauerhaft angelegten Europäischen Stabilitätsmechanismus (ESM) ersetzt. Diese als »Rettungsschirm« bezeichnete Institution soll Euro-Ländern, die in Zahlungsschwierigkeiten geraten, durch die Vergabe von Krediten oder den Ankauf von (eigentlich wertlosen) Anleihen zu Hilfe eilen, das heißt die No-Bail-out-Regel brechen.

Auch den ESM können Sie sich wie eine Bank vorstellen. Er hat ein Stammkapital von 700 Mrd. Euro. Davon sind 620 Mrd. Euro Garantien der Euro-Länder und 80 Mrd. Euro Bareinlagen. Die Finanzminister repräsentieren im ESM-Gouverneursrat die Regierungen der Euro-Länder und treffen alle wesentlichen Entscheidungen. Das deutsche Stimmgewicht im ESM beträgt entsprechend dem Anteil Deutschlands am ESM-Kapital 27,1 Prozent. Das 2015 auf den Weg gebrachte dritte »Rettungspaket für Griechenland« in Höhe von 86 Mrd. Euro wurde über den ESM abgewickelt.

Stabilität in der Währungsunion – ein Ding der Unmöglichkeit

Die Nicht-Beistands-Regel ist ebenso tot wie der Stabilitätspakt. Damit wurde die Grundlage zerstört, mit der man den Deutschen die Schaffung der Währungsunion schmackhaft gemacht bzw. die Wähler von deren Sinnhaftigkeit überzeugt hatte. Das alles ist jedoch nur der Anfang, die ersten entscheidenden Schritte auf dem Weg in eine Europäische Schuldenunion. Deren Zahlmeister soll und wird Deutschland sein. Wenn Sie den Koalitionsvertrag zwischen CDU, CSU und SPD gelesen haben, werden Sie daran keinen Zweifel haben.

Exkurs: Europäisches Vertragsrecht

Verträge zwischen Staaten enthalten eigentlich immer juristische Schlupflöcher, über die jedoch fast nie öffentlich gesprochen wird. Denn die Beteiligten haben kein Interesse an einer solchen Diskussion. Sie wollen den Vertragsschluss ja als großartigen politischen Erfolg vermarkten. Von den Medien werden diese unter Umständen sehr komplizierten Schlupflöcher wahrscheinlich nicht erkannt, vielleicht besteht auch einfach kein Interesse an dieser Materie.

Aufgrund dieser Schlupflöcher können sich der Europäische Gerichtshof und das Bundesverfassungsgericht bei entsprechenden Verfassungsbeschwerden auch immer herauswinden, anstatt einen Verstoß gegen die Regelungen zu rügen. In den vergangenen Jahren konnten Sie dieses bescheidene Schauspiel beim Umgang mit Verfassungsbeschwerden gegen den Eurostabilisierungsmechanismus und die Griechenland-Hilfen gleich mehrmals beobachten.

Das Volk wird bewusst getäuscht

Der Passus »haftet nicht« ist keineswegs so eindeutig, wie das dem Volk bei Vertragsschluss ausdrücklich vorgegaukelt wurde. Im Juristendeutsch ist damit nicht etwa »Ein ganz klares Nein!« gemeint, wie es auf dem CDU-Wahlplakat von 1999 heißt. Die Formulierung bedeutet lediglich »muss nicht haften« bzw. »ist nicht gezwungen zu haften«.

Merkel und Co. waren also bei den klaren Verstößen gegen die No-Bailout-Klausel kraft Vertragsrecht tatsächlich nicht gezwungen zu haften. Es war ihnen aber erlaubt, bei scharfsinnig-spitzfindiger juristischer Auslegung, freiwillig zu zahlen – und damit den juristischen Wortlaut der Verträge nicht zu verletzen!

Diese Vorgehensweise ist natürlich sehr trickreich und unethisch, da sie ohne Wenn und Aber der Täuschung der Öffentlichkeit dient. Aber formaljuristisch widersprach der Bruch der No-Bail-out-Klausel nicht dem Vertragsrecht, sehr wohl aber dem Geist der Bestimmungen und dem, was der gutgläubigen Bevölkerung vor der Einführung des Euro ausdrücklich gesagt worden war.

Mediterrane versus nordeuropäische Prägung

Hinzu kommt eine deutliche Diskrepanz zwischen dem Rechtsverständnis der mediterran geprägten Länder und der Nordeuropäer. Letztere folgen eher dem Protestantismus und damit dem berühmten Luther-Wort: »Hier stehe ich. Ich kann nicht anders. Gott helfe mir. Amen!«

Erstere haben hingegen ein sehr viel pragmatischeres Verständnis von Regelungen im Allgemeinen und vertraglichen Regelungen im Besonderen. So sind sie zur Zeit des Vertragsabschlusses durchaus gewillt, sich an die getroffenen Vereinbarungen zu halten. Das gilt aber nur für den betreffenden Moment. Wenn dann andere Zeiten gekommen sind, wenn es ernst wird, dann fühlen sie sich – ganz im Sinne Jean-Claude Junckers – an die einstigen Verabredungen nicht mehr gebunden.

Das ist durchaus nicht böse gemeint. Denn die Zeiten ändern sich und die Vertragspartner ändern sich mit ihnen. Deshalb fühlen sich die Beteiligten zu jenem späteren Zeitpunkt ohne jedes schlechte Gewissen frei von früheren Zusagen, die aus heutiger Sicht keinen Sinn mehr zu haben scheinen. Hier unterscheiden sich die Mentalitäten innerhalb Europas. Damit daraus kein allgegenwärtiger Konflikt entsteht, einigt sich die Politik stets auf Formulierungen, die reichlich Interpretationsspielraum lassen, um beiden Seiten gerecht zu werden. In guten Zeiten funktioniert diese Taktik natürlich reibungslos. Erst wenn die Zeiten schlechter werden und potenziell schmerzhafte Regelungen ins Spiel kommen, offenbaren sich die versteckten Differenzen.

STAATSFINANZIERUNG DURCH DIE EZB

Ebenso wie eine übermäßige Schuldenaufnahme und die Haftung einzelner Mitgliedstaaten für andere Länder verbietet das EU-Recht auch die monetäre Staatsfinanzierung durch die EZB und nationale Zentralbanken. Das steht in Artikel 123 AEUV:

> *Überziehungs- oder andere Kreditfazilitäten bei der Europäischen Zentralbank oder den Zentralbanken der Mitgliedstaaten für (...) Zentralregierungen (...) sind ebenso verboten wie der unmittelbare Erwerb von Schuldtiteln von diesen durch die Europäische Zentralbank oder die nationalen Zentralbanken.*

Die EZB hält das nicht ab

Trotz dieser klaren und unmissverständlichen Regelung haben die Zentralbanken, darunter die EZB, in den vergangenen Jahren Staatsanleihen in Höhe von 21 Billionen Dollar gekauft. Diese Käufe sind ein Frontalangriff auf die Marktwirtschaft. Und sie stellen zumindest bei der EZB einen offensichtlichen Rechtsbruch dar. Darüber hinaus überschreiten sie die Grenze zwischen Geldpolitik und Fiskalpolitik. Letztere gilt als das Königsrecht des Parlaments und ist der EZB ebenfalls verboten.

All das sieht der Europäische Gerichtshof (EuGH) anders. Er hat sich in seinem Urteil vom 16. Juni 2015 in vollem Umfang hinter die EZB gestellt und folgende Entscheidung verkündet:

1. Die von der EZB als OMT-Programm (»Outright Monetary Transactions«) bezeichneten Staatsanleihenkäufe seien keine Fiskalpolitik, sondern Geldpolitik.

2. Es liege keine monetäre Staatsfinanzierung vor, solange die EZB nicht direkt am Primärmarkt kaufe.
3. Das OMT-Programm entspreche dem Grundsatz der Verhältnismäßigkeit.

Damit wurde der offensichtliche Rechtsbruch der EZB für rechtens erklärt. Besonders weitreichend ist der zweite Punkt dieses Urteils. Solange die EZB die Anleihen nicht direkt vom Finanzministerium bezieht, sondern einen Makler dazwischenschaltet, handelt es sich nicht um verbotene monetäre Staatsfinanzierung. Damit ist das Verbot der monetären Staatsfinanzierung komplett ausgehebelt. Denn einen Händler dazwischenzuschalten, ist immer möglich.

Immerhin ist das Bundesverfassungsgericht dem EuGH in seinem eigenen OMT-Urteil vom 21. Juni 2016 nicht in vollem Umfang gefolgt. Es hat dessen Urteil sogar als nicht überzeugend begründet bezeichnet. Den Mut, die Machenschaften der EZB aufzuhalten, hatten die deutschen Verfassungsrichter aber nicht.

Der weitere Weg ist vorgezeichnet

Wie die folgende Grafik zeigt, beläuft sich der Anteil der von den Zentralbanken gehaltenen Wertpapiere auf fast 45 Prozent des weltweiten BIP.

Bilanzsumme der sechs großen Zentralbanken, 2000 bis 2018 in Billionen US-Dollar und in % des BIP

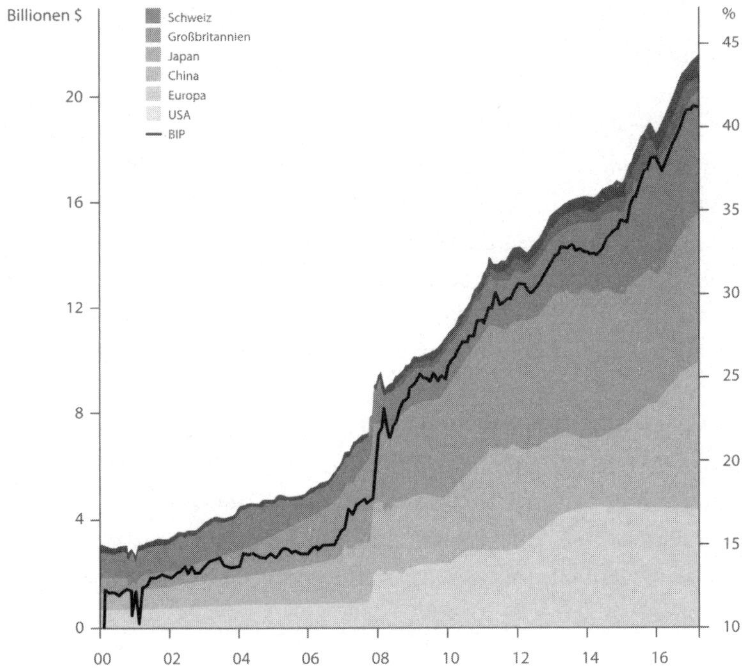

Die Zentralbanken beeinflussen inzwischen das Wirtschaftsgeschehen am meisten und zerstören mit ihren Eingriffen das Erfolgsmodell Marktwirtschaft. *Quelle: Citibank*

Das Ergebnis dieser Politik war der schwächste Konjunkturaufschwung seit Erhebung der Daten – gepaart mit der größten und umfassendsten Spekulationsblase und einem starken Anstieg der Verschuldung. Dem Aufschwung, der trotz seiner Schwäche bereits der zweitlängste der modernen Wirtschaftsgeschichte ist, wird zwangsläufig eine Krise folgen. Diese wird aufgrund der enormen Größe der Spekulationsblase ähnlich heftig ausfallen wie im Jahr 2008.

Was dann geschieht, ist vorgezeichnet: Die Zentralbank-Bürokraten werden ihr geldpolitisches Experiment nicht als gescheitert erklären. Sie werden den Zusammenhang zwischen ihrer ultralaxen Geldpolitik und dem Entstehen von Spekulationsblasen und deren verheerenden realwirtschaftlichen Folgen erneut leugnen. Sie werden auch die nächste Krise wieder als völlig überraschendes und unvorhersehbares Unglück vermarkten, das gleich einer Naturkatastrophe über die Welt hereingebrochen sei. Diese Strategie, sich der Verantwortung zu entziehen, hat bereits nach dem Platzen der Dotcom-Blase und der US-Immobilienblase funktioniert. Wir nehmen an, dass diese Lesart auch beim nächsten Mal kaum auf Widerspruch treffen wird.

Mit Vollgas in die falsche Richtung

Wenn die nächste Krise da ist, wird die Politik den Schulterschluss mit den Zentralbanken fortsetzen. Da alle wichtigen Regeln längst gebrochen wurden, wird es dann keinerlei Hemmungen mehr geben. Die Regierungen wissen, dass die Zentralbanken sie mit allen Mitteln heraushauen werden, denn »Not kennt kein Gebot«, das wurde inzwischen zur Genüge bewiesen. So wird es riesige Schuldenprogramme zur »Ankurbelung der Konjunktur« geben, die von den Zentralbanken finanziert werden.

Der Fall Christine Lagarde

Vor diesem Hintergrund ist Christine Lagarde eine perfekte Wahl für das mächtigste Amt in der EU, den Präsidentenposten der EZB. Die einstige IWF-Chefin und ehemalige Finanzministerin Frankreichs ist eine wahrlich würdige Nachfolgerin des unsäglichen Mario Draghi an der Spitze der EZB. Aus Sicht der EU-Elite handelt es sich um eine konsequente Entscheidung, die der inneren Logik des

Euro-Projekts folgt, denn Lagarde steht für bedingungslose Staatsgläubigkeit, einen starken Zentralstaat und Korruption auf höchster Ebene. Jedenfalls wurde sie in diesem Zusammenhang von einem französischen Gericht der Fahrlässigkeit während ihrer Zeit als Finanzministerin für schuldig befunden, bezeichnenderweise aber nicht dafür bestraft – obwohl die Richter es als erwiesen ansahen, dass sie fahrlässig Dritten erlaubt hatte, in großem Umfang Staatsgelder zu veruntreuen.

Doch das ist bei Weitem noch nicht alles, was Sie über die politisch bestens vernetzte EZB-Präsidentin wissen sollten. Sie hat erheblich mehr zu bieten. So sagte sie 2010 die bezeichnenden Worte: »Wir mussten die Verträge brechen, um den Euro zu retten.« Diese Aussage lässt an Klarheit und zynischer Herrschaftsarroganz nichts zu wünschen übrig. Aus Lagardes Sicht gelten Verträge und Gesetze wohl nur für das gemeine Volk. Wir können gespannt sein, welche Blüten diese Geisteshaltung erst treiben wird, nachdem diese Frau den mächtigsten Posten der EU bekleidet. Wir sind auf alles gefasst, da zumindest klar ist: Mit dem Prinzip von Rechtsstaatlichkeit ist ihr Credo nicht zu vereinbaren.

Wohin die Reise gehen soll, analysieren wir weiter unten unter der Überschrift »Enteignung oder Helikopter-Geld? Die Vorbereitungen laufen«. Dort haben wir auch darauf hingewiesen, dass Lagarde eine digitale Staatswährung befürwortet: »Es muss eine Rolle für den Staat geben, die digitale Ökonomie mit Geld zu versorgen. In zehn oder 20 Jahren wird niemand mehr mit Bargeld zahlen.«

Aus ihrem Mund klingt diese Prognose sehr nach einer Drohung, die sie als mächtige und – wie wir inzwischen unmissverständlich erfahren haben – über Recht und Gesetz stehende EZB-Präsidentin bestimmt wieder aufgreifen wird. Eine Rückkehr zu einer auch nur halbwegs seriösen Geldpolitik wird es mit Christine Lagarde nicht geben.

Langfristig ist diese Entwicklung eine sehr gute Nachricht für Gold

Für Goldanleger ist diese Entwicklung eine gute Nachricht. Mit der Verständigung auf Lagarde als EZB-Präsidentin hat die EU-Elite unmissverständlich deutlich gemacht: Der eingeschlagene Weg soll unbeirrt und ohne Rücksicht auf das Recht und auf bestehende Verträge fortgeführt werden, eine Umkehr ist ausgeschlossen. Die Rückkehr zu einer seriösen Geld- und Staatsschuldenpolitik und einem gerechten, stabilen Währungssystem soll es unter gar keinen Umständen geben. Deshalb werden wir als Antwort auf die nächste Krise unter Lagardes Zentralbank-Regie wahrscheinlich beides erleben: Enteignung und Helikopter-Geld.

Harte Strafen für Sparer – Harvard-Ökonom Rogoff als Wegbereiter für weitere Maßnahmen

Um den bereits überschuldeten Staaten die Aufnahme zusätzlicher Schulden zu ermöglichen, werden die Zentralbanken ihre Kaufprogramme höchstwahrscheinlich ausdehnen, um die gesamte Neuverschuldung zu finanzieren. Denn diese wird in der nächsten Krise noch stärker ansteigen als nach 2008. Darüber hinaus werden sie für Zinsen weit im negativen Bereich sorgen, also die Sparer zur Kasse bitten.

Das fordert jedenfalls lautstark der einflussreiche Harvard-Ökonom Kenneth Rogoff. Rogoff spielt derzeit eine ähnliche Rolle als geldpolitischer Vordenker und Wegbereiter wie Anfang der 2000er-Jahre der Ex-Notenbankchef Ben Bernanke, der damals noch Professor in Princeton war. Während Bernanke seinerzeit von den Medien als der große Kenner der 1930er-Jahre aufgebaut wurde, wird Rogoff seit einigen Jahren zum Fachmann für alle Wirtschaftskrisen erklärt.

Bernanke wies damals den Weg zur geldpolitischen Revolution bis hin zu Nullzinspolitik und »Quantitative Easing«. Rogoff scheint jetzt die weitere Richtung vorzugeben. Neben deutlich negativen Zinsen fordert er eine Beschränkung des Bargelds – er spricht von einer »cash lite society«. Außerdem bezeichnet er die weitgehende staatliche Ausschaltung der Kryptowährungen als ausgemachte Sache.

Zunächst hätten die Regierungen bewusst die Finger von den Kryptowährungen gelassen, weil sie der Meinung gewesen seien, dass die Vorteile der Innovation die Risiken überwögen und diese Risiken nicht systemrelevant seien. Letztlich würden sie aber mit Geldwäscheregelungen einschreiten und den Spuk beenden. »Das wird kommen. Daran gibt es keinen Zweifel«, so Rogoff. Was für Sie als Anleger heißt: Mit Kryptowährungen werden Sie sich während und nach der nächsten Krise vor den Begehrlichkeiten des Staates wohl nicht schützen können.

Immerhin: Von Gold und Silber ist bei Rogoff nicht die Rede

Interessanterweise werden Gold und Silber von Rogoff nicht erwähnt. Diese Unterlassung ist ganz bestimmt kein Zufall. Rogoff ist schließlich Finanzhistoriker und kennt die monetäre Rolle der Edelmetalle ganz genau. Wahrscheinlich betrachten die Zentralbanker ihre Goldbestände völlig zu Recht als den monetären Notnagel für den Fall, dass das Papiergeldsystem einen Vertrauensverlust erleidet. Für den dann nötig werdenden Neuanfang muss eine Vertrauensbasis vorhanden sein. Die Edelmetalle erfüllen diese Funktion aufgrund ihrer langen erfolgreichen Geschichte als Geld. Deshalb empfehlen wir Ihnen einen hohen Goldanteil und legen einen zusätzlichen Schwerpunkt auf die Edelmetallaktien.

EU-Zahlmeister Deutschland

In die aus Sicht eines deutschen Steuerzahlers falsche Richtung weisen die immer deutlicheren Bestrebungen, die EU endgültig in eine Transferunion umzubauen, deren Zahlmeister Deutschland heißt. Entsprechende Vorstöße kommen nicht nur von Frankreichs Präsidenten Macron, sondern auch von der Europäischen Kommission. Und im Koalitionsvertrag zwischen CDU, CSU und SPD heißt es:

> *Den Europäischen Stabilitätsmechanismus (ESM) wollen wir zu einem parlamentarisch kontrollierten Europäischen Währungsfonds weiterentwickeln, der im Unionsrecht verankert sein sollte.*

Dieser Satz bedeutet die Aufgabe einer Position, die Deutschland lange Zeit verteidigt hat. Er bringt uns der Transferunion von Nord nach Süd einen großen Schritt näher. Es geht hier um nichts anderes, als dem deutschen Parlament – und damit dem Wähler – sein Königsrecht der Verfügungsgewalt über die Steuergelder zu nehmen. Das ursprüngliche Projekt einer Europäischen Stabilitätsgemeinschaft ist tot. Der Weg in die Transferunion und die Gemeinschaft der Geldentwertung hat bereits begonnen. Auch deshalb empfehlen wir Ihnen Gold.

TEIL VI:

UMVERTEILUNG ALS FOLGE DER GELDPOLITIK

DIE GELDPOLITIK SETZT EINE SKANDALÖSE UMVERTEILUNG IN GANG – MIT UNLIEBSAMEN FOLGEN

Auf einem unserer Krisensicher-Investieren-Lesertreffen in Berlin konnten wir als Gastredner Prof. Gunther Schnabl gewinnen, der seit 2006 den Lehrstuhl für Wirtschaftspolitik und internationale Wirtschaftsbeziehungen an der Universität Leipzig innehat und dort das Institut für Wirtschaftspolitik leitet. Neben seiner Professur ist Schnabl unter anderem im wirtschaftspolitischen Ausschuss des altehrwürdigen »Vereins für Socialpolitik« tätig und ebenso wie Claus Vogt, der Autor des vorliegenden Buches, Mitglied der »Friedrich A. von Hayek Gesellschaft«, die sich in Verbindung mit der Friedrich-August-von-Hayek-Stiftung für eine freie Gesellschaft der Förderung von klassisch-liberalen Ideen im Sinne von Hayek verschrieben hat.

Prof. Schnabl ist ein ausgewiesener Experte für Geldtheorie und ein profunder Kenner des Zentralbankwesens. Mit seiner deutlichen Kritik am Kurs der modernen Geldpolitik hält er auch in der Öffentlichkeit nicht hinter dem Berg. Er kann getrost als einer der renommiertesten deutschsprachigen Kritiker der unseriösen Geld- und Staatsschuldenpolitik bezeichnet werden. Als Mitglied der Hayek-Gesellschaft ist er natürlich ein überzeugter Verfechter der Freiheit und der untrennbar damit verbundenen Marktwirtschaft. Im Folgenden werden wir Ihnen einige der wichtigsten Aspekte seines Vortrags vorstellen, die sich perfekt mit den Ergebnissen unserer Analysen decken. Für Sie als Anleger und steuerzahlende Bürger Europas sind diese Erkenntnisse von großer Bedeutung.

WUNSCH UND WIRKLICHKEIT DER WÄHRUNGSUNION

Zunächst rekapitulierte Schnabl die Ziele, die von der Politik mit der Einführung des Euro erreicht werden sollten, und stellte sie den bisherigen Ergebnissen gegenüber. Als die Europäische Währungsunion im Jahr 1991 in Maastricht auf den Weg gebracht wurde, verbanden Politiker und die Ökonomen, die sie berieten, ganz konkret die folgenden Erwartungen mit diesem überehrgeizigen Projekt:

1. Ein Europa ohne Wechselkursschwankungen sollte geschaffen werden.
2. Der Handel sollte erleichtert werden und zusätzliche Produktivitätsgewinne sollten entstehen, die wiederum den Wohlstand mehren sollten.
3. Integrierte Kapitalmärkte sollten für Stabilität sorgen.
4. In ganz Europa sollte die Geldentwertung gering sein.
5. Der Euro sollte neben dem Dollar als Weltwährung fungieren.

Mit diesen hehren Zielen wurde der Euro den Völkern Europas schmackhaft gemacht. Wir möchten hinzufügen, dass das Ganze dann noch mit der Floskel von der angeblich friedensstiftenden Wirkung einer Gemeinschaftswährung garniert wurde, die seither gebetsmühlenartig in europäischen Sonntagsreden beschworen wird. Gemessen an diesem Zielkatalog zeigt sich heute folgendes Bild:

Zu 1.: Die Wechselkursstabilität wurde durch die Einführung des Euro erreicht, steht aber auf tönernen Füßen. Diese Tatsache ist nicht zu leugnen, da der Zerfall der Währungsunion nur durch massive Manipulationen der Europäischen Zentralbank verhindert wird und ohne diese Eingriffe längst stattgefunden hätte. Sobald die Währungsunion zerbricht, wird es bei den dann wieder eingeführten Währungen der relativ schwachen und wenig wettbewerbsfähigen Länder schlagartig zu Abwertungen in der Größenordnung von 25 bis 50 Prozent kommen.

Zu 2.: Die Produktivitätsgewinne sind auf ein historisch niedriges Niveau gesunken. Das Wirtschaftswachstum ist anämisch. Der Wohlstand stagniert oder sinkt sogar. Bezogen auf dieses für die Bevölkerung sicherlich wichtigste Ziel ging der Schuss also eindeutig nach hinten los.

Zu 3.: Von den Kapitalmärkten gehen heftige Krisen aus. Die Krise des Jahres 2008 führte das gesamte Banken- und Finanzsystem an den Rand des Abgrunds. Der Zusammenbruch konnte nur durch massive, unkonventionelle geldpolitische Eingriffe und das Anhäufen riesiger zusätzlicher Schuldenberge verhindert werden. Gleichzeitig war die weltweite Rezession, die durch diese Krise ausgelöst wurde, die schlimmste seit der Weltwirtschaftskrise der 1930er-Jahre. Einige südeuropäische Länder haben seither bereits weitere Rezessionen durchlaufen, und das Platzen der aktuellen Spekulationsblasen wird für noch gewaltigere Turbulenzen sorgen.

Zu 4.: Die offizielle Geldentwertung ist in ganz Europa niedrig. Dieses Ziel wurde also erreicht, jedenfalls unter Verwendung offizieller Zahlen. Nun ist die Geldentwertung aber auch im Rest der Welt ähnlich niedrig. Das deutet darauf hin, dass diese Entwicklung nicht auf die Währungsunion zurückzuführen ist.

Zu 5.: Der Euro verliert als Weltwährung gegenüber dem Dollar an Boden. Die Schwachpunkte der Währungsunion werden immer offensichtlicher. Deshalb ist der Euro kein ernstzunehmender Konkurrent für den Dollar.

DER EURO IST GESCHEITERT

Wie Sie an dieser Gegenüberstellung und unseren Kommentaren dazu sehen, muss das Euro-Projekt im Sinne einer objektiven Bewertung der Ergebnisse in Bezug auf die angestrebten Ziele als gescheitert bezeichnet werden. Dieses Urteil gilt auch in Bezug auf die angeblich friedensstiftende Wirkung der Gemeinschaftswährung. Denn die Spannungen zwischen den momentanen Euro-Gewinnern und Verlierern haben ein für die Nachkriegszeit großes Ausmaß erreicht und nehmen offenbar weiter zu. Das Urteil gilt aber auch im Innern der einzelnen Mitgliedsländer, wo eine starke politische Radikalisierung stattgefunden hat. Dazu später mehr.

Trotz dieses offensichtlichen Scheiterns ist die Politik aber noch immer nicht dazu bereit, die Konsequenzen zu ziehen und das fehlgeschlagene Experiment abzubrechen. Stattdessen verkündet nicht zuletzt EZB-Präsident Mario Draghi die Parole: »Weiter so um jeden Preis!«. Die Folgen dieser uneinsichtigen Haltung gehen weit über die Finanzmärkte hinaus und sind ein Forschungsschwerpunkt Schnabls.

ES GIBT KAUM NOCH PRODUKTIVITÄTSGEWINNE

Kommen wir nun noch einmal ausführlicher auf den zweiten Punkt dieser Liste zurück, also auf Produktivität und Wohlstand. Da die Produktivität die maßgebliche Einflussgröße für das Wirtschaftswachstum ist und damit auch für den Wohlstand der Bevölkerung, kommt dieser Kennzahl eine ganz entscheidende Rolle zu. Sie gibt Auskunft darüber, ob es uns wirtschaftlich im Durchschnitt besser oder schlechter geht, ob der zu verteilende Kuchen größer wird oder womöglich schrumpft. Wie Sie auf dem folgenden Chart sehen, hat die Produktivität deutlich abgenommen, und das nicht nur in

Deutschland (und anderen europäischen Ländern), sondern auch in den USA und Japan. Wie Schnabl überzeugend gezeigt hat, ist einer der wichtigsten Gründe dieser Entwicklung die ultralaxe Geldpolitik der vergangenen Jahre, die auf vielfältige Weise für einen Rückgang der Produktivität sorgt, wie wir Ihnen im Folgenden darlegen.

Produktivitätszuwächse in %, Deutschland, Japan, USA, 1974 bis 2016

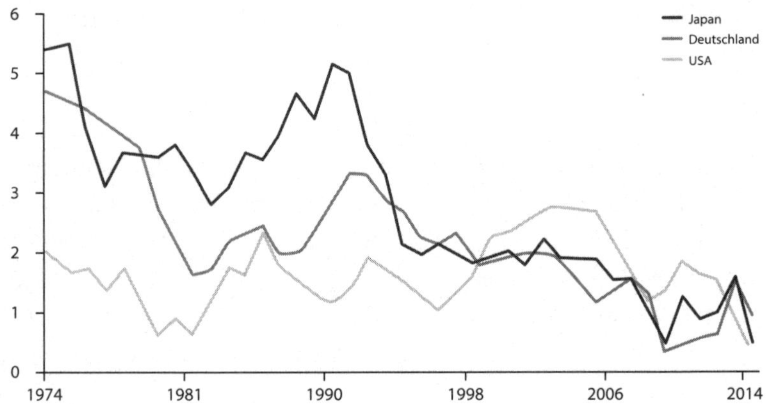

Die Produktivität hat weltweit deutlich abgenommen – und mit ihr das Wirtschaftswachstum und der Wohlstand breiter Bevölkerungsschichten. *Quelle: Gunther Schnabl*

GELDPOLITIK VERHINDERT KREATIVE ZERSTÖRUNG

Die unseriöse Geldpolitik der vergangenen Jahre verhindert den marktwirtschaftlichen Erneuerungsprozess, für den der Ökonom Josef Schumpeter den treffenden Begriff »kreative Zerstörung« geprägt hat. Statt kreativer Zerstörung erhält und zementiert die lose Geldpolitik überkommene und wenig wettbewerbsfähige ökonomische Strukturen. Private Investitionen gehen zurück und werden durch öffentliche Investitionen bzw. durch Konsum ersetzt.

Die immensen Kosten der unkontrollierten Flüchtlingsströme nach Deutschland sind ein hervorragendes Beispiel dieses Prozesses, da es sich dabei um öffentliche Ausgaben handelt, die überwiegend in den Konsum fließen. Der hochqualifizierte syrische Softwareingenieur, der kürzlich im deutschen Staatsfernsehen als Beispiel für eine gelungene Integration gezeigt wurde, ist leider eine seltene Ausnahme. Das Gros der Einwanderer ist erheblich geringer qualifiziert als die bereits hier lebende Bevölkerung, das gilt vor allem in den relevanten Altersgruppen. Wann immer das der Fall ist, schaffen die Neubürger keinen Wohlstand, sondern verbrauchen bereits vorhandenen.

GELDPOLITIK ERZEUGT ZOMBIE-UNTERNEHMEN

Im Bankensektor sorgt die kurzsichtige Geldpolitik für die Entstehung von Zombie-Banken, da die Nullzinspolitik das traditionelle Geschäftsmodell der Banken zerstört, das vom Zinsüberschuss lebt. Je niedriger das Zinsniveau ist, desto geringer fallen die Zinsmargen der Banken aus. Darüber hinaus nimmt auch noch die Kreditnachfrage der Unternehmen ab, da diese durch die Käufe von Unternehmensanleihen seitens der EZB direkt subventioniert werden. Das hat in den Industrienationen zu der grotesken und Wachstum hemmenden Situation geführt, dass der Unternehmenssektor insgesamt Ersparnisse bildet, anstatt Kredite aufzunehmen, um zu investieren.

Es entstehen jedoch nicht nur Zombie-Banken, sondern auch andere Zombie-Unternehmen, also unprofitable Firmen, die nur durch extrem günstige Kredite am Leben erhalten werden. Laut Bank für Internationalen Zahlungsausgleich (BIZ) hat der Anteil der Firmen dieser Art seit dem Jahr 2007 bis heute von 5,5 Prozent auf 10,5 Prozent aller börsengehandelten Unternehmen der Industrienationen zugenommen. Unter Wettbewerbsbedingungen müssten diese Firmen Platz für Neues schaffen.

GELDPOLITISCHE UMVERTEILUNGSEFFEKTE

Prof. Gunther Schnabl stellte bei unserem Lesertreffen eine ganze Reihe skandalöser Umverteilungseffekte dar, die allesamt durch die ultralaxe Geldpolitik der Zentralbanken ausgelöst werden:

1. Von Privat zum Staat: Die finanzielle Repression der Nullzinspolitik führt zu entgangenen Zinsen des Privatsektors, während der hochverschuldete Staat kaum noch Zinsen zahlen muss. Hinzu kommt die unter der Geldentwertung liegende Realverzinsung, auf die die Bürger auch noch Steuern abführen müssen und die im Privatsektor zu realen Vermögensverlusten führt.
2. Vom Unternehmenssektor zum Finanzsektor: Der 1755 erstmals beschriebene Cantillon-Effekt besagt, dass neu geschaffenes Geld bei denjenigen Unternehmen oder Sektoren, denen es zuerst zufließt, für Wohlstandseffekte auf Kosten der anderen sorgt. Darüber hinaus profitieren Teile des Finanzsektors von der Vermögenspreisinflation in Form von Spekulationsblasen, während der Unternehmenssektor unter stagnierender Nachfrage leidet.
3. Von Arm zu Reich: Die Vermögenspreisinflation macht die Eigentümer großer Immobilien- und Aktienpakete reicher, während der kleine Mann leer ausgeht und als Sparer unter der finanziellen Repression zu leiden hat.

4. Von Jung zu Alt: Die Einstiegsgehälter sinken, Zeit- und Teilzeitarbeit nehmen zu. Zusätzlich sinken die Rentenansprüche junger Menschen, während ihre Lebensarbeitszeit steigt.
5. Von kleinen zu großen Finanzinstituten und Unternehmen: Wer groß genug ist, um sich direkt über die von der Zentralbank subventionierten Kapitalmärkte zu finanzieren, hat einen Wettbewerbsvorteil gegenüber den Kleinen, die sich über Banken finanzieren müssen.
6. Von der wirtschaftlichen Peripherie zu den Zentren: Konzentrationsprozesse im Unternehmenssektor führen zu ökonomischem Ödland anstelle von blühenden Landschaften.
7. Vom Norden der EU in den Süden der EU: Die Anleihen-Kaufprogramme der EZB und die TARGET-Salden bewirken eine gewaltige Umverteilung von den stärkeren zu den schwächeren Ländern der EU.

POLITISCHER EXTREMISMUS NIMMT ZU

Abschließend stellte Schnabl noch einen weiteren wichtigen Punkt heraus, der wiederum eine typische Konsequenz zunehmender Verteilungskämpfe um einen nicht mehr wachsenden, sondern sogar schrumpfenden Kuchen ist und damit ebenfalls eine Folge der unseriösen Geldpolitik: Der politische Extremismus nimmt zu. Die folgende Grafik zeigt Ihnen den Zusammenhang zwischen dem Zinssatz (invertiert, rechte Achse; niedrige Zinsen werden also oben, hohe Zinsen unten in der Grafik angezeigt) und dem Zuspruch rechts und linksextremistischer Parteien in der EU.

Zinssatz und politischer Extremismus in der EU in %, 1990 bis 2017

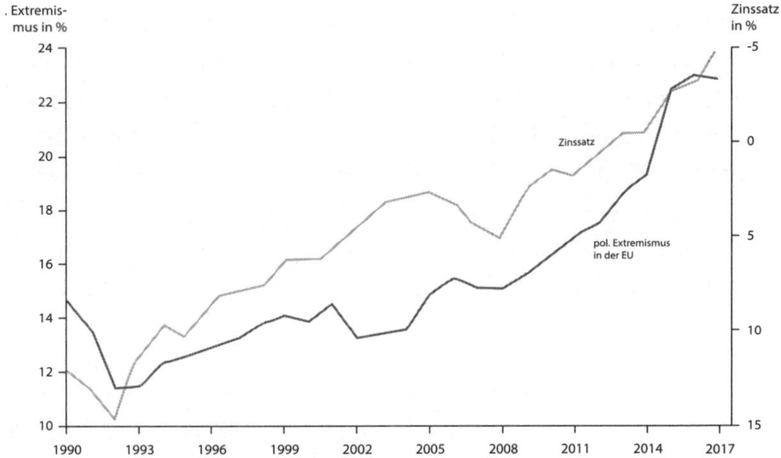

Um die hohe Korrelation zwischen fallenden Zinsen und zunehmendem politischen Extremismus zu verdeutlichen, werden niedrige Zinsen in dieser Grafik oben, hohe Zinsen hingegen unten angezeigt. Die von uns immer wieder als unsozial bezeichnete Geldpolitik hat offenbar auch sehr bedenkliche politische Folgen. *Quelle: Gunther Schnabl*

Wir sehen uns durch Professor Schnabls Ausführungen in vollem Umfang bestätigt in unserer Kritik an den Zentralbanken. Die Geschichte lehrt, dass Sie sich in solchen Zeiten mit Gold am besten schützen.

EZB SORGT FÜR STEIGENDE MIETEN IN DEUTSCHLAND

In deutschen Städten steigen die Immobilienpreise und die Mieten scheinbar unaufhaltsam – und mit ihnen der Unmut der Bevölkerung. Das Thema gewinnt zunehmend an Bedeutung, auch in der öffentlichen Diskussion. Wie üblich erschallt der Ruf nach dem Staat. Er soll durch Gesetze Abhilfe schaffen und den Preisanstieg irgendwie unterbinden.

Trotz des weit verbreiteten Interesses und der großen Bedeutung dieser Entwicklung findet erstaunlicherweise keine ernsthafte Ursachenanalyse statt. Der Staat baue zu wenige Wohnungen, lautet der Vorwurf der Linken, und böse Kapitalisten trieben Preise und Mieten in die Höhe. Auf der rechten Seite des politischen Spektrums wird zusätzlich die hohe Zahl an Einwanderern für die Verknappung von Wohnraum ins Feld geführt.

Der Zusammenhang zwischen der seit Jahren betriebenen Nullzinspolitik der Europäischen Zentralbank und steigenden Preisen am Immobilienmarkt wird hingegen fast nie hergestellt. Dabei sind Immobilienblasen häufig die Folge einer ultralaxen Geldpolitik.

Umso erstaunlicher ist es, dass die EZB trotz der großen Unzufriedenheit in ganz Europa noch immer nicht den Zorn der Bevölkerung auf sich gezogen hat – weder in Deutschland noch bei den Gelbwesten in Frankreich. Wir sind sehr gespannt, was geschehen muss, damit die ersten Politiker den Mut aufbringen, den Schuldigen öffentlich beim Namen zu nennen.

»ARMUT IST DAS ERGEBNIS POLITISCHEN HANDELNS«

»Um Armut in allen Altersgruppen nachhaltig zu bekämpfen und vorzubeugen, brauchen wir Maßnahmen in verschiedenen Politikfeldern: in der Sozialpolitik, der Bildungs-, Familien-, Gesundheits- und Wohnungspolitik. Wir brauchen auch eine sozial gerechte Steuerpolitik.«

Die Autorin dieser im April 2019 im »Handelsblatt« veröffentlichten Zeilen ist Präsidentin des VdK, des mit 1,9 Millionen Mitgliedern größten Sozialverbands Deutschlands. Wir teilen ihre Meinung, dass Armut häufig und sogar überwiegend politisch bedingt ist. Interessanterweise sieht sie in fast allen Politikfeldern Handlungsbedarf – außer in der Geldpolitik. Daran zeigt sich, wie wenig bekannt die unsozialen Wirkungen der Geldpolitik der vergangenen Jahre noch immer sind.

Wir werden in unseren Bemühungen nicht nachlassen, die Folgen des geldpolitischen Handelns offenzulegen. In letzter Konsequenz geht es hierbei nämlich nicht nur um Ihr Vermögen, sondern auch um den Fortbestand der Demokratie und um Ihre Freiheit.

HARTE KRITIK KOMMT VON EX-BIZ-CHEFVOLKSWIRT WILLIAM WHITE

William White, der ehemalige Chefvolkswirt der Bank für Internationalen Zahlungsausgleich (BIZ), hat der Schweizer Zeitung »Finanz und Wirtschaft« Mitte April 2019 ein sehr interessantes und aufschlussreiches Interview gegeben, in dem er die EZB und die Fed hart attackiert und für das geld- und schuldenpolitische Desaster verantwortlich macht.

Damit reiht er sich in die inzwischen schon recht lang gewordene Phalanx der Zentralbankkritiker ein, die in ihrer beruflich aktiven Zeit wichtige Positionen im Establishment bekleidet haben und erst nach ihrer Pensionierung dazu übergehen, die ungeschminkte Wahrheit auszusprechen.

Im Unterschied zu manchen Wendehälsen allerdings war White jedoch nie ein Mitläufer, sondern blieb stets kritisch und distanziert. Deshalb lohnte es sich immer, seine Analysen und Texte zu lesen. Es wundert uns also nicht, dass er in dem genannten Interview Positionen vertritt, die sich teilweise so lesen, als wären sie aus unserem Börsenbrief »Krisensicher Investieren« übernommen.

Im Folgenden werden wir Ihnen die wichtigsten Passagen von Whites Ausführungen präsentieren. Wir sehen darin nicht nur eine gewichtige Bestätigung unserer analytischen Ergebnisse durch einen Mann, der den inneren Zirkel des Zentralbankwesens genauestens kennt, sondern auch eine Bestätigung unserer (geld)politischen Prognosen, die wir weiter oben formuliert und begründet haben.

Weltweite Schuldenfalle

White beginnt mit der Feststellung, dass sich die Welt in einer Schuldenfalle befinde. In dieser Situation wisse man – und damit meint er natürlich die Zentralbanken – dass die Zinsen angehoben werden müssten, um die Zunahme der Verschuldung zu beenden. Man könne die Zinsen aber nicht erhöhen, weil das »alle möglichen Probleme auslösen würde«.

Darüber hinaus gebe es politische Zwänge (»constraints«), die White nicht näher ausführt. Er sagt lediglich, diese Zwänge stünden Zinserhöhungen im Wege – so viel zur angeblichen Unabhängigkeit der Zentralbanken von einem, der es aus eigener Erfahrung wirklich wissen muss.

Schließlich sorge das System freier Wechselkurse dafür, dass alle Länder gezwungen seien, sich der ultralaxen Geldpolitik der Fed und der EZB anzuschließen. Ein Ausscheren sei nicht mehr möglich, da dadurch eine starke Aufwertung der Landeswährung ausgelöst würde mit verheerenden realwirtschaftlichen Folgen. Deshalb seien Länder wie die Schweiz oder Kanada, das Heimatland Whites, nicht mehr in der Lage, sich gegen die Vorgaben der Fed zu stellen. Alle säßen nun in einem Boot. Das Unvermeidliche hinauszuschieben, sei daher zum Standard der Geldpolitik geworden.

Darüber hinaus würden die Zentralbanker verantwortlich gemacht, wenn sie mit Zinserhöhungen eine Rezession auslösen würden, und nicht die Politiker. Auch das beeinflusse ihr Handeln.

Geld- und Fiskalpolitik: die eigentliche Ursache

Auf die Frage, wie die Welt in diese Schuldenfalle geraten konnte, gibt White folgende Antwort:

> *Eine laxe Geldpolitik ist eine Einladung an Unternehmen und private Haushalte, mehr Schulden zu machen. Und eine expansive Fiskalpolitik ist per Definition eine Ausweitung der Staatsverschuldung. Beide Instrumente bergen das Risiko höherer Schuldenniveaus, die uns schlussendlich töten werden.*

Viel deutlicher kann man die Gefahren, die von der ultralaxen Geld- und Staatsschuldenpolitik der vergangenen Jahre ausgehen, kaum formulieren. Doch White geht sogar noch einen wichtigen Schritt weiter:

> *Die Maßnahmen der Zentralbanken waren am Beginn der Krise [des Jahres 2008] richtig. Aber sich nach der Krise darauf zu verlassen, dass die Geldpolitik alle möglichen Probleme der Wirtschaft beheben könne, ging zu weit. Schuldenprobleme sind Solvenzprobleme. Die Aufgabe der Zentralbanken ist es jedoch, bei Liquiditätsproblemen einzuschreiten. Ihre Politik hat die Probleme verstärkt, weil sie zu einer weiteren Zunahme der Verschuldung ermutigt hat. Und das begann lange vor dem Jahr 2007. Geldpolitik ist seit Jahrzehnten asymmetrisch. Zinssenkungen waren ausgeprägter als Zinsanhebungen. So sind wir schließlich bei der Nullzinspolitik gelandet.*

Wir haben in den Krisenjahren ausdrücklich mehrmals auf den wichtigen Unterschied zwischen Solvenzproblemen und Liquiditätsproblemen hingewiesen. Wer mit hoher Wahrscheinlichkeit nur vorübergehend illiquide ist, aber prinzipiell solvent, kann guten Gewissens durch die Bereitstellung von Überbrückungskrediten gerettet werden. Wer hingegen ein Geschäftsmodell betreibt, das nicht wettbewerbsfähig ist, muss abgewickelt werden.

Dieses marktwirtschaftliche Prinzip gehörte einst zum kleinen Einmaleins der Geldpolitik. Bei der BIZ ist dieses Wissen offenbar noch immer vorhanden und sogar salonfähig. Wahrscheinlich muss es erst zu einem Zusammenbruch kommen, damit ein seriöser Neuanfang stattfinden kann. Wenn nicht die verantwortlichen Politiker vorher den Mut aufbringen, unbequeme Entscheidungen zu treffen.

Deflation: ein reines Hirngespinst

White stellt noch einen weiteren sehr wichtigen Punkt klar, auf den wir stets hingewiesen haben: Die geradezu panische Angst vor einer Deflation, die das Handeln der Fed in den vergangenen Jahren in hohem Maße bestimmt hat und die auch sein Interviewpartner in einer Frage zu diesem Thema zum Ausdruck bringt, sei unbegründet:

> *In der Geschichte gab es lange Phasen, in denen die Preise gefallen sind und die Wirtschaft kräftig gewachsen ist, weil die Produktivität gesteigert wurde. Das war eher die Regel als die Ausnahme. Die Weltwirtschaftskrise, als die Preise und die Wirtschaftsleistung gleichzeitig gefallen sind, war die Ausnahme. Aber dieses außergewöhnliche Ereignis hat sich in den Köpfen der Menschen eingebrannt und wird inzwischen als der Normalfall angesehen.*

Spätestens an dieser Stelle drängt sich uns die Frage auf, wie es White in seiner Zeit bei der BIZ, das heißt von 1994 bis 2008, ausgehalten hat, wo er als Rufer in der Wüste ganz offensichtlich keinerlei Gehör gefunden hat. Stattdessen musste er dabei zusehen, wie sich Greenspan und Bernanke und in ihrem Gefolge auch der Rest der Welt immer weiter von soliden geldpolitischen Grundsätzen entfernten und eine Politik betrieben, die White schon damals für völlig verfehlt gehalten haben muss.

Forderung eines seriösen Währungssystems

Wie auch immer dem sei, wir begrüßen Whites unmissverständliches Festhalten an seriösen geldpolitischen Prinzipien, das ihn konsequenterweise auch dazu veranlasst, die Rückkehr zu einem soliden Weltwährungssystem zu fordern:

> *Das fundamentale Problem besteht darin, dass wir kein Weltwährungssystem haben. Wir haben ein monetäres Nicht-System, in dem Zentralbanken tun können, was sie wollen. Der Beweis dafür ist die explosionsartige Ausweitung ihrer Bilanzsummen.*
>
> *Ich möchte nicht zum Goldstandard zurückkehren, aber er lieferte wenigstens ein Regelwerk, das sicherstellte, dass einzelne Länder keine Dinge tun konnten, die ihnen selbst und anderen Schaden zugefügt hätten. Wir brauchen ein System, das eine explosionsartige Ausweitung der Zentralbankbilanzen unterbindet.*

Wir können uns nicht daran erinnern, in den vergangenen 30 Jahren aus dem direkten Umfeld des Zentralbankwesens derart klare Forderungen nach einer Umkehr gehört zu haben, nach einer Rückkehr zu klaren und sinnvollen geldpolitischen Regeln. Vielleicht ist diese Denkweise innerhalb der Zentralbanken doch noch weiter verbreitet, als wir glauben, und Greenspan und Bernanke, die wir schon vor Jahren die schlechtesten Zentralbanker aller Zeiten genannt haben, werden letztlich doch nur kuriose geldpolitische Ausnahmen bleiben.

Bei der Invest in Stuttgart war auch die Bundesbank mit einem eigenen Stand vertreten. Dass eine renommierte Zentralbank auf einer Anlegermesse erscheint, transportiert eine vielsagende Botschaft. Offenbar ist man zu der Überzeugung gelangt, für das Zentralbankwesen und seine ungedeckten Währungen in der Öffentlichkeit werben zu müssen. An ihrem Stand zeigten die Notenbanker die hier abgebildete Konfettitüte, mit der das Zentralbankwesen perfekt auf den Punkt gebracht wird: Unser Geld ist eigentlich nur ein Haufen wertloser Schnipsel.

Quelle: Claus Vogt

Die BIZ ist machtlos

Nun hat die BIZ allerdings keinerlei Macht, und ihr ehemaliger Chefvolkswirt schon gar nicht. In den Worten Whites ist sie »nur ein Ort, an dem sich Experten treffen, miteinander reden und sich einigen. Dann nutzen sie die moralische Autorität ihrer internationalen Übereinkünfte, sogenannte weiche Gesetze, um Menschen auf nationaler Ebene davon zu überzeugen, entsprechende Gesetze zu erlassen«.

Das hat die Greenspans, Bernankes und Draghis dieser Welt natürlich nicht davon abgehalten, ihr gigantisches geldpolitisches Experiment der vergangenen Jahre auf den Weg zu bringen. Whites klare Haltung und seine Ausführungen machen aber Hoffnung, dass der unserer Meinung nach katastrophale Ausgang dieses Experiments zumindest zu einer Rückbesinnung auf bewährte geldpolitische Strukturen führen könnte. Dass der Staat sein Geldmonopol und das darauf basierende Zentralbankwesen aufgeben und stattdessen ein marktwirtschaftliches Geldwesen erlauben oder gar fördern wird, wagen wir jedoch nicht zu hoffen.

SCHULDEN MÜSSEN ABGESCHRIEBEN WERDEN

Neben den hier dargelegten grundsätzlichen geldpolitischen Überlegungen wagt White auch ein paar interessante Prognosen. So sei es aufgrund der hohen Verschuldung nicht mehr möglich, die Probleme mit einer antizyklischen Geld- und Fiskalpolitik aus dem Weg zu räumen. Vielmehr sei es unvermeidlich, einen Teil der Schulden abzuschreiben und zu restrukturieren, was natürlich schmerzhaft sei.

> *Die Aufseher des Bankensystems müssen die Banken zu Restrukturierungen zwingen, anstatt es ihnen zu ermöglichen, Zombiefirmen aufrechtzuerhalten. In der nächsten Rezession sollten wir eine Kombination aus fiskalpolitischem Stimulus und einem glaubwürdigen und tragfähigen längerfristigen Verschuldungsziel einsetzen und der Schuldenrestrukturierung viel mehr Aufmerksamkeit schenken. Aber darüber möchte niemand reden.*

Das, liebe Leser, ist die Realität. In der nächsten Rezession werden sich Schuldenschnitte und Zahlungsausfälle wohl nicht noch einmal vermeiden lassen, sowohl bei den Staatsschulden als auch im Unternehmenssektor. Die Zentralbank-Bürokraten wissen das und bereiten sich hinter verschlossenen Türen wahrscheinlich darauf vor. Darüber reden möchten sie aber nicht.

Hyperinflation ist nicht auszuschließen

Schließlich stellt der Journalist der »Finanz und Wirtschaft« auch noch die Gretchenfrage nach der Geldentwertung:

> *Kritiker der fiskal- und geldpolitischen Expansion weisen auf die Gefahr einer Hyperinflation hin und nehmen auf Länder wie Simbabwe Bezug. Ist dieser Vergleich angemessen? Die USA sind viel größer, und sie managen die Weltwährung US-Dollar.*

Auch dieser Frage weicht White nicht etwa aus. Seine Antwort lautet:

> *Da gebe ich Ihnen Recht, ein Zusammenbruch der Währung und eine Hyperinflation sind in einer großen Volkswirtschaft viel unwahrscheinlicher und sogar noch unwahrscheinlicher, wenn diese große Volkswirtschaft die Weltreservewährung bereitstellt. Aber die der Geldentwertung zugrunde liegenden Prozesse sind die gleichen. Die Probleme einer Hyperinflation beginnen nie mit der Zentralbank. Sie gehen stets von der Fiskalpolitik aus, die ihre Finanzen außer Kontrolle geraten lässt. Irgendwann bekommen die Gläubiger kalte Füße und stellen die Finanzierung ein. Dann wendet sich die Regierung an die Zentralbank, um an Geld zu kommen. Je mehr sie das tut, desto klarer sieht die Bevölkerung die Gefahr der*

> *Geldentwertung und beginnt dann aus der Währung zu fliehen. [...] Egal, wer du bist, wenn du deine Staatsfinanzen nicht einigermaßen in Ordnung hältst, dann wirst du dafür bezahlen müssen. Im Fall der USA dauert dieser Prozess länger. Aber es werden bereits Bedenken laut über den Status des Dollar als Weltreservewährung. [...] Wir sehen bereits die ersten Anzeichen einer Reaktion.*

Ja, die der Geldentwertung zugrunde liegenden Prozesse sind stets die gleichen, nämlich eine starke Ausweitung der Staatsverschuldung, die von der Zentralbank finanziert wird, also mit Helikopter-Geld. Wie wir weiter oben schon geschrieben haben, ist genau das der nächste logische Schritt im Rahmen der von Greenspan angestoßenen geldpolitischen Interventionsspirale.

Wir freuen uns, mit William White einen sehr kompetenten Mitstreiter gefunden zu haben, der sich nicht scheut, die Wahrheit auszusprechen und die Öffentlichkeit über die maßgebliche Rolle der Zentralbanken aufzuklären. Darüber hinaus sind wir sicher, dass seine Ausführungen auch innerhalb der Zentralbanken gehört und diskutiert werden. Eine wichtige Frage hätten wir Herrn White allerdings noch gestellt: Wie hoch ist der Goldanteil Ihres Vermögens, Herr White?

TEIL VII:

ENTEIGNUNG ODER HELIKOPTER-GELD – WAS AUF UNS ZUKOMMT

BARGELDVERBOT UND MODERN MONETARY THEORY – DIE VORBEREITUNGEN LAUFEN

Der Ruf nach einem Bargeldverbot ist wieder lauter geworden. Das ist kein Zufall, dahinter steckt System. Das belegen die Erläuterungen, die kein Geringerer als Jean-Claude Juncker, der Präsident der Europäischen Kommission, zur Vorgehensweise der EU gegeben hat, und die für andere mächtige Institutionen ebenfalls gelten: Vorhaben, die unpopulär sind, werden in gewissen zeitlichen Abständen immer wieder an die Öffentlichkeit getragen. Zunächst ist die Aufregung noch groß. Doch mit der Zeit schwindet das Interesse, und ein Gewöhnungseffekt tritt ein. So lässt sich der Widerstand der Bevölkerung langsam brechen.

ZENTRALBANKER ÜBERNEHMEN HEIMLICH DIE MACHT

In den vergangenen Jahrzehnten hat in Europa und in den USA eine massive politische Machtverschiebung stattgefunden: weg von den demokratisch gewählten Parlamenten und Regierungen, hin zu demokratisch nicht legitimierten und weitgehend über dem Gesetz stehenden Zentralbanken, denen das Bargeld ein Dorn im Auge ist.

Diese Machtverschiebung ist eine wenig verstandene und kaum einmal thematisierte Unterwanderung der Demokratie, die schon jetzt weitreichende Folgen hat. Denn über das Wohl der Bürger entscheiden in zunehmendem Maße nicht mehr gewählte Volksvertreter, die ihre Positionen und Entscheidungen in einem öffentlichen Diskurs erklären und schließlich dem Wettbewerb um Wählerstimmen aussetzen müssen. Stattdessen hat ein kleiner Zirkel von Zentralbankern eine Machtfülle erlangt, die sowohl die Grundsätze der Demokratie als auch die Regeln der Marktwirtschaft untergraben.

ZENTRALBANKEN: MACHT OHNE DEMOKRATISCHE LEGITIMATION

Die eigentlichen Herrscher westlicher Demokratien sind nicht mehr die vom Volk gewählten Regierungen und Parlamente, sondern demokratisch nicht legitimierte Zentralbank-Bürokraten. Selbstherrliche Zentralbanker, die gegenüber niemandem Rechenschaft ablegen müssen, maßen sich an, wichtige gesellschaftliche Prozesse besser steuern zu können als die gewählten Volksvertreter.

Interessanterweise hat Bundesbankpräsident Jens Weidmann kürzlich darauf hingewiesen, dass Zentralbanken, die ihre Grenzen überschreiten, auch ein politisches Problem seien. Wie recht er damit hat, sehen Sie an den folgenden sieben Beispielen, die bei Weitem nicht erschöpfend sind. Sie verdeutlichen das Ausmaß und einige der wichtigsten Wirkungen der Machtverschiebung, die in den vergangenen 30 Jahren stattgefunden hat. Wie Sie weiter unten sehen werden, wird diese Machtverschiebung auch künftig weiter vorangetrieben.

1. **Die Armutsmacher:** Geldpolitische Entscheidungen, Manipulationen und Markteingriffe bestimmen inzwischen in einem hohen Maße, wer zu den Gewinnern gehört und ob die Schere zwischen Arm und Reich größer oder kleiner wird – nicht das Parlament.
2. **Notenbanker bestimmen den Zins:** Zentralbanker entscheiden, in welchem Umfang oder ob überhaupt Sparer und Rentner, Stiftungen und Pensionskassen Zinsen auf ihre Ersparnisse erhalten – nicht der Markt. Laut Bank of America gibt es derzeit

weltweit Staatsanleihen mit einem Volumen von mehr als 14 Billionen US-Dollar, die eine negative Verzinsung aufweisen. Etwas Vergleichbares gab es niemals zuvor in der 3000-jährigen Finanzgeschichte, schreiben die Historiker Sidney Homer und Richard Sylla, die das über 600 Seiten starke Standardwerk »A History of Interest Rates« (»Eine Geschichte der Zinsen«) verfasst haben. Dieses Buch war einst ein absolutes Muss für jeden Rentenhändler der Wall Street – zu einer Zeit, als die Rentenmärkte noch nicht fest in der Hand der Zentralbanken waren und als dort noch halbwegs marktwirtschaftliche Regeln galten. In einer Marktwirtschaft sind negative Zinsen ein Ding der Unmöglichkeit, da natürlich niemand bereit ist, Geld zu verleihen in der Absicht, später weniger zurückzubekommen. Diesen Unfug kann es nur geben, wenn mächtige Zentralbanken die Regeln der Marktwirtschaft außer Kraft setzen.

3. **Der Euro hängt am Tropf der Notenbank:** Zentralbank-Bürokraten verlängern das Fortbestehen der Europäischen Währungsunion, »was auch immer es koste«, wie EZB-Präsident Mario Draghi es auszudrücken pflegte. Ohne ihr Zutun wäre diese leichtfertig ins Leben gerufene und völlig unausgegorene Währungsunion längst auseinandergefallen. Oder Politiker hätten sehr unpopuläre und ihre Wiederwahl gefährdende Weichenstellungen vornehmen müssen, um den Zerfall zu verhindern.
4. **TARGET-Kredite, die Schuldenfalle der EZB:** Über das TARGET-2-System der Europäischen Zentralbank fließt Geld in großem Umfang von Nord nach Süd. Über diese verkappten Transferzahlungen, die bei der Bundesbank als Forderungen von mehr als 900 Mrd. Euro sichtbar sind, müsste eigentlich das Parlament entscheiden, nicht zuletzt, weil sie ein entsprechend großes Haushaltsrisiko des Bundes darstellen. Doch das ist nicht der Fall. Über die Bedeutung des TARGET-2-Systems wurde vor seiner Einführung weder öffentlich gesprochen noch im Bundestag diskutiert. Wahrscheinlich waren sich seine Erfinder gar nicht im Klaren darüber, dass es zu Forderungen und Verbind-

lichkeiten in prinzipiell unbegrenzter Höhe führen kann. Erst als bei der Bundesbank immer höhere Forderungen ausgewiesen wurden, stellte Hans-Werner Sinn, der damalige Präsident des Ifo-Instituts, die Frage, was sich hinter diesem schnell wachsenden Ungleichgewicht verbirgt, und trug das brisante Thema an die Öffentlichkeit. Obwohl der Bund für Verluste, die sich bei der Auflösung der Währungsunion aus dem TARGET-2-System ergeben würden, geradestehen muss, gibt es keine parlamentarische Kontrolle dieser Kredite. Sie gelten gewissermaßen als »Privatangelegenheit« des Europäischen Zentralbanksystems.

5. **Notenbanker werden zu Erpressern:** Weltweit haben Zentralbanken Staatsschulden in Höhe von 21 Billionen US-Dollar gekauft – mit Geld, das nur zu diesem Zweck geschaffen wurde (Käufe von Staatsanleihen, zur Verschleierung Quantitative Easing oder abgekürzt QE genannt). Damit nehmen die Zentralbanken einen entscheidenden Einfluss auf die Höhe der Staatsverschuldung. Sie ermöglichen es den Regierungen, mehr Schulden zu machen und gleichzeitig weniger Zinsen zu zahlen. Wie die inzwischen schon wieder abgesetzte italienische Regierung bereits 2019 zu spüren bekommen hat, sind Regierungen auf diese Weise erpressbar geworden. Denn Zinserhöhungen durch die Zentralbanken würden das Kartenhaus der Überschuldung ganz schnell zum Einsturz bringen.
6. **Niedrige Zinsen sorgen für Überbewertung:** Die von den Notenbanken extrem niedrig festgesetzten Zinsen haben in Kombination mit gigantischen Anleihenkäufen zu steigenden Aktienkursen und Immobilienpreisen geführt. Das begünstigt die Vermögenden, die Aktien und Immobilien besitzen, während die anderen die Last steigender Mieten und anderer Preise tragen müssen. Zum sehr wichtigen Thema »Spekulationsblasen« haben Sie bereits in einem früheren Kapitel Informationen gefunden.
7. **Die Zukunft der jungen Generation wird verspielt:** Da junge Menschen erst am Beginn ihrer Karriere stehen, gehören sie

in dieser Lebensphase gewöhnlich nicht zu den Vermögenden, sondern zu den Verlierern dieser Politik. Normalverdiener der jungen Generation können sich den Kauf einer Immobilie nicht mehr leisten. Es findet also eine Besserstellung der wohlhabenden Alten auf Kosten der mittellosen Jungen statt.

DIE INNERE LOGIK DER MACHTÜBERNAHME

Um die Geldpolitik moderner Zentralbanker zu verstehen, muss man den Paradigmenwechsel kennen, der in den vergangenen 30 Jahren vollzogen wurde. Früher war Geldpolitik eine dröge Veranstaltung, deren Aufgabe darin bestand, möglichst unauffällig für eine halbwegs stabile Währung zu sorgen. Dies wurde durch eine Politik der ruhigen Hand bewerkstelligt, die sich an der Zielgröße eines stetigen Geldmengenwachstums orientierte, um die Geldentwertung in Grenzen zu halten.

Eine der prominentesten Verfechterinnen dieser als Geldmengensteuerung bezeichneten Vorgehensweise war die Deutsche Bundesbank. Mit der konsequenten Umsetzung dieser Methode gelang es ihr, die D-Mark zu einer der besten (ungedeckten) Währungen der Welt zu machen. Bis weit in die 1980er-Jahre war die Veröffentlichung des Geldmengenwachstums ein wichtiges Ereignis, dem die Wall Street eine sehr große Bedeutung beimaß. Die Bekanntgabe dieser Zahl bewegte die Märkte.

Zinssenkungen bei jedem Anlass

Mit der Amtseinführung Alan Greenspans 1987 als Fed-Präsident fand nach und nach eine deutliche Abkehr von dieser zurückhaltenden Vorgehensweise statt, und das Geldmengenwachstum wurde als geldpolitische Zielgröße kaum noch beachtet. Während Greenspan in der Öffentlichkeit Starruhm erlangte, versuchten sich die Zentralbanker mehr und mehr in einer Art aktiver Steuerung der Wirtschaft. So reagierte die Fed auf jede echte oder auch nur eingebildete Krise sofort mit Zinssenkungen, wie sie es nur wenige Monate nach Greenspans Amtsübernahme als Antwort auf den Aktiencrash von 1987 getan hatte. Von der US-Sparkassenkrise und der Mexikokrise über die Asien- und Russlandkrise bis hin zu der spektakulären Pleite des LTCM-Hedgefonds und der hysterischen Angst vor Turbulenzen, die durch das Umspringen des Kalenders von 1999 auf 2000 ausgelöst werden sollten: Stets wurde die Zentralbank mit Zinssenkungen und dem Einsatz der Gelddruckmaschine aktiv, wie auch der folgende Chart zeigt.

Kurzfristige US-Zinsen (Federal Funds Rate), 1980 bis 2019

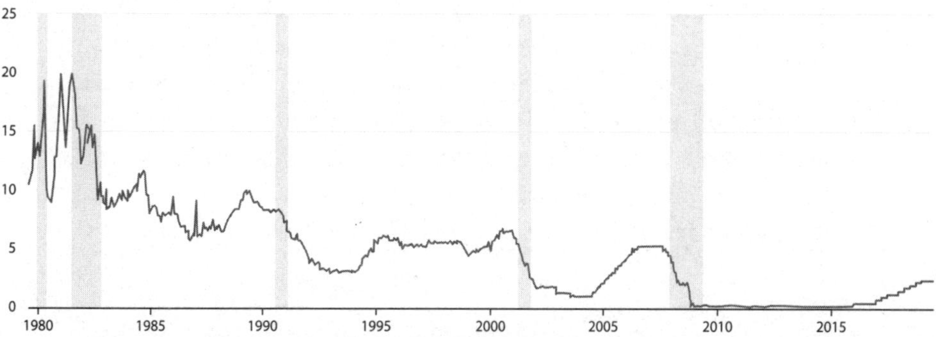

Seit 1980 wurden die Zinsen in jedem Abschwung auf ein niedrigeres Niveau gesenkt als zuvor – dass bei null eigentlich Schluss sein müsste, wollen moderne Zentralbanker nicht hinnehmen. *Quelle: St. Louis Fed*

Darüber hinaus wurden Rezessionen nicht mehr als normaler Teil des Wirtschaftszyklus akzeptiert, sondern als Störungen eines prinzipiell ununterbrochenen Wachstums interpretiert. Diese Störungen könnten und müssten von Zentralbanken aktiv bekämpft werden.

Statt marktwirtschaftlicher Grundsätze haben sich also planwirtschaftliche Überzeugungen durchgesetzt.

In der ideologischen Falle

In seinem 2004 erschienenen Buch »A Term at the Fed« (»Eine Amtszeit bei der Fed«) hat Laurence H. Meyer seine Zeit als Mitglied des Offenmarkt-Ausschusses der Fed beschrieben. Das Buch offenbart die herrschende planwirtschaftliche Überheblichkeit und Wissensanmaßung sowie die marktwirtschaftliche Ignoranz moderner Zentralbank-Bürokraten. Deshalb können wir Ihnen die Lektüre dieses Buches nur ans Herz legen. Es ist ein echter Genuss.

Mit dieser Abwendung von einer regelgebundenen Politik der ruhigen Hand haben sich die Zentralbanken in eine ideologische Position manövriert, die eine Eigendynamik entwickelt hat, aus der es kein Entrinnen mehr zu geben scheint. Wer selbst davon überzeugt ist und es auch der Bevölkerung gebetsmühlenartig eingeredet hat, die Wirtschaft erfolgreich steuern zu können, wird in einer Interventionsspirale gefangen. Deren innere Logik führt zu immer häufigeren und stärkeren Eingriffen in den Wirtschaftsprozess – und macht offenbar blind für die unvermeidlichen Nebenwirkungen.

Die Interventionsspirale

Es ist ein großes Verdienst des Ökonomen und Sozialphilosophen Friedrich August von Hayek, den Teufelskreis staatlicher Interventionen erkannt und analysiert zu haben. Aufgrund des prinzipiell beschränkten Wissens aller Menschen und Komitees erzeugt jeder staatliche Eingriff in den Wirtschaftsprozess, auch wenn er noch so gut gemeint sein mag, Wirkungen, die niemand in vollem Umfang vorhersehen kann. Diese unbeabsichtigten und unerwünschten Nebenwirkungen der Intervention führen zu neuem Handlungsbedarf, zu weiteren Interventionen, die wiederum neue Nebenwirkungen haben und so weiter und so fort.

Es entsteht eine Interventionsspirale. Der Staat und seine Bürokratie breiten sich immer mehr aus, während die Handlungsspielräume der Bürger und ihre Freiheiten immer mehr eingeschränkt werden. Diese innere Logik des Interventionismus führt zur Aushöhlung und schließlich zur Abschaffung der Marktwirtschaft. Sie zerstört Freiheit, Wohlstand und Gerechtigkeit. Genau dieser Weg wurde mit der geldpolitischen Revolution Greenspans und Bernankes eingeschlagen.

Aufgrund der bereits beschriebenen Wirkungen und Nebenwirkungen dieser Politik werden längst Rufe nach weiteren Interventionen laut, beispielsweise nach einer »Mietpreisbremse« und anderen Maßnahmen, um die Inflation am Immobilienmarkt zu bekämpfen. In Berlin läuft jetzt bereits ein Volksbegehren, dessen Ziel es ist, Großeigentümer von Wohnungen zu enteignen. Unterstützt wird diese Initiative von der Partei »Die Linke«. Offenbar haben die Verantwortlichen in der SED-Nachfolgepartei die Zustände in der DDR bereits vergessen oder halten sie für erstrebenswert.

Darüber hinaus wurde auch in der Geldpolitik selbst eine Spirale »unkonventioneller geldpolitischer Maßnahmen« angestoßen, deren innere Logik unter anderem zur Forderung nach der Abschaffung von Bargeld und letztlich auch zur großzügigen Verteilung von »Helikopter-Geld« führt.

Die langjährigen Leser unseres Börsenbriefs »Krisensicher Investieren« erinnern sich, welch große Bedeutung wir der programmatischen Rede des damaligen Fed-Gouverneurs Ben Bernanke beimaßen, die am 21. November 2002 veröffentlicht wurde. Sie trug den

Titel »Deflation: Making Sure ›It‹ doesn't Happen Here« (»Deflation: Stellen wir sicher, dass ›sie‹ hier nicht passiert«).

Als Neuling im inneren Zirkel der Fed machte sich Bernanke mit diesem Auftritt sozusagen aus dem Stand als überzeugter Inflationist bekannt und empfahl sich erfolgreich für die Nachfolge von Alan Greenspan als Fed-Präsident.

Die Entdeckung von Quantitative Easing

Seit 1981 wurden die Zinsen in jedem Abschwung auf ein niedrigeres Niveau gesenkt als zuvor. Im November 2002 waren sie mit 1,25 Prozent schon sehr nah an die 0-Prozent-Marke gerückt, bei der unter marktwirtschaftlichen Bedingungen allerspätestens die Untergrenze erreicht ist. Deshalb beschrieb Bernanke in seiner damaligen Rede die »unkonventionellen geldpolitischen Maßnahmen«, die von der Zentralbank im Falle einer Deflation eingesetzt werden sollten. Tatsächlich legte er mit dieser Rede die neue geldpolitische Marschroute des »Quantitative Easing« fest, das heißt des Ankaufs von Schuldscheinen des Staates (Staatsanleihen) durch die Zentralbank mit Geld, das extra zu diesem Zweck geschaffen wird. Seit der Krise von 2008 wird dieses Instrument nahezu weltweit eingesetzt – obwohl es gar keine Deflation gegeben hat.

Ganz neu waren diese Gedanken Bernankes aber nicht. Bereits im Juli 1999 und dann noch einmal im Juni 2002 erschienen in der von der Notenbank herausgegebenen Schriftenreihe »International Finance Discussion Papers« ausführliche Darstellungen dieser geldpolitischen Ideen.

Negative Zinsen zum Ersten!

Dass die Zinsen unter marktwirtschaftlichen Bedingungen nicht unter 0 Prozent fallen können, wollen moderne Zentralbanker allerdings nicht hinnehmen. Deshalb wurde nur kurze Zeit später, im Mai 2003, von der Federal Reserve Bank of Dallas nachgelegt. Mit ihrer Publikation »Monetary Policy in a Zero-Interest-Rate Economy« (»Geldpolitik in einer Null-Zins-Wirtschaft«) führte sie schon damals das Konzept negativer Zinsen in die geldpolitische Diskussion ein.

Für Gelder, die bei Banken gehalten werden, wird ein beispielhaft genannter einprozentiger negativer Zins pro Monat (!) als technisch problemlos umsetzbar bezeichnet. Schwierigkeiten entstünden erst bei der Eintreibung einer solchen Steuer auf Bargeld. Immerhin sahen die Autoren in der Durchsetzung dieser Maßnahmen noch ein riesiges Problem.

Ihr programmatisches Fazit lautete, das Konzept negativer Zinsen sei zwar kühn, doch aufgrund technischer Hürden vorerst nicht durchführbar. Es müsse aber unbedingt weiterentwickelt werden als mögliche geldpolitische Antwort auf zukünftige Ereignisse.

Anleihenkäufe sind jetzt Standard

Seither sind 15 Jahre vergangen, in denen die Welt an gigantische Anleihenkäufe der Zentralbanken gewöhnt wurde. Dass diese einst als einmalige kurzfristige Notfallmaßnahmen eingeführt wurden, scheint in Vergessenheit geraten zu sein. Unwidersprochen gelten sie mittlerweile als normale geldpolitische Instrumente, die im nächsten Abschwung selbstverständlich wieder zum Einsatz kommen werden.

Obwohl die Zentralbanker es nicht zugeben, war die Wirkung dieser Anleihenkäufe sehr enttäuschend. Der Aufschwung der vergangenen Jahre war schwach und sehr fragil, sodass immer neue Kaufprogramme nachgelegt wurden. Die Zinsen sind zehn Jahre nach der letzten Krise immer noch extrem niedrig. Von einer Normalisierung kann also keine Rede sein, während die weiter oben beschriebenen Nebenwirkungen dieser Geldpolitik immer klarer in Erscheinung treten. Also müssen in der Logik der Zentralbanker größere Geschütze in Stellung gebracht werden, um im nächsten Abschwung handlungsfähig zu bleiben.

Negative Zinsen die Zweite

Als Vorgriff auf geplante Handlungen wird immer wieder das Konzept deutlich negativer Zinsen an die Öffentlichkeit gebracht. Die Menschen sollen sich an diesen Gedanken gewöhnen, ihr Widerstand soll gebrochen werden. Ein Großteil der Bevölkerung hat ohnehin kein Geld und wird sich über negative Zinsen, die ja nur »die Reichen« treffen, kaum beschweren. Da steter Tropfen bekanntlich den Stein höhlt, muss die restliche Bevölkerung allerdings beackert werden, um sie von der Richtigkeit und Unvermeidlichkeit des Vorhabens zu überzeugen.

In diesem Sinne erschien im Februar 2019 wieder einmal eine Studie zu diesem Thema, dieses Mal von der San Francisco Fed. Ihr Titel lautet: »Wie sehr hätten negative Zinsen dem Aufschwung geholfen?« Das Ergebnis der von den Autoren durchgeführten Simulation wird Sie nicht überraschen: Mit negativen Zinsen wäre die Rezession des Jahres 2008 weniger heftig ausgefallen und die Wirtschaft hätte sich schneller wieder erholt. Darüber hinaus wäre auch die Geldentwertung früher auf das von der Fed angestrebte Ziel von 2 Prozent pro Jahr gestiegen. Kurz: »Negative Zinsen sind ein sinnvolles Instrument, um das Mandat der Fed zu fördern«, so das Fazit der Zentralbank-Mitarbeiter. Nach Meinung anderer Autoren wäre im Jahr 2008 übrigens ein negativer Zinssatz von minus 6 Prozent angemessen gewesen. Diese Größenordnung verdeutlicht das Ausmaß der Bedrohung, die von modernen Zentralbankern auf Ihr Erspartes ausgeht.

Anleihen mit negativen Zinsen

Wer kauft überhaupt Anleihen mit negativen Zinsen? In erster Linie sind das institutionelle Anleger wie Versicherungen, die vom Staat durch aufsichtsrechtliche Vorschriften gezwungen werden, Staatsanleihen zu kaufen. Zu den Käufern gehören auch Banken, denen für Gelder, die sie als sogenannte Einlagefazilität bei der EZB halten, ein negativer Zins von derzeit -0,50 Prozent berechnet wird. Sie stellen sich besser, wenn sie stattdessen Anleihen mit einem geringeren negativen Zins kaufen. Ebenfalls zu den Käufern gehören Anleger, die ihr Geld nicht der Gefahr von Bankenpleiten aussetzen wollen. Schließlich sind es auch noch Spekulanten, die mit stark negativen Zinsen rechnen und ihre Anleihen später zu einem höheren Preis an die EZB verkaufen wollen.

Bargeld steht der Zentralbank im Weg

Bargeld steht dem Konzept negativer Zinsen im Weg, weil es den Bürgern jederzeit erlaubt, sich der Enteignung durch negative Zinsen zu entziehen. Deshalb werden längst Stimmen laut, die eine Abschaffung des Bargelds fordern. Im Klartext heißt das: Den Zentralbanken soll das Recht eingeräumt werden, Sparer direkt zu enteignen. Dieser extremistische Standpunkt, der sich aus der inneren Logik der modernen Geldpolitik ergibt, wird nicht nur von Zentralbankern, sondern auch von einigen einflussreichen US-Ökonomen mit Vehemenz vertreten.

In unserem kleinen Buch »Bitcoin & Co. – Finte oder Neugestaltung des Geldsystems?« haben wir kurz dargelegt, dass die Einführung des »Fedcoin«, einer staatlichen Kryptowährung, den Weg dahin bahnen könnte.

Der Weg in ein totalitäres System

Die Festsetzung deutlich negativer Zinsen zu ermöglichen und die damit zwingend verbundene Abschaffung von Bargeld gehen weit über die harmlos klingende Schaffung zusätzlicher geldpolitischer Flexibilität hinaus, mit der diese Forderungen in der Öffentlichkeit begründet werden. In Wirklichkeit führen diese Maßnahmen ohne Wenn und Aber zur Schaffung eines totalitären und repressiven Systems, das die Eigentumsrechte mit Füßen tritt und sicherstellt, dass sich kein Bürger entziehen kann. Die Umsetzung dieser Vorschläge würde das Ende der westlichen Demokratien bedeuten und einem Überwachungsstaat den Weg ebnen.

Die scheinbar gut gemeinte Forderung, Bargeld abzuschaffen, um dann mit negativen Zinsen Rezessionen und Krisen bekämpfen zu können, hat also gefährliche Folgen. Eine bargeldlose Welt bedroht nicht nur Ihren Wohlstand, sondern auch Ihre Freiheit. Sie verschafft dem Staat die vollständige Kontrolle über Ihre Finanzen und Ihr Konsumverhalten. Sie ermöglicht nicht nur Ihre totale Überwachung, sondern auch gezielte Eingriffe in Ihren Lebensstil, indem Ihr Konsumverhalten ganz präzise belohnt oder bestraft werden könnte. Dass es ausgerechnet hochangesehene US-Wirtschaftswissenschaftler wie zum Beispiel Kenneth Rogoff sind, die diese Forderungen erheben, verdeutlicht, wie real diese Bedrohung bereits geworden ist.

Barzahlung ist kostengünstiger

Interessanterweise ist die Barzahlung die kostengünstigste Zahlungsart aus Sicht des Verbrauchers. Zu diesem Ergebnis ist eine erst kürzlich von der Bundesbank durchgeführte Untersuchung gelangt. Kreditkartenzahlungen verursachen mehr als vier Mal höhere Kosten; Zahlungen mit Girokarte und Lastschriftverfahren sind immerhin rund 40 Prozent teurer als eine Barzahlung. Ohne Bargeld würde das Einkaufen also erheblich teurer werden.

Die Hürden sind hoch

Speziell in Deutschland ist Bargeld sehr beliebt. Entsprechend groß ist der Widerstand gegen seine Abschaffung. Das weiß auch die Politik, die parteiübergreifend derzeit wenig Neigung zeigt, in den Chor der überwiegend US-amerikanischen Bargeldgegner einzustimmen. Doch das ist natürlich nur eine Momentaufnahme, die sich vor allem in einer Krise sehr schnell ändern kann.

Nun kann eine Bargeldabschaffung aber nicht wie der Atomenergieausstieg im stillen Kämmerlein einer Kanzlerin erfolgen und auch nicht wie eine Großbankenrettung in einer nächtlichen Krisensitzung beschlossen und sofort in die Tat umgesetzt werden. Dafür ist das Projekt viel zu komplex. Deshalb bedarf es einer präzisen Planung, und es muss darüber hinaus auch einen großen zeitlichen Vorlauf haben, damit Handel, Dienstleister, Bürger und Bürokratien die technischen Voraussetzungen für ein bargeldloses Miteinander schaffen können.

Aufgrund dieser Hürden halten wir die recht weit verbreitete Angst vor einem Bargeldverbot derzeit für übertrieben. Gleichzeitig sind wir aber der festen Überzeugung, dass die Zentralbanker und ihnen nahestehende Institutionen wie der IWF oder die Weltbank weiter fieberhaft daran arbeiten werden, einen Weg zu finden, um die Bevölkerung mit deutlich negativen Zinsen nach Belieben enteignen zu können. Die innere Logik ihrer interventionistischen Ideologie lässt ihnen gar keine andere Wahl, und sie wollen doch immer nur das Beste.

»Ich liebe doch alle, alle Menschen«, rief der gefürchtete Stasi-Chef Erich Mielke am 13. November 1989 der Volkskammer zu. Wir werden die Machenschaften rund um das Thema Bargeldabschaffung und negative Zinsen auch in Zukunft sehr genau für Sie verfolgen.

IWF fordert digitale Staatswährung

In der Januar-Ausgabe 2019 von »Krisensicher Investieren« haben wir schon darüber berichtet, dass IWF-Chefin Christine Lagarde auf den Kryptowährungszug aufgesprungen ist und eine digitale Staatswährung befürwortet. »In zehn oder 20 Jahren wird niemand mehr mit Bargeld zahlen«, zitierten wir die staatsgläubige Französin, die mit der internationalen Polit-Elite bestens vernetzt ist. Wir können leider nicht beurteilen, ob diese Prognose einfach nur so dahergesagt war, oder ob Lagarde schon weiß, was hinter den Kulissen vorbereitet wird. So viel ist allerdings klar erkennbar: Die IWF-Bürokraten folgen derselben inneren Logik wie die Zentralbanker.

Zusammenarbeit zwischen EZB und IWF

Im August 2018 hat der IWF in einem seiner »Working Papers« einen Lösungsvorschlag für das »Bargeldproblem« der Zentralbanken präsentiert. Unter der Überschrift »Monetary Policy with Negative Interest Rates: Decoupling Cash from Electronic Money« (»Geldpolitik mit negative Zinsen: Bargeld von elektronischem Geld trennen«) wird ein Vorschlag unterbreitet, wie Zentralbanken auch bei Bargeld für einen direkt steuerbaren Verlust in beliebiger Höhe sorgen können.

Bemerkenswerterweise ist eine der beiden Autorinnen dieser IWF-Studie Mitarbeiterin der Europäischen Zentralbank. Auf der Homepage der EZB wird sie als Leiterin der Geldpolitischen Strategieabteilung (Monetary Policy Strategy Division) genannt.

Der Logik moderner Zentralbanker folgend, werden in dieser Studie negative Zinsen, also die Enteignung von Sparern, als notwendige Voraussetzung für ein effektives Handeln der Notenbanken vorausgesetzt. Es geht den Autorinnen also nur noch darum, rein technokratisch einen Vorschlag zu unterbreiten, mit dem das Ziel erreicht werden kann, jederzeit negative Zinsen in beliebiger Höhe durchzusetzen.

Bargeld als Schwundgeld

Derzeit sei es nach Meinung der Autorinnen noch zu früh und in manchen Ländern vielleicht auch nicht wünschenswert, das Bargeld abzuschaffen. Deshalb schlagen sie eine Vorgehensweise vor, mit der auch Bargeld negativen Zinsen unterworfen werden kann. Dieses Ziel könne durch die Einführung eines dualen Geldsystems erreicht werden. Es müsse also zwei verschiedene inländische Währungen geben, nämlich Bargeld und Zentralbankreserven. Den Wechselkurs dieser beiden Währungen würden die Zentralbanken täglich neu festsetzen und über diesen Wechselkurs dafür sorgen, dass auch Bargeld von negativen Zinsen betroffen wäre. Beispielsweise wären bei einem Zinssatz von minus 3 Prozent per annum 100 Einheiten Bargeld nach einem Jahr nur noch rund 97 Einheiten Zentralbankgeld wert. Das Ziel der Geldentwertung wäre also erreicht. Das Bargeld würde der Einführung negativer Zinsen nicht mehr im Weg stehen, mithin könne es als Zahlungsmittel bestehen bleiben.

Schließlich bedürfe es nur relativ kleiner Änderungen des bestehenden Handlungsrahmens der Zentralbanken. Aus praktischer Perspektive müsse das System also machbar sein (»It should be workable from a practical perspective«). Ein solches duales Geldsystem würde es den Zentralbanken ermöglichen, negative Zinsen in beliebiger Höhe zu implementieren. Im IWF- und EZB-Jargon der Autorinnen heißt das übrigens:

> *Such a dual local currency system would allow the central bank to continue conventional monetary policy below the current effective lower bound. (Ein solches duales Währungssystem würde es der Zentralbank ermöglichen, konventionelle Geldpolitik fortzusetzen unterhalb der im Moment effektiven Untergrenze.)*

Beim Lesen dieses Kauderwelschs könnte man den Eindruck gewinnen, es sei den Damen doch irgendwie unangenehm, die Wahrheit in klaren Worten auszusprechen und die Begriffe »Enteignung« oder »negative Zinsen in beliebiger Höhe« zu benutzen.

Immerhin weisen sie noch darauf hin, dass die Einführung eines solchen Systems rechtliche und strukturelle Fragen aufwerfe. Ob sie dabei an die offensichtliche Zerstörung der Eigentumsrechte denken, die dieses System durch die Enteignung von Sparern darstellt, lassen sie aber offen.

Moderne Zentralbanker wollen enteignen

Wir sehen in dieser Gemeinschaftsarbeit von IWF und EZB einen weiteren wichtigen Hinweis darauf, wohin die Reise gehen soll. Ganz offensichtlich haben die Zentralbanker den Ernst der Lage erkannt, in die sie sich und den Rest der Welt hineinmanövriert haben. Der einfachste Ausweg lautet Geldentwertung. Da Inflationen aber massenpsychologische Phänomene sind, können sie nicht nach Belieben ausgelöst werden. Trotz aller Bemühungen einer jahrelangen ultralaxen Geldpolitik und einer uferlosen Staatsverschuldung ist es bisher noch nicht zu einer großen allgemeinen Inflation gekommen. Deshalb sind die Verantwortlichen in den Zentralbanken offenbar zu dem Entschluss gelangt, einen direkten Weg der Enteignung einschlagen zu müssen.

Wir glauben allerdings nicht, dass es gelingen wird, dieses Enteignungssystem zu implementieren, nicht etwa, weil wir das Einschreiten der Verfassungsgerichte zum Schutz der Eigentumsrechte erwarten. Nein, wir halten die Einführung eines solchen Systems schlicht für zu kompliziert und seine realwirtschaftlichen Folgen für nicht abschätzbar, da der Teufel bekanntlich im Detail steckt. Und dieses Detail können auch die genialsten Zentralbanker und andere Planwirtschaftler nicht ausreichend vorhersehen.

Der Teufel steckt im Detail

Wie soll der Einzelhandel ein duales Preissystem umsetzen? Wie sollen bestehende Verträge umgeschrieben werden? Was ist mit Löhnen, Mieten, Krediten? Wird es zu Kapitalflucht kommen? Zu einem Stillstand an den Immobilien- und Aktienmärkten, weil niemand mehr bereit ist, Schwundgeld entgegenzunehmen? Werden Schwarzmärkte entstehen und andere Güter Geldfunktionen übernehmen? Was passiert mit den Geschäftsmodellen von Banken und Versicherungen? Und wie erfolgreich kann Werbung denn sein, die lautet: »Je mehr Sie einzahlen, desto weniger bekommen Sie heraus!«

Wir halten eine sehr viel einfachere vermeintliche Lösung für das wahrscheinlichste Mittel der Wahl, sobald die nächste Krise Fahrt aufnimmt: Helikopter-Geld.

HELIKOPTER-GELD UND »MODERN MONETARY THEORY«

Der Begriff »Helikopter-Geld« wurde Ende der 1960er-Jahre von dem US-Ökonomen Milton Friedman geprägt. In seinem kritischen Aufsatz »The Optimum Quantity of Money« (»Die optimale Geldmenge«) verwendete er das Bild eines Hubschraubers, der Geld über der Bevölkerung abwirft, um den negativen Effekt einer laxen Geldpolitik auf die Kaufkraft des Geldes zu beschreiben.

Seither wird der Begriff häufig ganz undifferenziert für eine laxe Geldpolitik verwendet, was allerdings nicht ganz richtig ist. Denn eigentlich steht der Begriff »Helikopter-Geld« ausschließlich für eine Politik, die der Bevölkerung direkte Geldzuwendungen des Staates zukommen lässt. Dieses Geld kommt direkt aus der Gelddruckmaschine der Zentralbank. Hier stellt sich zunächst die Frage, was Helikopter-Geld von Quantitative Easing unterscheidet.

QE versus Helikopter-Geld

Quantitative Easing (QE), also Anleihenkäufe der Zentralbanken, wurden während der Finanzkrise von 2008 als kurzfristige Notfallmaßnahmen zur Bankenrettung und Krisenbekämpfung eingeführt. Inzwischen ist QE allerdings zu einer geldpolitischen Dauereinrichtung geworden und wird von den Zentralbanken als völlig normales Instrument der Geldpolitik bezeichnet.

Um zu verstehen, was genau passiert, wenn Zentralbanken Geld drucken, um damit Anleihen zu kaufen, muss man sich zunächst den Zusammenhang zwischen Geldpolitik und Fiskalpolitik klarmachen. Die Regierung bestimmt durch ihre Fiskalpolitik die Höhe der Staatsschulden und damit auch den Betrag an staatlichen Schuldscheinen, die vom Privatsektor gehalten werden müssen. Die

Geldpolitik bestimmt lediglich, in welcher Form die Schuldscheine gehalten werden. Gehalten werden können diese Schuldscheine entweder als Anleihe oder – wenn die Zentralbank Anleihen kauft – als Geld in Form von Bargeld oder Giralgeld. Wenn der Staat Schulden macht, emittiert er Staatsanleihen, die vom Privatsektor zu einem bestimmten Zinssatz gekauft werden, das heißt von Banken, Versicherungen, Pensionskassen, Fonds und Privatanlegern. Erst danach tritt als nächste Instanz die Zentralbank per »Quantitative Easing« auf den Plan und kauft dem Privatsektor diese Staatsanleihen ab. Damit verfolgt sie zwei Ziele:

Erstens treibt sie mit diesen Käufen die Anleihenpreise nach oben, sodass die Zinsen fallen. Zweitens ersetzt sie festverzinsliche Wertpapiere durch unverzinstes Geld. Damit kreiert sie ein äußerst unattraktives Investment, eine Art heiße Kartoffel, die niemand dauerhaft in der Hand halten möchte.

Quantitative Easing macht Geld zur heißen Kartoffel

Nun muss jedes Wertpapier, nachdem es erfolgreich emittiert wurde, aber immer von jemandem gehalten werden, ganz gleich, ob es sich um eine Aktie, eine Staatsanleihe oder unverzinstes Geld handelt. Durch ihre Anleihenkäufe sorgt die Zentralbank also dafür, dass der Privatsektor eine entsprechend große Menge an Geld halten muss, das sie gleichzeitig durch ihre Nullzinspolitik extrem unattraktiv macht. Erst an diesem Punkt setzt dann die Wirkung von »Quantitative Easing« ein: Sparer und Anleger, die keine Zinsen mehr bekommen, machen sich auf die Suche nach Alternativen, die es natürlich nur zum Preis eines höheren Risikos gibt. Dadurch verändert sich die Gesamtsumme an unverzinslichem Geld, das der Privatsektor halten muss, nicht. Es findet lediglich ein Eigentümerwechsel statt. Und der neue Eigentümer verspürt ebenfalls wieder den Druck, der von einem unverzinslichen und somit unattraktiven

Investment ausgeht, und schaut sich nach einer Alternative um. Der Teufelskreis setzt sich fort.

Genau dieser Teufelskreis hat dazu geführt, dass Anleihen, Aktien, Immobilien und Kunst extrem überbewertet wurden.

Eine absichtlich erzeugte Spekulationsblase

Die Fed hat also ganz bewusst für die Entstehung einer Spekulationsblase gesorgt. Die aktuelle Blase ist größer als jemals zuvor und erstreckt sich darüber hinaus auch auf viel mehr Vermögenswerte als in den Jahren 2000 oder 2007 – oder auch im Jahr 1929. Es handelt sich um die erste Spekulationsblase, die ganz bewusst und absichtlich erzeugt wurde. Die Verantwortung dafür tragen einzig und allein die Zentralbanken. Die Einmaligkeit dieser Situation entschärft die Lage aber keineswegs. Eher scheint uns das Gegenteil der Fall zu sein. Denn die meisten Profis und sicherlich auch viele Privatanleger wissen ganz genau, wie groß die Risiken an den Finanzmärkten und in der Wirtschaft derzeit sind. Deshalb werden viele von ihnen verkaufen wollen, sobald die Märkte ernsthaft fallen. Aus diesem Grund halten wir die Gefahr eines Crashs für deutlich größer als in normalen Zyklen, in denen die Hoffnung nur ganz langsam stirbt.

Mit Käufen von Staatsanleihen treibt die Zentralbank die Anleihenpreise nach oben, sodass die Zinsen fallen. Dadurch hat der hoch verschuldete Staat geringere Zinsausgaben und kann sich noch höher verschulden.

Der zweite Effekt dieser Anleihenkäufe ist die Entstehung von Spekulationsblasen. Deshalb ist es an den »Märkten der Wohlhabenden« – das heißt bei Anleihen, Immobilien, Aktien und Kunst – in den vergangenen Jahren zu stark steigenden Preisen gekommen.

Der von den Zentralbankern erhoffte Wohlstandseffekt dieser Preissteigerungen auf das Wirtschaftswachstum und die breite Bevölkerung ist jedoch ausgeblieben. Stattdessen wurden nur die Reichen reicher und die Schere zwischen Arm und Reich wird immer größer.

Helikopter-Geld: Der Staat verteilt frisch gedruckte Geldgeschenke

Im Unterschied dazu fließt Helikopter-Geld direkt an die breite Bevölkerung. Das kann durch Steuersenkungen geschehen, durch direkte Transferzahlungen, die aus politischer Sicht den Vorteil haben, ganz gezielt nur bestimmte (Wähler)-Gruppen zu beglücken, oder durch höhere Staatsausgaben. Finanziert werden diese Maßnahmen von der Zentralbank, also mit neu gedrucktem Geld. Mit diesen Maßnahmen, so deren Verfechter, werde die Wirtschaft umgehend angekurbelt, da zumindest ein Teil dieser Gelder sofort für Konsumgüter ausgegeben werde, anstatt für Kunst und Immobilien.

Ganz anders argumentieren die Gegner dieser Vorgehensweise. Mit Milton Friedman und Ökonomen des klassischen Liberalismus erwarten sie von dieser Form der Geldmengenausweitung vor allem steigende Preise, da dem neu geschaffenen Geld keine zusätzliche Gütermenge gegenübersteht. Ein dauerhafter Effekt auf das Wirtschaftswachstum entstehe also nicht, allenfalls eine vorübergehende Scheinblüte sei durch solche Maßnahmen erzielbar.

Zentralbank und Regierung Hand in Hand

Der Einsatz von Helikopter-Geld setzt eine enge Zusammenarbeit zwischen Regierung und Zentralbank voraus. Das galt früher, in Zeiten einer konservativen Geldpolitik, aufgrund der vorgeblichen Unabhängigkeit der meisten Zentralbanken als eine kaum zu überwindende Hürde. Die einen sahen darin ein Bollwerk gegen eine unseriöse und inflationäre Staatsschulden- und Geldpolitik, die nur ein kurzfristiges Strohfeuer entfachen, aber kein nachhaltiges Wirtschaftswachstum erzeugen könne. Die anderen hingegen betrachteten die strikte Trennung von Regierung und Zentralbank als Hindernis bei der Umsetzung großartiger sozialistischer Menschheitsbeglückung und der Schaffung von Reichtum für alle. Das werde von den Zentralbanken und Kapitalisten aus niederen Beweggründen verhindert.

Die radikalsten Befürworter von Helikopter-Geld wollen sogar den Zentralbanken das Recht einräumen, neu geschaffenes Geld direkt an die Bevölkerung zu verteilen. Das mag im Moment zwar ungesetzlich sein, aber das kann einen zu allem entschlossenen Zentralbanker bekanntlich nicht aufhalten. Außerdem lassen sich derart lästige Gesetze in Krisenzeiten ganz schnell ändern, wie die Vorgänge um die Rettung von Großbanken und des Euro bewiesen haben. Wir haben jedenfalls keinen Zweifel daran, dass sich Regierungen und die bestehenden Zentralbanken in der nächsten Krise ganz schnell auf den Einsatz von Helikopter-Geld in der einen oder anderen Form einigen werden. Politiker und Zentralbanker werden sich dabei gegenseitig ebenso wenig im Wege stehen wie bei der Verhinderung von Staatsbankrotten oder der Rettung maroder Großbanken.

Modern Monetary Theory: Alles läuft auf Helikopter-Geld hinaus

In den vergangenen Monaten hat der Begriff »Modern Monetary Theory« (abgekürzt: MMT) in den USA regelrecht Karriere gemacht. Bei genauerer Betrachtung versteckt sich dahinter allerdings nichts anderes als die Forderung nach Helikopter-Geld.

Humorlos gewordene Zentralbank

Vor 13 Jahren haben wir übrigens schon einmal über die bereits erwähnte Publikation der Dallas Fed geschrieben. Damals zeigten die Autoren ihren Humor, indem sie die Studie mit dem Foto eines Hubschraubers schmückten.

Wir hatten es damals kopiert, um es unseren Lesern zu zeigen. Da wir uns die Studie für eine Themenschwerpunkt-Ausgabe unseres Börsenbriefs noch einmal zu Gemüte führen wollten, sie aber nicht archiviert hatten, wandten wir uns an die Federal Reserve Bank of Dallas. Wie erwartet, erhielten wir schon am nächsten Tag die gewünschte PDF-Datei – allerdings in einer veränderten Aufmachung: Es fehlte das Bild des Hubschraubers.

Auf unsere Rückfrage erhielten wir die Antwort, es habe möglicherweise verschiedene Versionen dieser Arbeit mit unterschiedlichen Fotos gegeben. Die uns jetzt zugesandte Version sei jedoch die angemessenste (»most appropriate«), um für unsere Artikel verwendet oder zitiert zu werden. Haben die Notenbanker jetzt auch noch ihren Humor verloren? Vielleicht sind sie aber einfach nur damit beschäftigt, für das Wort »Helikopter« einen möglichst unverständlichen Begriff zu prägen, damit sie auch in Zukunft nicht verstanden werden – »Quantitative Ascension« (quantitative Himmelfahrt) vielleicht?

Die MMT-Bewegung in den USA

Das bekannteste Gesicht hinter dieser MMT-Bewegung der Neuen Linken ist die New Yorker Kongressabgeordnete Alexandria Ocasio-Cortez, der neue Star des linken Flügels der Demokraten. Mit klassenkämpferischer Attitüde und dem Slogan »New Green Deal« reitet sie die Umweltschutzbewegung in den USA, die jetzt erst Fahrt aufnimmt. Auch verspricht Ocasio-Cortez umfangreiche Sozialprogramme. Gleichzeitig knüpft sie mit ihrem Werbeslogan natürlich an den »New Deal« der 1930er-Jahre an. Damals bekämpfte der Staat unter Herbert Hoover, einem Präsidenten der Demokraten, die extrem hohe Arbeitslosigkeit der Weltwirtschaftskrise mit großen schuldenfinanzierten Infrastrukturprojekten wie dem berühmten Hoover Dam. Allerdings war die Ausgangslage in den 1930ern eine völlig andere als heute: Die Staatsverschuldung war extrem niedrig, die Arbeitslosigkeit betrug fast 30 Prozent, und eine soziale Absicherung gab es kaum.

Wie auch immer, die ehrgeizige und telegene Ocasio-Cortez möchte irgendwie in Hoovers bei den US-Demokraten rundum positiv besetzte Fußstapfen treten. Dabei vertritt sie die unsinnige These, die Höhe der Staatsverschuldung sei völlig belanglos, solange sich ein Land in seiner eigenen Währung verschulde. Denn es könne diese ja in beliebiger Höhe selbst drucken. Von Währungskrisen und Hyperinflationen scheint die Befürworterin von Helikopter-Geld noch nie gehört zu haben – und schon gar nicht davon, dass sie stets durch eine hohe und schnell wachsende Staatsverschuldung verursacht wurden, die von der Zentralbank finanziert wurde.

Es besteht weiterhin Grund zur Hoffnung

Derzeit ist weltweit der politische Wille vorhanden, den eingeschlagenen geldpolitischen Weg konsequent weiterzugehen. Das muss allerdings nicht so bleiben. Denn die Zeiten ändern sich ebenso wie die Menschen und der von ihnen verkörperte Zeitgeist.

Auch große Veränderungen können sich überraschend schnell vollziehen. Das lehrt die Geschichte. Die etwas Älteren unter Ihnen können das sogar als Zeitzeugen am Beispiel des unblutigen Endes der Sowjetunion und der DDR bestätigen. Es besteht also durchaus

Hoffnung auf Besserung! Wir werden nicht nachlassen, die Wahrheit über das Zentralbankwesen an die Öffentlichkeit zu tragen, für Freiheit und Eigenverantwortung einzutreten und für einen möglichst kleinen Staat zu werben. Das unterscheidet uns radikal sowohl von der Linken als auch von der Rechten, die ja beide einen möglichst starken und allumfassenden Staat herbeiführen wollen. Sie wittern Morgenluft, da die Unzufriedenheit in der Bevölkerung Europas und zunehmend auch der USA immer deutlicher zutage tritt.

Unsoziale Geldpolitik spaltet die Gesellschaft

Eine gefährliche Folge der unsozialen Geldpolitik der vergangenen Jahre ist die Spaltung und Radikalisierung der Gesellschaft, die in allen europäischen Ländern, aber auch in den USA bereits weit fortgeschritten ist. So schrieb die »Financial Times« am 3. Februar 2019 mit Blick auf die politische Entwicklung in den USA: »Der Klassenkampf ist zurück«. Darüber hinaus titelte sie in einem Editorial: »Quantitative Easing ist der Vater des Sozialismus der Millennials«. Als Millennials wird in den USA die Generation der zwischen 1980 und 2000 Geborenen bezeichnet, also jene jungen Menschen, die wir als eine der Verlierergruppen ausgemacht haben, die durch die Geldpolitik der vergangenen Jahre massiv benachteiligt werden.

Dass die sonst so staatstreue »Financial Times« es in ihren Seiten zulässt, die entscheidende Rolle der Zentralbank bei der politischen Radikalisierung der Bevölkerung beim Namen zu nennen, ist eine neue und sehr erfreuliche Entwicklung. Diese Art von Kritik an der Zentralbank war bis vor kurzem in den Massenmedien verpönt. Und dass die »Financial Times« einst zu den größten Fans Alan Greenspans gehörte, wirft kein allzu gutes Licht auf dieses Blatt. Wir sind positiv überrascht über die veränderte Sichtweise der Redaktion.

FAZIT: DIE GROSSE GELDENTWERTUNG KOMMT

Geld wird als Zahlungsmittel akzeptiert, weil es einen als verlässlich wahrgenommenen zukünftigen Anspruch auf Waren und Dienstleistungen darstellt. Wenn dieser Anspruch infrage gestellt wird, tritt ein Vertrauensverlust ein, und die Geldentwertung beginnt. Deshalb sind Inflationen und Hyperinflationen ein massenpsychologisches Phänomen.

Mit Blick auf die gerade skizzierten politischen Entwicklungen in den USA, die selbst nur eine Folge der Geldpolitik der vergangenen Jahre sind, haben wir den Eindruck, dass die Zeit reif geworden ist für die nächste große Umdrehung der geld- und staatsschuldenpolitischen Interventionsspirale. Da »Quantitative Easing« keine allzu negativen Auswirkungen auf die amtlich gemessene Geldentwertung hatte, hat sich die Überzeugung breitgemacht, dass die Gelddruckmaschine noch aggressiver und zum Wohle der Allgemeinheit statt nur der Reichen eingesetzt werden kann und soll. Die neue US-Linke bahnt den Weg.

Allerdings sind wir inzwischen ziemlich sicher, dass auch US-Präsident Trump mit aller Gewalt den Einsatz von Helikopter-Geld fordern wird, sobald die sich abzeichnende Rezession eingetreten ist und die Aktienkurse drastisch fallen.

Im Jahr 2012 erschien das Buch »Modern Central Banking Simplified« von Michael J. Panzner. Alle 200 Seiten dieses Werks sind identisch. Auf jeder steht nur der eine kurze Satz: »Print money.« (»Drucke Geld.«) Nur auf der letzten Seite heißt es abschließend: »Keep on printing!« (Immer weiter drucken!). Witziger kann man »Quantitative Easing« und andere »unkonventionelle geldpolitische Maßnahmen« nicht auf den Punkt bringen. Auf der Titelseite prangt das Bild eines fröhlich blickenden bärtigen Herrn. Das ist Ex-Fed-

Präsident Ben Bernanke. Er hat zusammen mit seinem Vorgänger auf dem Chefsessel der Fed die heimliche Machtübernahme durch die Zentralbanken auf den Weg gebracht.

Unsere Ausführungen über negative Zinsen, Bargeldverbot und Helikopter-Geld verdeutlichen, wie groß die Gefahren sind, die vom Staat und seiner Zentralbank auf Ihr Vermögen ausgehen. Gold bietet den besten Schutz gegen große Geldentwertungen und andere staatliche Zugriffe auf Ihr Vermögen. Daran lässt die Geschichte keinen Zweifel. Insofern kann es nicht verwundern, dass es am Goldmarkt in den vergangenen Monaten zu einer Flut bullisher Signale gekommen ist. Dass gezielte Investitionen in Gold und Goldminen der beste Schutz gegen die Folgen von grenzenloser Staatsverschuldung, Negativzinsen, »Quantitative Easing« und Helikopter-Geld sind, davon sind wir überzeugt.

SCHLUSSTEIL

SO SCHÜTZEN UND SICHERN SIE IHR VERMÖGEN IN DIESEN SCHWIERIGEN ZEITEN

Bereits im März 2001 empfahlen wir Ihnen den Kauf von Gold und Goldminenaktien, während wir an den allgemeinen Aktienmärkten schon seit dem Jahr 2000 zu großer Vorsicht rieten. Dem damals in Deutschland so populären Neuen Markt sagten wir sogar einen Absturz von mindestens 90 Prozent voraus, ebenso der zu dieser Zeit absurd überbewerteten Telekom-Aktie. Diese Aktie war dank einer perfekt inszenierten Werbekampagne mit dem Publikumsliebling Manfred Krug in aller Munde und wurde als populäre Volksaktie in großem Stil in den Depots gutgläubiger Neuaktionäre untergebracht.

VERDRÄNGEN UND VERGESSEN

Der anschließende Kursrückgang am Neuen Markt, der noch im selben Jahr begann, fiel mit einem Minus von 97 Prozent noch heftiger aus als von uns prognostiziert. Zwei Jahre später, am 5. Juni 2003, schaffte die Deutsche Börse AG das gesamte Marktsegment und die dazugehörenden Indizes kurzerhand ab. Diese hochspekulative Massenhysterie sollte möglichst schnell in Vergessenheit geraten. Bei einer Weiterführung der Neue Markt-Indizes wäre das nur schwer möglich gewesen. Offenbar wollten die Verantwortlichen der Deutschen Börse das wunderschöne Märchen von den langfristig immer steigenden Aktienkursen nicht durch dieses unschöne Beispiel aus der harschen Wirklichkeit entzaubern.

Der Telekom-Aktie erging es nicht viel besser. Sie wurde zwar nicht abgeschafft. Aber ihr Kurs, der damals mehr als 100 Euro betrug, erlebte einen Crash von 92 Prozent. Heute – das heißt fast 20 Jahre später – notiert die Aktie bei 15 Euro. Damit befindet sie sich immer noch 85 Prozent unter ihrem damaligen Hoch.

Jedes Wertpapier muss von irgendeinem Anleger gehalten werden, solange es existiert. Deshalb befinden sich die T-Aktie und die Aktien der überlebenden Unternehmen des Neuen Marktes auch heute noch in zahlreichen Anleger-Depots. Interessanterweise hört oder liest man davon aber nichts.

LERNEN SIE AUS DER GESCHICHTE

Wir rufen Ihnen diesen lehrreichen Teil der Finanzmarktgeschichte im Schlussteil dieses Buchs ganz bewusst noch einmal in Erinnerung, weil die amerikanische Weltleitbörse heute ähnlich überbewertet erscheint wie im Jahr 2000. Die Lage ist heute sogar noch sehr viel ernster. Denn damals waren nur wenige Sektoren extrem überbewertet, während der Rest noch halbwegs moderat bewertet war.

Heute sind hingegen nahezu alle Bereiche gleichermaßen von der fundamentalen Überbewertung betroffen. Das schließt auch die Immobilien- und Anleihenmärkte ein, die damals im Unterschied zu heute eine attraktive Alternative zur Börse darstellten.

Darüber hinaus ist die Verschuldung des Staates, der Wirtschaft und der privaten Haushalte in den vergangenen 20 Jahren drastisch angestiegen. Gleichzeitig stehen die Zentralbanken nach Jahren der Nullzinspolitik, die von gigantischen Anleihenkäufen flankiert wurde, mit nahezu leeren Händen da. Schließlich ist die Zinsstrukturkurve im September 2019 bereits seit Monaten invers, das heißt, die kurzfristigen Zinsen sind höher als die langfristigen. Damit gibt der verlässliche Indikator Zinsstruktur ein klares Rezessionssignal – wie zuletzt in den Jahren 2000 und 2007. Weitere treffsichere Rezessionsmodelle, die wir hier nicht besprechen können, befinden sich unmittelbar vor einer klaren Rezessionsprognose.

Die Wahrscheinlichkeit einer Rezession, die sich zu einer schweren Krise ausweiten wird, ist groß. Deshalb ist es jetzt wichtig für uns, ausführlich auf die Frage einzugehen, was Sie in dieser Situation und vor dem Hintergrund des in diesem Buch bereits Gesagten als Anleger zum Schutz Ihres Vermögens tun können. Denn so viel wissen wir: Alle Rezessionen sind mit Baissen an den Aktienmärkten einhergegangen, und alle großen Krisen haben mit einer scheinbar ganz normalen Rezession begonnen. Die Zeichen an der Wand sind unverkennbar, und Vorsicht ist die Mutter der Porzellankiste. Deshalb hoffen wir zwar weiterhin das Beste, bereiten uns aber auf schwere Zeiten vor.

WIR EMPFEHLEN IHNEN EINEN GOLDANTEIL VON MINDESTENS 25 PROZENT IHRES VERMÖGENS

In unserem 2003 erschienenen Buch *Das Greenspan-Dossier* wiederholten und verstärkten wir unsere Gold-Empfehlung aus dem Frühjahr 2001. Darüber hinaus begründeten wir ausführlich, warum wir das Jahr 2000 als Zeitenwende bezeichnet haben. Konkret sprachen wir die Empfehlung aus, mindestens 25 Prozent bis 35 Prozent des eigenen Vermögens in physischem Gold anzulegen.

Diese Empfehlung wiederholen wir ausdrücklich auch jetzt wieder. Denn Gold ist in diesen schwierigen und hochriskanten Zeiten ein absolutes Muss, ein konservatives Basisinvestment, eine Versicherung gegen die Folgen einer völlig unseriösen Geld- und Staatsschuldenpolitik. Deshalb werden wir nicht zögern, den von uns empfohlenen Goldanteil sogar zu erhöhen, sobald die Geldentwertung Fahrt aufnimmt.

Doch das ist nicht das einzige Argument, das Ihnen einen hohen Goldanteil bei der Aufteilung Ihres Vermögens nahelegt. Im Moment spricht nämlich alles dafür, dass sich Gold in der Frühphase des zweiten Teils einer langfristigen Hausse befindet, die 2001 begonnen hat. Entsprechend mehren sich die Zeichen, dass der Goldpreis deutlich steigen wird. Deshalb sehen wir im Edelmetall Gold auf Sicht der nächsten Jahre nicht nur ein Vehikel des Vermögenserhalts und der Sicherheit, sondern auch der Vermögensmehrung.

Teil 2 der großen Goldhausse hat bereits begonnen

Um das große Bild einer Kursbewegung zu erkennen, lohnt sich der Blick auf einen langfristigen Chart. Für den Goldpreis in US-Dollar pro Feinunze sehen Sie in der folgenden Abbildung einen sogenannten Monatschart. Jeder Balken umfasst die Kursspanne eines ganzen Kalendermonats.

Goldpreis pro Unze in US-Dollar, 1995 bis 2019

Nach einer mehrjährigen Phase der Bodenbildung geht es mit dem Goldpreis jetzt wieder nach oben. *Quelle: StockCharts.com*

Im ersten Teil der großen Goldhausse, der 2001 begonnen hatte, stieg der Goldpreis von 250 US-Dollar pro Unze auf 1920 US-Dollar im Jahr 2011. Dann folgte eine Korrektur, in deren Verlauf die Kurse bis auf 1050 US-Dollar im Dezember 2015 zurückgingen. Seither steigt der Goldpreis wieder.

Passend zu den oben beschriebenen geld- und fiskalpolitischen Entwicklungen – und analog zur Zeit von 1997 bis 2002 – hat sich in den vergangenen sechs Jahren eine mächtige Bodenformation mit einer klar definierten Obergrenze gebildet. Im Juni 2019 sind die Kurse über diese Obergrenze gestiegen. Damit ist die lange Korrekturphase, die 2011 begonnen hatte, endgültig vorüber. Jetzt läuft der zweite Teil der großen Edelmetallhausse, die zur Jahrtausendwende begonnen hat.

Wie Sie auf unserem nächsten Chart sehen, sieht die Lage für Anleger im Euroraum sogar noch besser aus. Denn in Euro gerechnet, hat der Goldpreis schon wieder sein Hoch des Jahres 2012 erreicht.

Goldpreis pro Unze in Euro, 1995 bis 2019

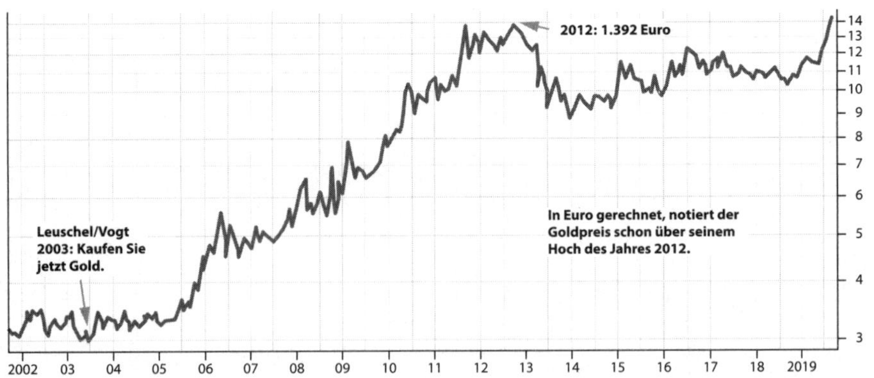

Im Euro hat der Goldpreis sein Hoch des Jahres 2012 überschritten.

Quelle: StockCharts.com

Physisches Gold und ETCs

An dieser Stelle möchten wir kurz auf die immer wieder gestellte Frage antworten, ob es denn unbedingt Münzen und Barren sein müssen oder ob man nicht einfach Exchange Traded Commodities (ETCs) wählen könne, also die börsengehandelte Verbriefung von Edelmetallen. Schließlich muss man sich bei ETCs keine Gedanken über die Lagerung des Metalls machen und kann sie bequem über die Börse handeln. Darüber hinaus sind gute Edelmetall-ETCs zumindest bei Gold oder Platin nicht Swap-basiert, sondern mit dem entsprechenden Edelmetall in physischer Form unterlegt.

Als Anleger können Sie Anteile eines ETCs wie Aktien an der Börse verkaufen. Bei einigen Gold-ETCs haben Sie anstatt sie zu verkaufen sogar die Möglichkeit, sich das Gold an einen vorbestimmten Ort oder nach Hause ausliefern zu lassen. Bei manchen ETCs ist die geringste auslieferbare Menge für die meisten Anleger zwar viel zu hoch. Bei anderen gibt es diese Restriktion hingegen nicht, darunter dem in Deutschland gängigen ETC »Xetra Gold«. Hier können Sie die Lieferung von Goldbarren in Gewichten von 1 g bis 1 kg veranlassen, allerdings müssen Sie die physische Belieferung extra bezahlen. Juristisch sind Edelmetall-ETCs zwar Inhaberschuldverschreibungen. Durch ihre Konstruktion und ihre volle Unterlegung mit dem jeweiligen Edelmetall ergibt sich daraus aber kein Ausfallrisiko.

ETCs: Ein Unbehagen bleibt bestehen

Trotz alledem beschleicht uns beim Studium der umfangreichen Verkaufsprospekte ein gewisses Unbehagen. Wie die Rechtsprechung hier im Fall der Fälle entscheiden würde, können wir nicht beurteilen. Nicht umsonst lautet ein altes Sprichwort: »Auf hoher See und vor Gericht bist du in Gottes Hand.«

In halbwegs normalen Zeiten haben wir mit Gold-ETCs kein Problem. Wir sind aber nicht dazu bereit, in einer schweren Krise die Hand für sie ins Feuer zu legen. Deshalb lassen wir uns auch hier von dem bereits erwähnten Vorsichtsprinzip leiten.

Ein weiteres Argument, das für physisches Gold und gegen ETCs spricht, sind die Handelszeiten der Börsen. In Krisenzeiten wird es sicherlich Bankfeiertage und unter Umständen sogar lange Börsenschließungen geben. Es kann also passieren, dass Sie gerade dann keinen Zugriff mehr auf Ihr ETC-Gold haben, wenn Sie es am dringendsten benötigen.

Barren und Münzen sollten es sein

Deshalb ziehen wir Gold in Form von Barren und Münzen vor. Bei sehr großen Vermögen mag es genügen, nur einen Teil des Goldbestandes in physischer Form zu besitzen. Aber selbst in diesen Fällen raten wir dazu, nicht weniger als 10 Prozent des eigenen Vermögens in Barren und Münzen zu verwahren, und zwar außerhalb des Bankensystems. Auf die verschiedenen Möglichkeiten der konkreten Umsetzung dieser Empfehlung möchten wir nicht näher eingehen. Hier sind Ihrer Fantasie keine Grenzen gesetzt.

Schließlich gilt natürlich auch hier das Prinzip der Diversifikation. Das heißt, Sie sollten Ihr Edelmetall an verschiedenen Orten aufbewahren. Idealerweise verteilen Sie es sogar auf verschiedene Länder, auch außerhalb der Europäischen Union.

GOLD HAT SEIT DER JAHRTAUSENDWENDE DIE NASE VORN

Die folgende Tabelle zeigt Ihnen, wie sich der Goldpreis und der DAX seit unserer strategischen Empfehlung aus dem Jahr 2001 entwickelt haben. Mit einem durchschnittlichen Wertzuwachs von 9,8 Prozent pro Jahr ist Gold erheblich stärker gestiegen als der DAX. Und das, obwohl der DAX ein sogenannter Performance-Index ist, bei dem die sofortige Anlage der ausgeschütteten Dividende in die jeweilige Aktie unterstellt und in den Punktestand eingerechnet wird.

Gold in Euro, Gold in US-Dollar, DAX in Euro, Kurssteigerung pro Jahr in Prozent, 2001 bis August 2019

	Gold in €	Gold in $	DAX
2001	8,8%	2,0%	-19,8%
2002	6,4%	24,7%	-43,9%
2003	1,7%	21,1%	37,1%
2004	-3,1%	5,4%	7,3%
2005	36,7%	20,0%	27,1%
2006	10,6%	23,0%	22,0%
2007	18,4%	30,9%	22,3%
2008	10,5%	5,6%	-40,4%
2009	20,7%	23,4%	23,8%
2010	37,1%	27,1%	16,1%
2011	14,2%	10,1%	-14,7%
2012	4,9%	7,0%	29,1%
2013	-31,2%	-28,3%	25,5%
2014	12,1%	-1,5%	2,7%
2015	-0,3%	-10,4%	9,6%
2016	6,9%	12,0%	8,5%
2017	-1,0%	12,7%	12,5%

2018	2,4%	-2,1%	-18,3%
2019	24,5%	19,4%	13,1%
Durchschnitt	9,8%	10,5%	6,2%

Seit der Jahrtausendwende ist der Goldpreis deutlich stärker gestiegen als der DAX-Performance-Index. (Stand: August 2019) Quelle: StockCharts.com

DAX-Performance-Index versus DAX-Kurs-Index

Im internationalen Vergleich ist ein Performance-Index sehr ungewöhnlich. Normalerweise werden Kurs-Indizes verwendet, die lediglich die Kursveränderungen der zugrunde liegenden Aktien enthalten. Dividenden werden also nicht berücksichtigt. Schon gar nicht üblich ist die Fiktion einer sofortigen Wiederanlage dieser Ausschüttungen.

Der folgende Chart zeigt Ihnen den Kursverlauf des DAX-Kurs-Index, bei dessen Berechnung keine Dividenden berücksichtigt werden. Wie Sie sehen, notiert diese DAX-Variante im Jahr 2019 noch immer rund 10 Prozent niedriger als an ihrem Hoch aus dem Jahr 2000. Diese Darstellungsweise verdeutlicht Ihnen, warum wir auch heute noch das Jahr 2000 als eine Zeitenwende an den Finanzmärkten bezeichnen.

DAX-Kurs-Index, 1999 bis 2019

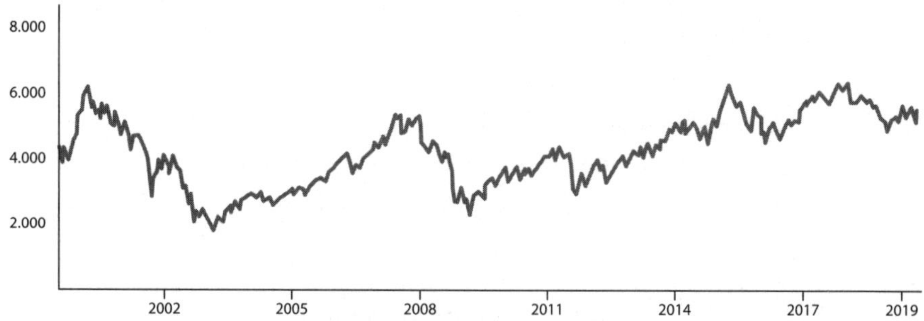

Der DAX-Kurs-Index, der im Unterschied zu dem sehr viel bekannteren DAX-Performance-Index keine Dividenden berücksichtigt, notiert immer noch rund 10 Prozent unter seinem Hoch aus dem Jahr 2000. Quelle: Deutsche Börse AG

Der letzte Akt steht bevor

Durch die extrem hohe Überbewertung des US-Aktienmarktes, der im Großen und Ganzen auch in Europa die Richtung der Kurse vorgibt, wird die ernüchternde Bilanz des DAX-Kurs-Index sogar geschönt. Denn bei einer historisch durchschnittlichen Bewertung wären die DAX-Kurse erheblich niedriger. Außerdem garantiert die hohe fundamentale Bewertung geradezu eine unterdurchschnittliche Entwicklung auf Sicht der nächsten zehn bis zwölf Jahre. Warum das so ist, haben wir Ihnen in Teil III dieses Buchs erläutert.

Die mageren Zeiten an den Aktienmärkten, die im Jahr 2000 begonnen haben, sind also noch nicht vorüber. Deshalb wird der Vergleich von Gold mit Aktien in zehn bis zwölf Jahren mit hoher Wahrscheinlichkeit noch positiver zugunsten des Goldes ausfallen, als das derzeit schon der Fall ist.

Daraus folgt, dass die mit der Zeitenwende des Jahres 2000 in Gang gesetzten Trends und Entwicklungen ihren Zenit noch nicht erreicht haben. Der letzte Akt dieser Finanzmarktepoche steht uns also noch bevor. Wir erwarten ihn in den kommenden Jahren. Wie in den von der Weltwirtschaftskrise geprägten 1930er- und 1940er-Jahren werden seine Folgen weit über die Finanzmärkte hinaus spürbar sein. Das lehrt uns zumindest die Finanzgeschichte. Sie zeigt einen klaren Zusammenhang zwischen Wohlstandsverlusten, die beispielsweise in fallenden Aktienkursen oder hohen Inflationsraten sichtbar werden, und gesellschaftlichen Umbrüchen – bis hin zu großen Kriegen.

Silber als Depotbeimischung

Nach dem oben Gesagten und allem, was Sie in unserem Börsenbrief »Krisensicher Investieren« und in unseren Büchern über Währungssysteme, Staatsverschuldung, Zentralbanken und Geldentwertung gelesen haben, wissen Sie, warum Sie Gold als unverzichtbaren Bestandteil Ihres Vermögens brauchen. Darüber hinaus empfehlen wir als Depotbeimischung Silber. Im Großen und Ganzen bewegen sich die Kurse von Gold und Silber in dieselbe Richtung. Der Silberpreis unterliegt aber sehr viel stärkeren Schwankungen als der Goldpreis. Auf den ersten Blick eignet sich Silber also eher für Spekulanten, denen Gold auf dem Weg nach oben etwas zu langweilig erscheint.

Auf den zweiten Blick hat Silber aber eine Eigenschaft, die das weiße Edelmetall auch und gerade für sehr vorsichtige Anleger attraktiv macht: Silber ist eine Absicherung gegen das Risiko eines Goldverbots.

Goldverbote sind ein gutes Argument für Silber

Goldverbote hat es in der Vergangenheit bereits gegeben, auch in Deutschland und sogar in den USA; Silberverbote gab es hingegen nie. Wir schätzen das Risiko eines Goldverbots zwar sehr gering ein. Dennoch ist es ratsam, diese Gefahr nicht einfach zu ignorieren, zumal Sie mit Silber eine einfache Möglichkeit zur Hand haben, auch für diesen unwahrscheinlichen Fall vorzusorgen.

Im Moment halten wir eine Größenordnung von 3 bis 5 Prozent Ihres Vermögens für angemessen. Erst wenn es ernstzunehmende Anzeichen für ein mögliches Goldverbot geben sollte, würden wir diesen Anteil erhöhen.

Abgesehen von ein paar Münzen als potenziellem Notgroschen für den täglichen Bedarf eignet sich Silber aufgrund seines geringen Preises jedoch nicht zur physischen Aufbewahrung. Deshalb geben wir uns hier mit einem ETC zufrieden. Alternativ können Sie auch den Kauf in einem Zollfreilager wählen. Diese Möglichkeit bieten Ihnen alle großen Edelmetallhändler in verschiedenen Ländern an. Hier halten wir die Schweiz und Liechtenstein sowie Kanada für eine gute Wahl.

Diamanten als mögliche Lebensretter

Diamanten haben wir erst kürzlich in einer Themenschwerpunkt-Ausgabe unseres Börsenbriefes »Krisensicher Investieren« umfangreich besprochen. Der Titel lautet: »Diamanten als Sachwert-Investment. Was Sie als Anleger über Diamanten unbedingt wissen sollten.« Dabei sind wir zu dem Ergebnis gekommen, dass es Szenarien gibt, in denen Diamanten Gold und mehr noch Silber überlegen sind.

Das ist immer dann der Fall, wenn Menschen als Verfolgte ihre Heimat Hals über Kopf verlassen und ihr Hab und Gut zurücklassen müssen. Dann sind Gold und Silber zu schwer, zu unhandlich, zu leicht erkennbar und darüber hinaus auch noch einfach mit Detektoren aufzuspüren. All das gilt für Diamanten nicht.

Wenn Sie sich für ein solches Extremszenario rüsten wollen oder ein Gold- und Silberverbot fürchten, führt kein Weg an Diamanten vorbei. Wir halten ein solches Szenario zwar für extrem unwahrscheinlich. Aber schaden kann ein erstklassiger Diamant natürlich nicht, zumal Sie sich in guten Zeiten natürlich auch an seiner Schönheit erfreuen können.

Vermögenszuwachs mit Minenaktien

Der Kauf von Gold und Silber dient vor allem dem Vermögenserhalt. Wenn Sie in den von uns erwarteten schwierigen Zeiten Vermögenszuwächse erzielen wollen, dann sollten Sie Ihr Depot zusätzlich mit ausgewählten Gold- und Silberminenaktien bestücken. Deren Kurse steigen gewöhnlich um ein Vielfaches stärker als die der Edelmetalle. Allerdings unterliegen sie auch deutlich höheren Kursschwankungen. Deshalb ist es ratsam, sich auf höchstem Niveau über das Geschehen an den Finanz- und Edelmetallmärkten zu informieren und ein solches Depot aktiv zu managen. Mit unserem Börsenbrief »Krisensicher Investieren« unterstützen wir Sie dabei, diese Herausforderung zu meistern.

LIQUIDITÄT

Wie Sie vielleicht wissen, gehörten wir zu den ganz wenigen Analysten, die im Jahr 2007 vor den verheerenden Folgen der Immobilienblase gewarnt haben. Wir prognostizierten damals nicht nur fallende Immobilienpreise, sondern zusätzlich eine schwere Rezession, starke Kursverluste an den Aktienmärkten und insbesondere auch Bankenpleiten.

Um sich vor dieser Entwicklung zu schützen, empfahlen wir unseren Lesern im Juli 2008 unter anderem, die just zu diesem Zeitpunkt neu eingeführte Tagesanleihe des Bundes zu kaufen. Konkret rieten wir dazu, die bei Banken gehaltenen Tages- und Termingelder in die Tagesanleihe des Bundes umzuschichten. »Die Tagesgeldanleihe verbindet die tägliche Verfügbarkeit eines Tagesgeldkontos oder Geldmarktfonds mit der Rückzahlungssicherheit einer Bundesanleihe«, schrieben wir damals und fügten hinzu: »Wir halten sie [die Tagesanleihe] für ein geradezu perfektes Produkt zum sorgenfreien Aussitzen der laufenden Krise.«

Dass schlussendlich alle Banken gerettet und die Regeln der Marktwirtschaft bis zum heutigen Tage weitgehend außer Kraft gesetzt wurden, konnte zu diesem Zeitpunkt natürlich niemand wissen. Ihnen die Umschichtung der Bankeinlagen in die Tagesanleihe zu empfehlen war also absolut richtig. Wie Sie wissen, war das Risiko, durch Bankenpleiten Geld zu verlieren, damals sehr real. Ein gut informierter Anleger musste sich also davor schützen. Daran hat sich seither nichts geändert.

Banken- und Versicherungspleiten sind nach wie vor möglich

Durch die Nullzinspolitik der vergangenen Jahre wurde insbesondere das europäische Bankensystem nicht etwa saniert, sondern zusätzlich geschwächt. Ein geringer Zinsanstieg würde bereits ausreichen, um Staatsbankrotte in Europa auszulösen. Dadurch würden die Banken der betroffenen Länder in den Bankrott gestürzt. Das würde einen weltweiten Dominoeffekt anstoßen und das gesamte Finanzsystem zum Einsturz bringen.

Deshalb werden die Zentralbanken alles tun, um eine solche Entwicklung zu verhindern. Dennoch bleibt die Möglichkeit bestehen, dass es in der nächsten Krise erneut zu Pleiten von Banken und Versicherungen kommen wird und das Finanzsystem kollabiert. Deshalb müssen Sie weiterhin auch beim liquiden Teil Ihres Vermögens auf der Hut sein.

Tagesanleihe des Bundes wird abgeschafft

Das gilt umso mehr, da das Finanzministerium vor kurzem den Beschluss gefasst hat, die Tagesanleihe des Bundes abzuschaffen. Neue Käufe waren schon seit einigen Jahren nicht mehr möglich. Nun wurde auch den Bestandskunden zum Jahresende 2019 gekündigt.

Offenbar möchte das Finanzministerium niemandem mehr die Möglichkeit geben, den liquiden Teil seines Vermögens auf einfache und kostengünstige Weise vor Bankenpleiten in Sicherheit zu bringen, sich gleichzeitig den negativen Zinsen von Bundesanleihen zu entziehen und dennoch die Bundesrepublik Deutschland als Schuldner zu haben. Diese Vorzüge hatte ausschließlich die Tagesanleihe des Bundes.

Eine echte Alternative zu diesem Produkt gibt es nicht. Im Schulterschluss mit der EZB, die durch ihre gigantischen Anleihenkäufe für negative Zinsen bei Bundesanleihen gesorgt hat, zwingt das Finanzministerium konservative Anleger also dazu, höhere Risiken einzugehen.

Das Risikoprofil festverzinslicher Anlagen

Alle festverzinslichen Anlagen bzw. Anleihen sind mit den folgenden fünf Risiken behaftet:

1. Das **Emittenten- oder Ausfallrisiko** bezeichnet die Möglichkeit, dass der Emittent oder Herausgeber einer Anleihe seinen Zahlungsverpflichtungen nicht mehr nachkommen kann. Der

Anleger erleidet dann einen teilweisen oder sogar vollständigen Verlust seines Kapitals.

2. Das **Zinsänderungsrisiko** ergibt sich aus der Abhängigkeit der Anleihenkurse vom aktuellen Zinsniveau: Wenn die Zinsen steigen, fallen die Anleihenkurse; und wenn die Zinsen fallen, steigen die Anleihenkurse. Dabei sind die Kursänderungen der Anleihe umso höher, je länger ihre Laufzeit und je niedriger ihr Zinskupon ist. Es handelt sich bei diesem Zusammenhang um eine finanzmathematische Notwendigkeit, die immer gilt.
3. Als **Liquiditätsrisiko** bezeichnet man die Gefahr, dass ein Wertpapier zum gewünschten Zeitpunkt nicht oder nur mit einem Kursabschlag verkauft werden kann.
4. Bei Wertpapieren, die nicht in der Heimatwährung eines Anlegers notieren, besteht zusätzlich zu den drei bereits genannten Risiken ein **Währungs- oder Wechselkursrisiko**, da der Kurs des Wertpapiers auch Veränderungen des Devisenkurses widerspiegelt.
5. Schließlich gibt es noch das **Inflationsrisiko**. So nennt man die Gefahr, dass ein Anleger aufgrund einer allgemeinen Geldentwertung mit dem Kapital, welches er beim Verkauf oder am Ende der Laufzeit einer Anleihe erhält, nicht mehr die gleiche Menge an Gütern und Dienstleistungen kaufen kann wie zu Beginn seiner Anlage.

Die Tagesanleihe des Bundes war einmalig

Bei der Tagesanleihe des Bundes gab es kein Zinsänderungsrisiko, kein Liquiditätsrisiko, kein Wechselkursrisiko, und mit der Bundesrepublik Deutschland als Schuldner war auch das Emittentenrisiko nahezu nicht vorhanden. Lediglich dem Risiko einer Geldentwertung konnte man sich mit diesem Produkt nicht entziehen. Die gezahlten Zinsen (Nominalverzinsung) konnten nämlich niedriger sein als die Inflationsrate – und das waren sie in den vergangenen Jahren der Nullzinspolitik auch.

Da es dieses Wertpapier ab dem Jahr 2020 nicht mehr gibt, kommen Sie nicht umhin, sich bei den verbleibenden Möglichkeiten im Bereich festverzinslicher Anlagen über die hier skizzierten Risiken Gedanken zu machen und sehr genau abzuwägen, in welchem Umfang Sie bereit sind, das jeweilige Risiko einzugehen.

Bankeinlagen weiterhin hochriskant

Wir halten Tages- und Termingelder bei Banken weiterhin für hochriskant, weil sich das gesamte Finanzsystem in einem prekären Zustand befindet. Allerdings haben die vergangenen Jahre gezeigt, dass Regierungen und Zentralbanken alles in ihrer Macht Stehende tun, um Bankenpleiten und Staatsbankrotte, die unweigerlich auch zu Bankenpleiten führen würden, zu verhindern. So ging es bei der »Rettung« Griechenlands gar nicht um Griechenland, sondern vor allem um die Rettung französischer und italienischer Großbanken, die bei einem Staatsbankrott Griechenlands mit den Anleihen dieses Landes riesige Verluste gemacht hätten und vermutlich pleite gegangen wären.

Zypern als Versuchskaninchen

Im Unterschied dazu ließ man in dem sehr kleinen EU-Mitgliedsland Zypern die zweitgrößte Bank des Landes Pleite gehen. Dabei verloren die betroffenen Anleger all jene Bankeinlagen, die den Schwellenwert von 100.000 Euro überstiegen.

Diese aus gesamteuropäischer Sicht unbedeutende Episode war wahrscheinlich eine Art Experiment, mit dem die EU-Bürokraten und Zentralbanker prüfen wollten, welche realwirtschaftlichen Folgen eine solche Vorgehensweise haben würde. Wie sich zeigte, waren die Folgen für die Wirtschaft Zyperns und große Teile der Bevölkerung verheerend. Deshalb wird man diese Lösung des Staatsschulden- und Großbankenproblems im Rest Europas und der Welt wahrscheinlich mit allen Mitteln zu verhindern suchen.

Verteilen Sie Ihre Liquidität

Ob dies dauerhaft gelingen wird, sei allerdings dahingestellt. Deshalb hält sich unser Vertrauen in das Bankensystem in engen Grenzen. Wir raten Ihnen, den liquiden Teil Ihres Vermögens auf mehrere Banken im In- und Ausland zu verteilen, darunter ausdrücklich auch Sparkassen und Volksbanken. Dabei sollten Sie die 100.000-Euro-Grenze pro Bank nicht überschreiten und wenn möglich sogar kleinere Beträge pro Bank wählen.

Unbedingt sollten Sie auch Konten in Ländern haben, die nicht der EU angehören. Die Schweiz und Liechtenstein kommen hier natürlich ebenso infrage wie Kanada und die USA. Ausdrücklich empfehlen wir auch Großbritannien als Standort.

Bargeld im hauseigenen Tresor oder in Schließfächern zu halten, die an Bankfeiertagen zugänglich sind, ist auch eine Option. Wenn es den Zentralbankern gelingt, ihren Wunsch nach deutlich negativen Zinsen in die Realität umzusetzen, wird diese Option sogar zur Bürgerpflicht, um Widerstand gegen diesen geldpolitischen Irrsinn zu leisten. Ein Bargeldverbot halten wir allerdings aus den bereits genannten Gründen für sehr unwahrscheinlich.

ANLEIHEN: RISIKO OHNE ERTRAG

Wenn Sie bei der Anlage Ihres Vermögens ein möglichst geringes Emittentenrisiko eingehen möchten, dann müssen Sie einen Schuldner mit erstklassigem Rating wählen. Die Niedrigzinspolitik hat in

Kombination mit gigantischen Anleihenkäufen der Zentralbanken in Billionenhöhe zu extrem geringen Zinsen an den Anleihenmärkten geführt. Die Folge davon waren negative Zinsen bei Anleihen erstklassig eingestufter Schuldner. Negative Zinsen sind eine absurde Marktverzerrung. Unter marktwirtschaftlichen Bedingungen sind negative Zinsen ein Ding der Unmöglichkeit, da niemand Geld verleiht in der Gewissheit, später weniger zurückzubekommen.

Aufgrund der Marktmanipulationen durch die Zentralbanken lag Mitte 2019 weltweit der Wert von Anleihen mit negativer Verzinsung bei rund 14 Billionen US-Dollar. Dazu zählen auch sämtliche Bundesanleihen bis hin zu einer Restlaufzeit von 30 Jahren. Wenn Sie Geld in Bundesanleihen anlegen bzw. es kurzfristig in Bundesanleihen parken möchten, verlieren Sie also garantiert Geld, wenn Sie die Anleihe bis zum Ende der Laufzeit halten.

Kurzfristige Bundesanleihen

Dennoch empfehlen wir Ihnen, einen Teil Ihrer liquiden Mittel in kurzfristigen Bundesanleihen zu halten. Darunter verstehen wir Anleihen mit einer Restlaufzeit von bis zu 2,5 Jahren. Wir empfehlen, die Restlaufzeiten so zu staffeln, dass jedes Quartal oder alle vier Monate ein Teil des Gesamtbetrags fällig wird. Falls die künstlich gedrückten Zinsen steigen, partizipieren Sie bei der regelmäßig erforderlichen Wiederanlage von dem Zinsanstieg.

Die negative Verzinsung nehmen wir aufgrund der brisanten Situation, in der sich das Finanzsystem befindet, zähneknirschend in Kauf. Es ist der Preis, den Sie für das geringe Emittentenrisiko entrichten müssen.

Wir halten einen hohen Liquiditätsanteil aufgrund der extremen Überbewertung der Aktien- und Anleihenmärkte für erforderlich.

Sie sollten stets liquide sein, um gegebenenfalls entstehende Chancen an anderen Märkten wahrnehmen zu können. Das kann beispielsweise eine Aufstockung des Edelmetallanteils oder der Einstieg im Rohstoffbereich sein, wenn die Inflation Fahrt aufnimmt oder eine Krise erkennbar wird. Sobald die Aktienmärkte wieder auf normale Bewertungsniveaus zurückgekommen sind, können das natürlich auch Aktienkäufe sein, die Sie dann schrittweise vornehmen sollten. Auf die Aktienmärkte werden wir gleich gesondert zu sprechen kommen.

Längerfristige Anleihen

Anleihen mit längeren Laufzeiten und insbesondere Langläufer mit Laufzeiten von über zehn Jahren stellen auf dem künstlich gedrückten Zinsniveau fast nur noch ein Risiko dar – und sie bieten minimale oder sogar negative Erträge. Das Zinsänderungsrisiko ist bei solchen Rentenpapieren extrem hoch. Entsprechend unattraktiv ist das Chance-Risiko-Verhältnis, das sie Ihnen bieten: Schon geringfügig steigende Zinsen reichen aus, um erhebliche Kursverluste zu erzeugen. Deshalb raten wir Ihnen, von dieser absurd bewerteten Anlageklasse Abstand zu nehmen, ganz gleich, ob es sich um Staatsanleihen oder Unternehmensanleihen handelt.

Als Privatanleger sind Sie in der luxuriösen Situation, das tun zu können. Versicherungen und Pensionskassen genießen diesen Luxus nicht. Sie werden durch Gesetze und Statuten dazu gezwungen, dieses absurde und hochriskante Spiel mitzuspielen.

Fondsmanager unterliegen diesen Vorschriften nicht. Sie könnten das Mitmachen also prinzipiell verweigern. Unserer Meinung nach müssten sie das im Kundeninteresse auch tun und geschlossen gegen die Politik der Zentralbanken Sturm laufen.

Doch davon keine Spur. Stattdessen wählen sie den einfachen Weg des opportunistischen Mitläufers. »Wenn wir nur die Negativ-Renditen diskutieren würden, kämen wir zu keiner Investitionsentscheidung«, sagte im September 2019 der Europa-Anleihechef von BlackRock, Michael Krautzberger. Dass genau diese Entscheidung richtig wäre, scheint ihm gar nicht in den Sinn zu kommen. Ob die Renditen positiv oder negativ sind, sei zweitrangig, fügte er stattdessen hinzu. Der Markt zwinge Fondsmanager dazu, kurzfristiger zu denken als noch vor ein paar Jahren. Dieser Mann ist für Anlagen im Wert von 100 Milliarden Euro verantwortlich. Wir würden ihm unser Geld nicht anvertrauen, und Sie sollten es auch nicht tun. Wir empfehlen Ihnen also, keine Anleihenfonds zu kaufen.

Kapitallebensversicherungen sind ebenfalls riskant

Darüber hinaus wiederholen wir unsere schon vor Jahren ausgesprochene Empfehlung, bestehende Kapitallebensversicherungen zu kündigen. Wir haben nie einen Hehl aus unserer Abneigung gegenüber dem Finanzprodukt der Kapitallebensversicherung gemacht. Unseren Lesern haben wir schon immer vom Kauf dieses Produkts abgeraten, weil uns die Kosten zu hoch, die Flexibilität zu gering und die Anlagestrategie zu einseitig erscheinen. Seit einigen Jahren raten wir sogar dazu, bestehende Verträge zu kündigen oder zu verkaufen.

Dafür gibt es zwei gute Gründe. Erstens beziffern Experten den Anteil der Gelder, die direkt oder indirekt in Schuldtiteln angelegt sind, auf 85 Prozent. Ein Großteil davon sind Staatsanleihen mehr oder weniger dubioser Qualität. Zweitens birgt Paragraph 89 »Zahlungsverbot; Herabsetzung von Leistungen« des Versicherungsaufsichtsgesetzes einige unschöne Regelungen. Unter anderem heißt es hier in Bezug auf die Insolvenz einer Versicherung: »Alle Arten Zahlungen, besonders Versicherungsleistungen, [...] können zeitweilig verboten werden.« Es ist also durchaus möglich und legal, Ihnen die Auszahlung Ihrer Lebensversicherung zu verweigern.

Darüber hinaus »kann die Aufsichtsbehörde, wenn nötig, die Verpflichtungen eines Lebensversicherungsunternehmens aus seinen Versicherungen dem Vermögensstand entsprechend herabsetzen.« Das Geld, das Sie in eine Kapitallebensversicherung eingezahlt haben, ist also kein Sondervermögen, das Ihnen gehört und das im Insolvenzfall ausgesondert werden und vor dem Zugriff der Gläubiger geschützt werden müsste.

Inflationsindexierte Bundesanleihen

Einen Sonderfall stellen Bundesanleihen dar, deren Verzinsung an die offizielle Inflationsrate gekoppelt ist. Da die Geldentwertung systematisch zu niedrig ausgewiesen wird und nicht die Erfahrungen realer Menschen widerspiegelt, ist diese im Prinzip sehr sinnvolle Anleihen-Variante nicht ideal. In einer Welt negativer Zinsen relativiert sich dieser Nachteil allerdings. Zu den Kursen von Mitte September 2019 muss die jährliche Inflationsrate je nach Anleihe etwa 1,75 Prozent bis 2 Prozent betragen, um zum Ende der Laufzeit eine positive Rendite zu erzielen.

Da wir in den kommenden beiden Jahren mit einer möglicherweise schweren Rezession rechnen, erwarten wir für diesen Zeitraum eher niedrigere Inflationsraten. Deshalb halten wir den Zeitpunkt zum Kauf inflationsindexierter Bundesanleihen noch nicht für gekommen.

Anleihen anderer Euro-Länder

Bei Staatsanleihen anderer Euro-Mitgliedstaaten gilt das oben Gesagte analog. Hinzu kommt hier allerdings ein höheres und teilweise sogar sehr hohes Emittentenrisiko. Deshalb sollten Sie diese Anleihen meiden.

Darüber hinaus besteht hier auch ein verstecktes Währungsrisiko. Wenn die Europäische Währungsunion zerfällt und eine Rückkehr zu nationalen Währungen stattfindet, werden diese gegenüber der D-Mark erheblich abwerten. Das gilt auch bei einer Spaltung der Währungsunion in Süd und Nord. In diesem Fall würde der Süd-Euro gegenüber dem Nord-Euro deutliche Einbußen erleiden. Unternehmensanleihen wären davon ebenfalls betroffen.

Unternehmensanleihen und Junk Bonds

Die Nullzinspolitik hat zu einer extremen Überbewertung des gesamten Anleihenmarktes geführt. Deshalb sind auch Unternehmensanleihen und insbesondere Junk Bonds, also relativ gut verzinste Hochrisikoanleihen, nicht empfehlenswert. Das gilt umso mehr, da die Qualität von Unternehmensanleihen in den vergangenen Jahren drastisch gesenkt wurde. Zum einen wurden die Anforderungen stark reduziert, die dem Schutz der Gläubiger dienen – zum Beispiel die Einhaltung bestimmter Bilanzrelationen. Zum anderen haben zahlreiche Unternehmen in großem Umfang durch den Rückkauf eigener Aktien Eigenkapital durch Fremdkapital ersetzt.

Deshalb erwarten wir im Lauf der nächsten Rezession außerordentlich viele Unternehmenspleiten. Das heißt, das Ausfallrisiko bei Unternehmensanleihen und Junk Bonds ist so groß wie nie zuvor.

FREMDWÄHRUNGEN: STREUUNG UND SORGFÄLTIGE AUSWAHL NOTWENDIG

Eine Währungsstreuung halten wir in diesen hochriskanten Zeiten durchaus für sinnvoll. Allerdings sind alle heutigen Währungen nur ungedeckte Papiergelder, die durch das Währungssystem eng miteinander und mit dem US-Dollar verbunden sind. Deshalb erwarten wir eine weltweite Geldentwertung, der sich kein Land entziehen kann. Aus diesem Grund geht es bei der Auswahl einer Fremdwährung nur darum, das liquide Vermögen zu streuen und dabei die Einäugigen unter den Blinden auszuwählen.

Unsere Ausführungen über liquide Mittel und Anleihen gelten analog für Fremdwährungen. Wir halten den US-Dollar, den Kanadischen Dollar, das Britische Pfund und den Russischen Rubel für empfehlenswert.

Idealerweise eröffnen Sie Bankkonten in diesen Ländern und kaufen dann kurzfristige Staatsanleihen in den betreffenden Währungen. Um den Aufwand gering zu halten, können Sie auch Fremdwährungskonten bei deutschen oder ausländischen Banken eröffnen, allerdings nicht für den russischen Rubel. Schließlich werden für einige dieser Währungen auch ETFs angeboten. Von dieser scheinbar bequemen Alternative müssen wir Ihnen allerdings abraten, da die in Deutschland gehandelten ETFs sehr hohe Spreads von bis zu 3 Prozent zwischen Geld- und Briefkursen aufweisen. Hinzu kommen Managementgebühren und Kauf- und Verkaufsspesen.

Unsere vier Währungsfavoriten

Den **US-Dollar** wählen wir, weil die USA immer noch die größte, stärkste und flexibelste Wirtschaft der Welt haben. Das Unternehmertum ist in den Vereinigten Staaten stark verwurzelt und letztlich gilt das auch für das Bekenntnis zur Marktwirtschaft. Das Land besitzt die größten und einflussreichsten Finanzmärkte und bestimmt mit seiner Zentralbank und der Weltwährung US-Dollar weitgehend das Geschehen. Darüber hinaus sind die USA die mit Abstand stärkste Militärmacht und schrecken nicht davor zurück, ihre Interessen auch militärisch durchzusetzen. All das spricht für den US-Dollar.

Kanada ist sehr reich an Rohstoffen, weshalb wir auch den **Kanadischen Dollar** im Währungsmix für sinnvoll halten. Aufgrund seiner geografischen Lage ist das Land der natürliche Lieferant der USA, mit dem es in jeder Hinsicht sehr eng verbunden ist.

Großbritannien hat eine lange marktwirtschaftliche und freiheitliche Tradition, und der Schutz des Eigentums hat einen sehr hohen Stellenwert. Das **Britische Pfund** ist durch das Brexit-Chaos stark gefallen, sogar gegenüber dem Euro, und schon aus diesem Grund sehr attraktiv. Schließlich sind wir der Überzeugung, dass der Brexit dem Land keinen dauerhaften Schaden zufügen und sich vielleicht sogar als sehr kluger Schritt erweisen wird.

Nicht zuletzt halten wir den **Russischen Rubel** für empfehlenswert. Russland hat riesige Bodenschätze, eine hochentwickelte Wirtschaft, die in den vergangenen Jahren große Fortschritte gemacht hat. Laut CIA-Factbook steht Russland am BIP gemessen auf Rang sechs, während Großbritannien nur noch Rang 9 bekleidet. Darüber hinaus hat Russland eine sehr geringe Staatsverschuldung von nur 20 Prozent.

Populäre Währungen, die wir nicht empfehlen

Nun folgen ein paar Anmerkungen zu einigen Währungen, auf die wir immer wieder angesprochen werden, die wir aber nicht (mehr) empfehlen.

Den **Australischen Dollar** empfehlen wir nicht, weil sich in Australien eine riesige Immobilienblase entwickelt hat und das Land von einer Wirtschaftskrise in China oder von einer Zuspitzung des Handelskriegs mit China besonders hart getroffen würde.

Neuseeland würde ebenfalls stark in Mitleidenschaft gezogen, wenn es in China Probleme geben sollte. Damit fällt auch der **Neuseeländische Dollar** als Fremdwährungs-Baustein weg.

Die Wirtschaft Singapurs ist ebenfalls stark auf China ausgerichtet, was den **Singapur-Dollar** ebenfalls anfällig macht. Mehr als ein Viertel der Exporte gehen nach China und Hongkong. Die Staatsverschuldung ist mit 110 Prozent sehr hoch. Darüber hinaus fehlt uns das Vertrauen in das politische System des Landes.

Die Schweiz hat mit voller Absicht deutlich negative Zinsen eingeführt, um den **Schweizer Franken** unattraktiv zu machen. Ein wichtigerer Grund, den Franken abzulehnen, ist ein anderer Aspekt der Geldpolitik der Schweizerischen Nationalbank: Sie hat in den vergangenen Jahren in großem Stil ausländische Aktien gekauft und ihre Bilanzsumme noch viel stärker aufgeblasen als die EZB.

An Norwegen und der **Norwegischen Krone** gefällt uns die sehr starke Abhängigkeit vom Ölpreis nicht. Außerdem steht das Land gemessen am BIP nur auf Rang 48.

Japan schließlich hat die mit Abstand höchste Staatsverschuldung, und die japanische Zentralbank ist außer Rand und Band mit riesigen Manipulationen der Anleihen- und Aktienmärkte. Aus diesem Grund entfällt auch ein Investment in **Japanischen Yen**.

AKTIEN: UNVERZICHTBAR – SOFERN VERNÜNFTIG BEWERTET

Wir sind Vollblut-Börsianer und überzeugte Aktionäre. Denn Aktien sind für den Vermögensaufbau eigentlich unverzichtbar. Diese Aussage gilt aber nur, wenn sie aufgrund ihrer Bewertung eine attraktive Performance versprechen. Wie Sie in Teil III gelesen haben, ist das derzeit nicht der Fall, da alle historisch verlässlichen Kennzahlen der Fundamentalanalyse eine extrem hohe Überbewertung anzeigen. Das gilt vor allem für die US-Börse, die auch für Europa die Richtung vorgibt.

Sie müssen davon ausgehen, dass der S&P 500 in zehn bis zwölf Jahren tiefer stehen wird als heute. Sogar unter Einbeziehung der Dividenden prognostiziert die Fundamentalanalyse für diesen langen Zeitraum ein leicht negatives Ergebnis. Deshalb sollten Sie die Aktienmärkte im Moment weitgehend meiden und auf die nächste Einstiegsgelegenheit warten. Diese Gelegenheit wird kommen, wahrscheinlich sogar bald.

Überbewertung allein ist allerdings kein ausreichender Grund, um eine Baisse auszulösen. Solange die sogenannte Markttechnik stimmt, geht es trotz hoher Bewertungen gewöhnlich weiter nach oben. Aus Platzgründen verzichten wir auf eine Darstellung der umfangreichen Methoden zur Messung der Markttechnik. An dieser Stelle muss der Hinweis genügen, dass sie zurzeit eindeutig negativ ist und damit ebenfalls zu größter Vorsicht mahnt. Sobald sich das ändert, werden wir unabhängig von der fundamentalen Bewertung zumindest in kleinerem Umfang Aktienkäufe empfehlen. In großem

Stil werden wir aber erst wieder zum Einstieg raten, wenn sowohl die Bewertung als auch die Markttechnik grünes Licht geben.

Edelmetallaktien sind sehr attraktiv

Ein attraktives Chance-Risiko-Verhältnis sehen wir derzeit ausschließlich bei den Edelmetallaktien. Beim Schreiben dieser Zeilen im September 2019 sind sie zwar schon deutlich gestiegen – wie üblich weit mehr als die Edelmetallpreise. Der Anstieg des Gold- und Silberpreises spiegelt sich in ihren Kursen aber erst zum Teil wider. Bezogen auf die Edelmetallpreise ist der Minensektor also ausgesprochen günstig bewertet. Darüber hinaus werden die Minenaktien dem von uns erwarteten Anstieg des Gold- und Silberpreises auch in Zukunft überproportional nach oben folgen.

Mit physischen Edelmetallen können Sie Ihr Vermögen zwar sehr gut schützen, aber nur in recht begrenztem Umfang mehren. Wenn Sie in den kommenden Jahren wirklich Geld verdienen wollen, dann sollten Sie Ihr Augenmerk auf ausgewählte Gold- und Silberminenaktien richten.

Der Minensektor ist allerdings kein einfaches Pflaster, da die Kursschwankungen sehr groß sind. Da lohnt es sich, einen Kompass zu besitzen, um an den hohen Gewinnen, die in diesem Sektor möglich sind, teilzuhaben. Wir verwenden zu diesem Zweck den von uns entwickelten Gold-Preisbänder-Indikator, der uns schon in den Jahren der Goldhausse von 2001 bis 2011 hervorragende Dienste geleistet hat. Dieses Prognosemodell hilft uns dabei, attraktive Kauf- und Verkaufspunkte für die von uns empfohlenen Minenaktien zu erkennen.

Von Mischfonds raten wir ab

Wenn Sie darüber hinaus - aus welchen Gründen auch immer - einen gewissen Aktienanteil haben möchten, dann sollten Sie ausschließlich auf Qualitätsaktien setzen. Darunter verstehen wir Unternehmen, die einen geringen Verschuldungsgrad aufweisen und ein Geschäft betreiben, das auch in schlechten Zeiten nicht allzu sehr leidet.

Es gibt natürlich auch Investmentfonds, die sich als konservativ bezeichnen oder als konservativ eingestuft werden. Darunter befinden sich vor allem Mischfonds, die sowohl Aktien als auch Anleihen kaufen. Nach allem, was wir über Anleihen geschrieben haben, müssen wir Ihnen von diesen Produkten natürlich abraten. Gerade am Anleihenmarkt rechnen wir in der nächsten Krise mit großen Problemen und unangenehmen Überraschungen. Das wird neben Renten- auch Mischfonds betreffen, da deren Manager auf der Suche nach Rendite dazu verleitet wurden, zu hohe Risiken einzugehen.

Value-Fonds in Zeiten der Überbewertung

Die Portfolios einiger Aktienfonds, die als konservativ gelten, haben wir uns ebenfalls angesehen. In diesen oft als Value-Fonds bezeichneten Produkten findet sich in Zeiten der fundamentalen Überbewertung ein Sammelsurium von Aktien, die weit davon entfernt sind, die in Teil III genannten Kriterien Benjamin Grahams zu erfüllen. Wie könnte es auch anders sein, wenn es fast keine unterbewerteten Aktien mehr gibt?

Diese Beobachtung gilt auch für das Portfolio Warren Buffetts, des wohl bekanntesten Anlegers, der als Value-Investor bezeichnet wird. Allerdings hielt Buffett Ende August 2019 einen Cash-Anteil von fast 60 Prozent. Diese hohe Liquidität begründete er ausdrücklich damit, dass es keine Aktien gebe, die attraktiv bewertet seien.

Im Unterschied dazu sind ETFs stets voll investiert. Und die durchschnittliche Cash-Quote aller US-Aktienfonds betrug im September 2019 nur 2,9 Prozent. Im historischen Vergleich ist das ein extrem niedriger Wert. Aber es reicht in einer Baisse wahrscheinlich aus, um etwas besser abzuschneiden als die Benchmark, an der das Fondsmanagement gemessen wird. Auch diese Fonds werden in einer Baisse starke Kurseinbußen erleiden.

Gemessen an Kennzahlen der Fundamentalanalyse sind Value-Aktien im Moment zwar teuer. Im Vergleich zu sogenannten Growth-Aktien, sprich Wachstumswerten, sind sie jedoch günstig bewertet. Anders ausgedrückt sind Growth-Aktien noch viel stärker überbewertet als Value-Aktien. Das deutet darauf hin, dass Value-Aktien in der nächsten Baisse deutlich weniger fallen werden als Growth-Aktien. Sie sollten sich also auf Value-Aktien beschränken, wenn Sie unbedingt Aktien halten möchten.

Für versierte Börsianer bietet diese Konstellation sogar ein attraktives Chance-Risiko-Verhältnis: Sie können Value-Aktien kaufen und gleichzeitig bei Growth-Aktien in gleichem Umfang Shortpositionen eingehen. Insgesamt setzen Sie mit dieser Strategie darauf, dass Value-Aktien weniger fallen als Growth-Aktien, und verdienen an der Differenz.

Nur einen Aktienmarkt gibt es im Moment, der nach allen Regeln der Kunst unterbewertet ist, und das ist der russische. Aus fundamentalanalytischer Sicht, und das heißt immer auch langfristig, können wir Ihnen russische Aktien also guten Gewissens zum Kauf empfehlen. Aufgrund der von den USA verhängten Sanktionen, denen sich Europa angeschlossen hat, sind kaum internationale Gelder in Russland investiert. Wenn sich das wieder ändern sollte, wird es am russischen Aktienmarkt vermutlich steil nach oben gehen.

Hohe Dividenden können in die Irre führen

Mit Werbesprüchen wie »Dividenden sind die neuen Zinsen« werden Anlegern Fonds schmackhaft gemacht, die auf Aktien mit einer relativ hohen Dividendenrendite setzen. Wir benutzen hier bewusst das Wort »relativ«, weil die Dividendenrendite des S&P 500 mit 1,9 Prozent im historischen Vergleich extrem niedrig ist. Auch das ist ein typisches Zeichen von Überbewertung.

Die hohe Dividendenrendite einzelner Aktien ist keine Erfolgsgarantie. Wir erinnern uns noch gut an das Jahr 2007. Damals erlebte die »Dividendenstrategie« einen regelrechten Boom. Besonders hohe Dividendenrenditen hatten bei deutschen Aktien Banken und Versorger. Entsprechend hoch war deren Gewichtung in den entsprechenden Portfolios. Ausgerechnet die Aktien dieser beiden Sektoren kamen dann in der Finanzkrise besonders heftig unter die Räder und haben sich seither kaum oder gar nicht erholt.

Beispielsweise notiert der EuroStoxx Banken Index, der auf den Aktienkursen der 26 größten europäischen Banken basiert, 84 Prozent unter seinem im Mai 2007 erreichten Hoch von 492 Punkten. Noch übler ist es der mächtigen Deutschen Bank ergangen, dem einstigen Star unter den deutschen Unternehmen. Ihre Aktie ist seit 2007 um 95 Prozent von 88 Euro auf unter 8 Euro abgestürzt. Die RWE-Aktie notiert rund 75 Prozent unter ihrem damaligen Hoch, bei der E.ON-Aktie sind es mehr als 80 Prozent. Die vergleichsweise hohe Dividende erwies sich als schlechtes Auswahlkriterium.

Auch Qualitätsaktien fallen in der Baisse

Eines dürfen Sie nicht vergessen: In Baissezeiten fallen die Kurse fast aller Aktien. In der Vergangenheit konnten sich lediglich die Edelmetallaktien abkoppeln. Beispielsweise stieg der XAU-Gold- und Silberminenindex von Januar 2001 bis März 2003 um +31 Prozent, während es mit dem S&P 500 im selben Zeitraum um -36 Prozent nach unten ging.

Von Qualitätsaktien dürfen Sie in Zeiten der Überbewertung keine Wunder erwarten. Deshalb lohnt es sich, geduldig abzuwarten, bis sich eine Kaufgelegenheit ergibt. Wie schwer das fällt, wissen wir natürlich sehr genau. Das gilt vor allem dann, wenn die Kurse trotz einer bestehenden Überbewertung weiter steigen und aus einer Überbewertung zunächst eine starke und dann vielleicht sogar eine extrem starke Überbewertung wird. Genau in solchen Zeiten werden auch noch Sirenengesänge laut, die Ihnen weismachen wollen, die Regeln der fundamentalen Bewertung würden nicht mehr gelten – wie 1989 in Tokio oder zehn Jahre später am Neuen Markt.

Vielleicht hilft Ihnen folgendes Beispiel dabei, die Geduld nicht zu verlieren: Sie kaufen eine fundamental überbewertete Aktie für 100 Euro, deren Kurs jedes Jahr um 10 Prozent steigt. Nach sieben Jahren hat sich der Kurs der Aktie fast verdoppelt, sie notiert jetzt bei 195 Euro und ist extrem überbewertet. Dann setzt eine Baisse ein, und der Kurs halbiert sich innerhalb von zwei Jahren. Insgesamt sind nun neun Jahre vergangen und Ihre Aktie notiert bei 97,50 Euro – also unter Ihrem Einstandskurs. Da die Unternehmensgewinne in diesen neun Jahren gestiegen sind, ist die Aktie nach diesem Kurseinbruch nicht mehr überbewertet. Abwarten hätte sich gelohnt – wäre aber sehr viel langweiliger gewesen, als an der Achterbahnfahrt teilzunehmen.

DIE FÜR DEN BÖRSENERFOLG ENTSCHEIDENDE FRAGE WIRD FAST NIE GESTELLT

»Was halten Sie von dieser Aktie? Werden die Zinsen, die Rohstoffe, die Aktienmärkte oder der Dollar steigen oder fallen? Soll ich jetzt Gold und Silber kaufen? Wie beurteilen Sie diese oder jene Analysemethode? Rechnen Sie mit einer Rezession?«

All das sind Fragen, die uns in den vergangenen Jahrzehnten schon unzählige Male gestellt wurden. Das ist nicht weiter verwunderlich, da es sich ja um Fragen handelt, die für Börsianer von großer Bedeutung sind. Deshalb suchen die meisten Anleger tagaus, tagein nach Antworten auf diese oder ähnliche Fragen. Sie wollen konkrete Aktientipps mit klaren Kauf- und Verkaufsempfehlungen und interessieren sich natürlich auch für Analysemethoden, Indikatoren und Prognosemodelle.

Die Gespräche und Fachsimpeleien von Börsianern drehen sich fast immer um die mit diesen Fragen umrissenen Themen. Tatsächlich sind diese ja auch überaus wichtig. Trotzdem sind sie letztlich nur zweitrangig. Denn es gibt noch ein weiteres, gewissermaßen übergeordnetes Börsenthema, das so gut wie nie zur Sprache kommt. Ein Thema, das so wichtig ist, dass seine Nichtbeachtung den Misserfolg an der Börse geradezu garantiert: Risikomanagement.

Die besten Analysen, Methoden und Strategien nützen Ihnen auf Dauer nichts, wenn diese nicht in ein sinnvolles Risikomanagement eingebettet sind. Die meisten Privatanleger verlieren an der Börse Geld, zeigen Untersuchungen. Der Grund dafür ist weder mangelnde Intelligenz noch fehlendes Wissen, sondern der Verzicht auf ein funktionierendes Risikomanagement.

Wenn es also so etwas wie den Heiligen Gral der Börsianer gibt, dann ist er hier verborgen. An einer Stelle, vor deren Betreten jeder Marketing-Spezialist ausdrücklich warnt, weil das Wort »Risiko« erwiesenermaßen negativ besetzt ist und seine bloße Erwähnung ausreicht, um potenzielle Käufer abzuschrecken. Da Kaufentscheidungen überwiegend emotional getroffen werden, will man die Missstimmung, die dieses regelrechte Unwort zwangsläufig und unbewusst hervorruft, unter verkäuferischen Gesichtspunkten verständlicherweise unbedingt vermeiden.

Für diejenigen unter Ihnen, die eine gewisse Schwäche haben für Titel wie »Der schnelle Weg zum Reichtum«, »1000 Prozent Gewinn« oder »Dieser unfehlbare Indikator wird Sie reich machen« (wir hoffen, dass es diese Buchtitel nicht wirklich gibt) mag es vielleicht eine Enttäuschung sein, dass ein gutes Risikomanagement wesentlich mehr zu Ihrem Anlageerfolg beiträgt als der beste Indikator. Denn ein schlechtes Risikomanagement führt im Zeitablauf zwangsläufig zu herben Verlusten.

Das Wissen um die Bedeutung des Risikomanagements wird Sie hoffentlich davor bewahren, einige der häufigsten und schwerwiegendsten Fehler an der Börse zu begehen. Diese Fehler bestehen darin, ein zu hohes Risiko einzugehen, zu große Positionen zu halten oder viel zu häufig zu handeln.

Darüber hinaus müssen Sie sich natürlich auch mit den oben genannten Themen und Fragen befassen und sich auf höchstem Niveau informieren. Wenn Sie beide Aspekte beherzigen, steht Ihrem Erfolg an der Börse auch in schwierigen Zeiten nichts im Wege.

ÜBER DIE AUTOREN

Roland Leuschel ist ehemaliger Chefstratege der belgischen Banque Bruxelles Lambert. Seinen Ruf als begnadeter »Crash-Prophet« begründete er 1987 und 2000, als er die weltweiten Kursstürze an den Börsen sehr präzise vorhersagte. Heute ist er gern gesehener Interviewpartner und Chefredakteur des kritischen, unabhängigen und erfolgreichen Börsenbriefs »Krisensicher Investieren«.

Claus Vogt, ein ausgewiesener Finanzmarktexperte, ist zusammen mit Roland Leuschel Chefredakteur des erfolgreichen Börsenbriefs Krisensicher Investieren. Er hat die langfristige Goldhausse 2001 richtig vorhergesagt und in den Jahren 2000 und 2007 vor dem Platzen der Aktien- und Immobilienblase gewarnt. Jetzt prognostiziert er bei Goldminenaktien außergewöhnliche Chancen. Vogt war Finanzanalyst einer internationalen Großbank und zehn Jahre lang Leiter Research einer deutschen Privatbank.

Bitcoin & Co. – Finte oder Neugestaltung des Geldsystems?

Claus Vogt und Roland Leuschel

Bitcoin und andere Kryptowährungen haben in den vergangenen beiden Jahren einen sensationellen Aufstieg erlebt. Das betrifft nicht nur ihre Kursentwicklung, sondern mehr noch ihre exponentielle Zunahme. Doch worum genau handelt es sich dabei? Sind Kryptowährungen Geld, oder könnten sie in naher oder auch ferner Zukunft zu Geld werden? Ist Bitcoin vielleicht sogar das neue Gold? Stellen Kryptowährungen Wertanlagen dar, oder sind sie lediglich eine Art Computerspiel? Also die moderne Variante des altbekannten Kettenbriefs?

100 Seiten | Softcover | 19,90 € (D) | ISBN 978-9-92575-030-6 | Verlag: MFC media & consulting Ltd. |
Erhältlich auf www.krisensicherinvestieren.com

Crashkurs Geld

Andreas Marquart

Warum verliert unser Geld stetig an Kaufkraft? Wieso schlittern wir von einer Wirtschaftskrise in die nächste? Und würde besseres Geld gar unsere Umwelt schonen und Kriege verhindern? Andreas Marquart liefert die Antworten auf diese und weitere Fragen, bei denen sich Politik und vermeintliche Experten immer wieder aufs Neue im Kreis drehen. Unabhängig von der betrachteten Währung, die Probleme reiner Papiergeldwährungen sind überall auf der Welt gleich. Warum wird dennoch an einem solch nachteiligen System festgehalten? Diesen und anderen Sachverhalten rund ums Papiergeld geht Andreas Marquart auf den Grund. Er serviert Argumente, bei denen der gesunde Menschenverstand sagt: »Ja, logisch!«. Dabei zeigt er auch Wege, wie es besser geht, getreu dem Prinzip: Gutes Geld – schöne Welt.

176 Seiten | Hardcover | 16,99 € (D) | ISBN 978-3-95972-233-9

Von Tulpen zu Bitcoins

Torsten Dennin

Die Wirtschaftsgeschichte hatte in den vergangenen Jahrhunderten so manche Finanzblase zu verzeichnen. Das reicht von Blumenzwiebeln über Weizen und Diamanten bis zu digitalen Währungen. In seinem Buch beschreibt Torsten Dennin die größten Finanzblasen, beginnend bei Tulpenzwiebeln, die im 17. Jahrhundert zu Preisen im Gegenwert eines Stadthauses in den vornehmsten Vierteln von Amsterdam gehandelt wurden, bis hin zur Spekulationen auf Bitcoins, mit der so mancher Anleger in den vergangenen Jahren einen Großteil seiner Ersparnisse verlor. Dass bei den Spekulationsblasen auch kaum eine Branche außen vor bleibt und wie man Übertreibungen rechtzeitig erkennen kann, zeigt dieses Buch anschaulich auf.

352 Seiten | Hardcover | 24,99 € (D) | ISBN 978-3-95972-253-7

Nach dem Kollaps

James Rickards

Wenn uns die Geschichte der Finanzmärkte eines gelehrt hat, dann sicherlich, dass sämtliche Höhenflüge meist ein abruptes Ende finden. Heutzutage, wo Aktienkurse nahezu keine Grenzen kennen und die Märkte mit billigem Geld überschwemmt werden, stellt sich unweigerlich die Frage, wann es zum Kollaps kommt. Fraglich ist auch, ob uns die Zentralbanken dann noch retten können, sind doch schon alle ihre Pfeile verschossen. James Rickards, einer der renommiertesten Finanzexperten, enthüllt in diesem Buch die wahren Risiken für unser Finanzsystem. Aber er wagt auch einen Blick auf die Zeit nach der Krise und teilt seine Investmentgeheimnisse für das Überstehen des drohenden Kollapses, damit auch Sie als Privatanleger den Sturm überstehen können.

368 Seiten | Hardcover | 24,99 € (D) | ISBN 978-3-95972-249-0

Finanzielle Selbstverteidigung

Markus Miller

Was tun wenn es wirklich zum Crash an den Finanzmärkten kommt? Wie handeln, wenn man sich auf bisher scheinbar sichere Institutionen wie Banken und staatliche Einrichtungen nicht mehr verlassen kann? Und was, wenn sich der Staat selbst immer stärker in das Leben ihrer Bürger einmischt? Was, wenn all das urplötzlich zutrifft und kaum Zeit bliebt sich vorzubereiten Die Antwortet lautet: durch Finanzielle Selbstverteidigung. Markus Miller ist einer der führenden Experten auf dem Gebiet von Kapitalschutz und Vermögenserhalt. Er gibt dem Leser 40 Sofortstrategien an die Hand, die eine größtmögliche Sicherheit vor dem Hintergrund stark zunehmender geopolitischer, innenpolitischer, steuerlicher, wirtschaftlicher, technologischer und rechtlicher Risiken bieten.

250 Seiten | Hardcover | 19,99 € (D) | ISBN 978-3-95972-269-8

Bargeldverbot

Ulrich Horstmann, Gerald Mann, Robert Halver

Nicht nur die andauernde Niedrigzinsphase ist eine große Gefahr für Sie als Sparer, sondern auch das immer stärkere Zurückdrängen von Bargeld. In Italien und Frankreich sind bereits Bargeldzahlungen ab 1000 Euro illegal und viele Deutsche Banken haben neben Tageslimits schon Wochenlimits eingeführt. Welche Folgen ein Verbot von Bargeld hätte und wie Sie sich als Sparer davor schützen können, zeigen Dr. Ulrich Horstmann und Prof. Dr. Gerald Mann als profunde Kenner in diesem Buch. Der Bestseller erscheint in der 7. Auflage mit bereits über 25.000 verkauften Exemplaren.

192 Seiten | Softcover | 8,99 € (D) | ISBN 978-3-95972-214-8